中国学位与研究生教育发展年度报告

ANNUAL REPORT ON GRADUATE EDUCATION IN CHINA (2020)

（2020）

"中国学位与研究生教育发展年度报告"课题组　著

社会科学文献出版社
SOCIAL SCIENCES ACADEMIC PRESS (CHINA)

前　言

为全面展示研究生教育发展趋势和改革重点，积极探索教育发展规律，为国家教育战略规划、政策制定提供更加科学系统有效的数据支撑，2021年在教育部学位管理与研究生教育司、发展规划司及中国学位与研究生教育学会的大力支持下，清华大学牵头，中国人民大学、天津大学、兰州大学和上海交通大学（按承担章节排序）5所高校共同参与完成了《中国学位与研究生教育发展年度报告（2020）》的编研工作。

《中国学位与研究生教育发展年度报告（2020）》共分8章：第1章“总论”，系统分析了我国学位与研究生教育的发展态势及改革进展；第2章“规模与结构”，从研究生招生、在校研究生、学位授予等方面分析了我国学位与研究生教育的规模与结构状况；第3章“质量与保障”，从科研参与、导师队伍、奖助投入等方面呈现了研究生教育质量及支撑条件情况；第4章“国家改革政策”，阐述了我国学位与研究生教育的改革背景、重点改革举措；第5章“省校改革实践”，选取了相关省份及高校在贯彻中央改革政策中的特色实践；第6章“比较与借鉴”，对比分析了发达国家研究生教育发展的重要指标，编译了若干国外研究生教育重要报告；第7章“专题研究：疫情对研究生教育的影响”，关注了全球范围内疫情对研究生教育所产生的影响，以及各研究生培养单位应对疫情所实施的改革举措；第8章“专题研究：研究生教育与经济社会发展关系的跨国分析”，考察了不同国家经济社会发展状况与研究生教育规模结构的关系。

该书可为政府研究生教育发展规划提供重要参考，为社会了解中国学位与研究生教育发展提供全面信息，为研究生教育研究者和实践者开展相关工作提供重要资料。

“中国学位与研究生教育发展年度报告”课题组

2022年2月18日

目 录

CONTENTS

第1章 总 论

1.1 形势与任务

2020年是我国研究生教育历史进程中具有里程碑意义的一年。党的十九届五中全会站在“两个一百年”的历史交汇点上谋划长远、擘画蓝图，习近平总书记就科学把握新发展阶段、深入贯彻新发展理念、加快构建新发展格局发表重要论述。2020年7月29日，全国研究生教育会议召开，这是新中国成立以来的首次全国研究生教育会议。中共中央总书记习近平就研究生教育工作做出重要指示，国务院总理李克强做出批示，孙春兰副总理出席会议并讲话。为贯彻落实中央领导指示和会议精神，国家出台《关于加快新时代研究生教育改革发展的意见》会议文件及4个配套文件，部署十大专项行动，开启了新发展阶段研究生教育的新局面。

1.1.1 全面贯彻党的教育方针，须进一步强化立德树人根本任务

2020年7月，习近平总书记就研究生教育工作做出重要指示：中国特色社会主义进入新时代，即将在决胜全面建成小康社会、决战脱贫攻坚的基础上迈向建设社会主义现代化国家新征程，党和国家事业发展迫切需要培养造就大批德才兼备的高层次人才。[①] 李克强总理做出批示，指出“要坚持以习近平新时代中国特色社会主义思想为指导，认真贯彻党中央、国务院决策部署，面向国家经济社会发展主战场、人民群众需求和世界科技发展等最前沿，培养适应多领域需要的人才”。孙春兰副总理在全国研究生教育会议中指出，要深入学习贯彻习近平总书记关于研究生教育的重要指示精神，全面贯彻党的教育方针，落实立德树人根本任务。

国家领导人对研究生教育系列重要指示批示为新时代研究生教育的发展指明了方向，研究生教育必须全面贯彻党的教育方针，坚持把立德树人作为研究生教育的根本任务，把正确政治方向和价值导向贯穿研究生教育和管理工作全过程，创新研究生党组织设置方式，强化党组织战斗堡垒作用，发挥导师言传身教作用，做好研究生的人生导师和学业导师，优化“三全育人”机制，统筹推进思政课程和课程思政协同建设，提升研究生思想政治教育水平，为党和国家的各项事业发展培养一大批德才兼备的高层次创新型人才。

1.1.2 挑战与机遇同在，须加快提升服务经济社会发展能力

2020年，我国研究生教育面临诸多挑战。新冠肺炎疫情在世界范围内持续蔓延，国际形势中不稳定不确定因素增多，世界经济形势复杂严峻，国际竞争日趋激烈。我国经济转向高质量发展，人民日益增长的美好生活需要和不平衡不充分的发展之间的矛盾凸显，拔尖创新性人才供给不足，高精尖缺领域面临“卡脖子”问题，科技创新能力有待进一步提升。

2020年，我国研究生教育事业的发展迎来重要机遇。7月29日，全国研究生教育会议胜利召开，国家领导人高度重视研究生教育工作，做出系列重要指示批示，为研究生教育发展指出了明确方向。会后，

① 《习近平对研究生教育工作作出重要指示》，中华人民共和国中央人民政府网，http://www.gov.cn/xinwen/2020-07/29/content_5531011.htm?ivk_sa=1024320u。

国家密集出台了一系列政策文件，并制定相关专项行动，为研究生教育改革提供了行动指南；相关部门、培养单位积极主动推进研究生教育改革，在以科教融合、产教融合为导向的创新型人才培养方面形成了典型经验。

面对新形势新任务，研究生教育要坚持需求导向，加快改革步伐，充分激发相关主体活力，不断优化学科专业设置，建立哲学社会科学、基础学科、应用学科、交叉学科分类发展新机制，坚持供给与需求相匹配、数量与质量相统一，差异化配置规模增量，持续推动规模结构调整，完善省域研究生教育布局，引导地方院校因地制宜发展研究生教育，强化优势互补、资源共享，建设区域性研究生教育高地，全面提升研究生教育服务国家和区域发展能力。

1.1.3 成就与短板并存，须进一步推动内涵式高质量发展

改革开放 40 多年来，我国研究生教育快速发展，研究生招生人数从 1 万多人发展到超过 100 万人，培养出一批以中国“氢弹之父”于敏、月球探测工程首席科学家欧阳自远、“天眼”工程首席科学家南仁东为代表的拔尖创新人才，践行“高端人才供给”和“科学技术创新”双重使命，基本实现了立足国内、主动服务国家战略需求，成为国家创新体系的重要组成部分。我国研究生教育的国际影响力日益提升，已成为亚洲最大留学目的地国和亚太区域研究生教育中心。

不能忽视的是，研究生教育在发展中也存在若干短板：一是高层次拔尖创新人才的供给能力有待提升，研究生培养规模还存在不平衡、不充分的问题；二是分类培养、分类管理、分类评价的体系建设有待完善，科教融合、产教融合体制机制有待进一步优化；三是培养质量有待进一步提高，导师指导投入有待增加，课程挑战度有待提升，专业实践基地建设有待夯实，关键环节分流作用有待强化；四是法律法规建设较为滞后，学位法修订亟待完成。

面对新阶段新要求，我国研究生教育须完善分类培养格局，优化科教融合育人机制和产教融合育人机制，建立健全分类管理、分类评价机制；夯实课程建设，提升研究生课程教学质量；健全内部质量保障体系，压实培养单位主体责任，加大资源投入，充分发挥关键环节的分流选择功能；加强外部质量监督，统筹运用学位授权点合格评估、质量专项检查、学位论文抽检等手段，严格规范管理，推动研究生教育实现内涵式高质量发展。

1.2 发展概况

1.2.1 国内发展现状

截至 2020 年底，我国的硕士、博士学位授权一级学科点分别达到 6046 个、3509 个，硕士、博士专业学位授权点分别达到 5857 个、270 个。2020 年，全国共招收研究生 1106551 人，其中招收硕士研究生 990504 人，博士研究生 116047 人；全国在校研究生为 2973891 人，其中硕士在校生 2507342 人，博士在校生 466549 人（见表 1－1）；全国授予硕士学位 729676 人，博士学位 72256 人。

表 1－1 2020 年全国在校研究生规模与结构

单位：人，%

学位类型	硕士生		博士生		合计	
	人数	比重	人数	比重	人数	比重
学术学位	1036466	41.34	431884	92.57	1468350	49.37
专业学位	1470876	58.66	34665	7.43	1505541	50.63
总计	2507342	100.00	466549	100.00	2973891	100.00

资料来源：根据教育部发展规划司提供的数据整理。

2020 年，全国共有研究生导师 500906 人，硕士生生师比为 5.21，博士生生师比为 3.69。2020 年，我国高校共有 1832982 名专任教师，其中拥有博士学位的教师数为 513062 名，占全国专任教师总数的 27.99%。

2020 年，我国国家奖学金奖励硕士研究生 3.5 万人，奖励金额 7 亿元；奖励博士研究生 1 万人，奖励金额 3 亿元。研究生学业奖学金资助人数为 191.08 万人，奖励金额为 151.31 亿元，人均奖励金额约为 7918.67 元。研究生“三助”岗位津贴资助 41.12 万人次，资助金额为 25.65 亿元，生均津贴约为 6238 元。

从 2020 年教育部直属高校博士毕业生的整体就业状况来看，受疫情影响，博士毕业生的就业率与 2019 年（96.66%）相比略有下降，但仍保持较高水平，平均就业率达到 95.73%。其中，选择在学术界（高等教育单位和科研单位）就业的比例平均为 65.17%，与 2019 年的数据（62.97%）相比有一定增长。教育部直属高校的硕士毕业生的就业率与 2019 年（97.39%）相比稍有下降，但依旧处于较高水平，平均就业率高达 95.19%。硕士毕业生在企业中就业的比例最高，达到 69.14%，较 2019 年的水平（67.79%）有一定增长。

1.2.2 核心指标国际比较

通过与部分发达国家研究生教育发展的重要指标比较分析，中国的研究生教育呈现以下几点特征。

一是从教育规模上看，中国研究生教育规模稳步增长，平均每 1000 人中有 2.05 名在学研究生，千人注册研究生数超过日本（2.02 人）。

二是从层次结构上看，相较于硕士学位的体量，中国博士学位授予的规模相对稳定，平均每授予 10 个硕士学位，授予 1 个博士学位，美国、德国、日本及韩国平均每授予 5 个硕士学位，授予 1 个博士学位。

三是从类型结构上看，中国专业学位授予数所占比例逐年上升，2020 年学术学位授予数约为专业学位授予数的 3/4，这表明以适应市场需求为导向的专业学位教育构成了研究生教育，特别是硕士研究生教育的主要部分。

四是从开放交流上看，中国国际化程度不断提高，2020 年中国在学博士研究生中留学生数量的比例已达 6.6%，体现出中国研究生教育已具备一定的国际影响力。

五是从支撑条件上看，资源保障进一步加强。中国高等教育部门研究与试验发展经费与在学博士研究生数的比值达到 10.05，与韩国水平（11.35）相当，逐步接近英国水平（12.97），这表明在博士规模持续增长的同时，我国高等教育研发经费投入保持了更快的增长速度。

六是从毕业生就业上看，就业状况相对良好。中国教育部直属高校硕士毕业生的平均就业率（95.19%）和博士毕业生的平均就业率（95.73%）高于所对比的发达国家。这表明，承担着研究生培养任务的部属院校，研究生培养质量是有保障的。同时，国内经济社会发展以及高等教育内部还具有一定的吸纳毕业研究生能力空间。

七是从提升人口受教育水平上看，中国接受研究生教育的人口占比相较于发达国家还有提升空间。2020 年美国、英国、德国、法国、澳大利亚 25 ~ 64 岁的人口中，每 10 个人就有超过 1 人接受过研究生教育，中国目前每 100 个人中，仅有 1 人接受过研究生教育。

八是从国际影响力上看，中国高校学科建设成效显著。国际影响力排名前 100 的学科数量持续增加，达到 633 个，距离美国水平（1753 个）有显著距离，但已超过英国水平（437 个）（见表 1 – 2）。

表 1 – 2　2020 年研究生教育指标的国际比较

指标	美国	英国	德国	法国	澳大利亚	日本	韩国	中国
千人注册研究生数（人）	9.29▲	8.76*	8.28	9.46	19.19*	2.02	6.19	2.05
学位授予数的硕博比	4.46▲	8.07*	5.07*	10.00*	11.57*	4.76	5.15	10.11
学术学位授予数与非学术学位授予数之比	—	0.24*	2.70	0.55*	0.19*	12.48	1.08*	0.75
在学博士研究生中国际学生比（%）	24.78*	41.15*	12.19*	37.93*	35.69*	20.17*	14.20*	6.6*
高等教育部门研究与试验发展经费/在学博士研究生数（万美元/人）	—	12.97*	23.62*	26.71*	13.99*	27.12*	11.35*	10.05*
硕士就业率（%）	84.9	87.5	89.5	87.9	82.1	—	84.7	95.19
博士就业率（%）	89.5	92.7	93.1	90.5	92.8	—	—	95.73
25 ~ 64 岁人口中具有研究生教育学历的人数占比（%）	14.21	14.58	13.74	13.88	10.41	—	4.45	0.9*
国际影响力列全球排名前 100 的学科数量（以 ARWU 统计）（个）	1753	437	186	144	287	51	94	633

注：▲为 2018 年数据，* 为 2019 年数据，受疫情影响，美国教育统计中心，英国高等教育统计署，澳大利亚教育、技能与就业部的统计数据仅更新至 2019 年。

1.3　改革重点

为深入学习贯彻党的十九大精神，全面落实全国教育会议精神，切实提升研究生教育支撑引领经济社会发展能力，2020 年 9 月，教育部、国家发展改革委、财政部联合发布全国研究生教育会议主文件《关于加快新时代研究生教育改革发展的意见》，提出“以立德树人、服务需求、提高质量、追求卓越为主线，面向世界科技竞争最前沿，面向经济社会发展主战场，面向人民群众新需求，面向国家治理大战略，瞄准科技前沿和关键领域，深入推进学科专业调整，提升导师队伍水平，完善人才培养体系，推进研究生教育治理体系和治理能力现代化”。

《关于加快新时代研究生教育改革发展的意见》围绕中央关心、战线关切、社会关注的问题，提出了六个方面的改革举措：一是加强思想政治教育，不断完善思想政治教育体系，健全“三全育人”机制，将思想政治教育评价结果作为“双一流”建设成效评价、学位授权点合格评估的重要内容；二是深入推进学科专业调整，提出建立基础学科、应用学科、交叉学科分类发展和动态调整新机制，构建单位自主、市场调节、国家引导的调节机制；三是完善人才培养体系，注重分类培养，进一步深化科教融合，加强学术学位研究生知识创新能力培养；强化产教融合，加强专业学位研究生实践创新能力培养；四是提升导师队伍水平，强化导师岗位管理，明晰职责边界，将政治表现、师德师风、学术水平、指导精力投入、育人实效等纳入导师评价考核体系；五是严格质量管理，加强学风建设，加大分流力度，用好学位授权点评估、学位论文抽检等手段，加强质量监督检测；六是加强条件资源保障，全面加强党的领导，确保正确办学方向，加大资源投入，完善差异化投入机制。

聚焦改革重点难点，全国研究生教育会议发布4个配套文件“落子”关键处，旨在瞄准科技前沿和关键领域，深入推进学科专业调整；坚持规范与培育并举，不断加强导师队伍建设；强化战略支撑和高端引领，加快培养国家急需的高层次人才；全面夯实培养过程，持续提升研究生教育质量。

1.3.1 瞄准科技前沿和关键领域，深入推进学科专业调整

为贯彻落实习近平总书记对于学科专业调整的重要指示批示，面向未来超前布局和动态调整学科专业，形成支撑引领知识发展、经济社会发展和人的全面发展的新时代中国特色高等教育学科专业体系，国家教育行政部门按照单位自主调、市场调节调、国家引导调的思路，不断优化学科专业结构。

设置交叉学科门类，推动交叉学科高质量发展。随着新一轮科技革命和产业变革加速演进，新的学科分支和新增长点不断涌现，学科深度交叉融合势不可挡，经济社会发展对高层次创新型、复合型、应用型人才的需求更为迫切。2020年12月，《国务院学位委员会 教育部关于设置“交叉学科”门类、“集成电路科学与工程”和“国家安全学”一级学科的通知》发布，提出设置“交叉学科”门类（门类代码为“14”）。“交叉学科”门类下设“集成电路科学与工程”一级学科（学科代码为“1401”），[①] 为从根本上解决制约我国集成电路产业发展的“卡脖子”问题提供强有力支撑；下设“国家安全学”一级学科（学科代码为“1402”），贯彻落实总体国家安全观，构筑国家安全人才基础，夯实国家安全能力建设。

创新专业学位目录调整机制，增设专业学位类别。为推动学科专业目录从规范性向统计性转变，形成设置规范、动态调整的目录管理新机制，提升专业学位快速响应社会需求的能力，2020年9月，国务院学位委员会、教育部印发《专业学位研究生教育发展方案（2020—2025）》。该文件以服务需求为导向，提出专业学位类别目录由国家统一编制，主要用于学位授权和学位授予，每5年集中修订一次；开展硕士专业学位类别高等学校自主设置试点，放权学位授权自主审核高校自主设置硕士专业学位类别，专业领域由学位授予单位自主设置，清单每年统计发布一次；行业主管部门、行业和协会等也可提出硕士专业学位类别设置申请，且应建立人才需求和就业状况动态监测机制，需求萎缩、培养质量低下的专业学位类别，应强制退出。2020～2025年，国家将根据社会发展需求，在现代制造业、现代交通、现代农业、现代信息、现代服务业、社会治理等领域，增设一批硕士专业学位类别，在工程师、医师、教师、律师等对知识、技术、能力都有较高要求的职业领域，设置博士专业学位类别。

总结政策经验，修订学位授权点动态调整办法。为加强省级统筹，推动学位授予单位根据经济社会

① 《国务院学位委员会 教育部关于设置“交叉学科”门类、“集成电路科学与工程”和“国家安全学”一级学科的通知》，中华人民共和国教育部网站，http://www.moe.gov.cn/srcsite/A22/yjss_xwgl/xwgl_xwsy/202101/t20210113_509633.html。

发展需求、建设高质量教育体系要求，主动调整优化学位授权点结构，国务院学位委员会对《博士、硕士学位授权学科和专业学位授权类别动态调整办法》进行了修订，规定学位授权自主审核单位增列、撤销学位授权点，全部纳入学位授权自主审核工作，不再参加学位授权点动态调整工作，同时加强学位授权点动态调整与合格评估工作的衔接，引导学位授予单位坚持质量导向，优化本单位学位授权点结构。

1.3.2 坚持规范与培育并举，不断加强导师队伍建设

为建设一支有理想信念、道德情操、扎实学识、仁爱之心的导师队伍，为培养高层次创新人才提供坚实的师资力量，各级教育行政部门及培养单位进一步明确导师岗位职责，强化导师岗位管理，优化导师培训制度，不断加强导师队伍建设。

强化立德树人职责，规范导师指导行为。长期以来，广大研究生导师立德修身、严谨治学、潜心育人，为国家发展做出了重大贡献，但也有个别导师指导精力投入不足、指导方式方法不科学、质量把关不严，甚至出现师德师风失范问题。为规范研究生导师指导行为，全面落实研究生导师立德树人职责，2020 年 10 月，教育部印发《研究生导师指导行为准则》，从坚持正确思想引领、科学公正参与招生、精心尽力投入指导、正确履行指导职责、严格遵守学术规范、把关学位论文质量、严格经费使用管理、构建和谐师生关系八个方面，对导师指导行为提出具体要求。为响应国家号召，高校也陆续制定相关政策，如西南大学印发了《关于制定加强研究生导师立德树人职责实施细则的通知》；中国石油大学（北京）制定了《关于落实研究生导师立德树人职责的补充规定》；暨南大学要求落实导师责任制，对违反师德师风行为的教师，实行“一票否决”等。

建立健全制度规范，全面加强博士生导师岗位管理。针对部分培养单位对博士生导师的选聘、考核还不够规范的问题，2020 年 9 月，教育部发布《关于加强博士生导师岗位管理的若干意见》，提出 10 条加强博士生导师岗位管理的改革措施：一是严格岗位政治要求；二是明确导师岗位权责；三是健全岗位选聘制度；四是加强导师岗位培训；五是健全考核评价体系；六是建立激励示范机制；七是健全导师变更制度；八是完善岗位退出程序；九是规范岗位设置管理；十是完善监督管理机制。文件特别指出，培养单位要制定科学的导师考核评价标准，完善考核评价办法，将政治表现、师德师风、学术水平、指导精力投入、育人实效等纳入考核评价体系，对研究生导师履职情况进行综合评价。培养单位也相继出台相关文件，如同济大学制定了《同济大学研究生指导教师职责与工作规范》，北京化工大学印发了《北京化工大学研究生指导教师职责》，华北电力大学颁布了《华北电力大学博士生导师遴选及招生资格确认办法》，广西大学发布了《广西大学研究生导师管理办法（2020 年修订）》等。

构建三级培训体系，提升导师指导能力。为提升导师队伍水平，《关于加强博士生导师岗位管理的若干意见》提出要“建立国家典型示范、省级重点保障、培养单位全覆盖的三级导师培训体系”。三级培训体系将构建新聘导师岗前培训、在岗导师定期培训、日常学习交流相结合的培训制度，加强对培训过程和培训效果的考核。各单位也积极探索导师培训的典型经验，如中国学位与研究生教育学会启动“在线公益讲座”行动，提供平台分享优秀导师指导经验；江苏省在苏州大学建立江苏省研究生骨干导师高级研修基地；复旦大学依托研究生导师服务中心，以沙龙、讲座和研讨会等形式，建立不同学科之间导师的互动、交流平台；东南大学印发《东南大学研究生指导教师培训管理办法（试行）》，构建校院两层、常态化、分类分级、形式多样的培训机制等。

1.3.3 强化战略支撑和高端引领，加快培养国家急需的高层次人才

当前，世界正处于百年未有之大变局，科技创新变革与国际人才竞争对研究生教育提出了新挑战。为促进研究生教育汇聚创新要素，更好地服务经济社会发展需求，增强国际竞争力，各级教育行政部门及培养单位开展了系列改革。

持续实施关键领域培养专项，以超常规方式培养紧缺人才。2018 年，教育部实施“国家关键领域急需高层次人才培养专项招生计划”，目前已将马克思主义理论、集成电路、网络空间安全、航空发动机及燃气轮机等学科领域纳入支持范围。为构建赶超世界先进水平的人工智能人才培养体系，尽快缩小我国在人工智能基础理论、原创算法等方面与发达国家的差距，2020 年 1 月，教育部、国家发展改革委、财政部印发《关于“双一流”建设高校促进学科融合 加快人工智能领域研究生培养的若干意见》，指出要以解决人工智能重大理论和实践应用问题为牵引，统筹布局多学科交叉的基础理论、算法、软件及集成电路设计等方向的产教融合创新平台和人才培养基地，创新高层次人才培养机制。相关单位积极响应，国家级新区——南京江北新区联合企业、高校等共同成立南京集成电路大学；北京邮电大学、中国矿业大学、东华大学等多所高校成立与人工智能相关的学院。为应对新冠肺炎疫情带来的新挑战，优化医学人才培养结构、提升医药创新能力，2020 年 9 月，国务院办公厅印发了《关于加快医学教育创新发展的指导意见》，提出要扩大麻醉、感染、重症、儿科研究生招生规模，创立发展公共卫生博士专业学位教育，将公共卫生与预防医学相关学科专业纳入“国家关键领域急需高层次人才培养专项招生计划”支持范围，促进医工、医理、医文学科交叉融合，推进“医学 + X”多学科背景的复合型创新拔尖人才培养。

实施强基计划，探索建立本硕博衔接的培养模式。为聚焦高端芯片与软件、智能科技、新材料、先进制造和国家安全等关键领域以及国家人才紧缺的人文社会科学领域，选拔培养有志于服务国家重大战略需求且综合素质优秀或基础学科拔尖的学生，2020 年 1 月，教育部实施“强基计划”，印发《关于在部分高校开展基础学科招生改革试点工作的意见》，试点 36 所高校在数学、物理、化学、生物及历史、哲学、古文字学等相关专业，探索建立多维度考核评价考生的招生模式，配备一流的师资，提供一流的学习条件，创造一流的学术环境与氛围，实行导师制、小班化等培养模式，强化科教融合，探索建立本硕博衔接的培养模式。高校也相继出台相关文件，如华中科技大学发布强基计划招生简章，试行本硕博衔接培养模式；天津大学实施以研究型项目为主线的人才培养模式，由院士、教学名师等高层次师资引导学生科研实践，建立本硕博人才培养方案的联动机制，实现本硕博纵向跨层次选课、横向跨学科选课；中国农业大学依托强基计划实行本硕博衔接培养，采用“3 + 5”培养模式等。

合力建设联合培养基地，提升行业急需人才的供给能力。《专业学位研究生教育发展方案（2020—2025）》提出，要实施“国家产教融合研究生联合培养基地”建设计划，重点依托产教融合型企业和产教融合型城市，大力开展研究生联合培养基地建设。鼓励行业企业、培养单位探索建立产教融合育人联盟，制定标准，交流经验，分享资源。地方政府和培养单位积极响应，实施相关办法。如广东省教育厅在东莞建立起开放式研究生联合培养基地，以应用研究项目为依托，形成一校对多企、多企对多校的协同培养格局。山东省 2020 年 5 月发布《关于开展山东省产教融合研究生联合培养示范基地立项建设工作的通知》，启动立项工作，成立 46 个山东省产教融合研究生联合培养示范基地，探索校企联动，共同制订培养方案，推动研究生实践创新能力提升。浙江大学设立 18 个工程专业学位研究生卓越培养项目，探索订单式人才培养模式改革，推进了工程师学院等产教融合“特区”建设。华中师范大学与华为携手共

建“智能基座”产教融合协同育人基地，在鲲鹏、昇腾和华为云领域进一步深化教学合作，共同培养高素质的拔尖创新人才等。

1.3.4 全面夯实培养过程，持续提升研究生培养质量

近年来，在全社会关注下，在各方主体的积极努力下，研究生培养质量稳步提升，但仍出现少数的负面质量事件，暴露出培养单位支撑条件薄弱、培养过程松散、管理制度不健全、制度执行不严格等问题，引起负面舆论。为夯实培养过程，全面提升研究生培养质量，各级教育行政部门和培养单位积极推进了若干改革举措。

优化研究生培养过程，强化分类培养。全国研究生教育会议主文件《关于加快新时代研究生教育改革发展的意见》指出，要更加注重分类培养，完善科教融合育人机制，加强学术学位研究生知识创新能力培养；强化产教融合育人机制，加强专业学位研究生实践创新能力培养。配套文件《专业学位研究生教育发展方案（2020—2025）》，在案例教学、专业实践及职业资格衔接方面对专业学位研究生培养工作提出更高要求。2020 年 5 月，教育部印发《高等学校课程思政建设指导纲要》，该文件指出高校要有针对性地修订人才培养方案，结合不同课程特点、思维方法和价值理念，深入挖掘课程思政元素，有机融入课程教学，达到润物无声的育人效果。为规范不同类型研究生课程设计和教学内容，2020 年 9 月，国务院学位委员会办公室组织学科评议组和专业学位教育指导委员会专家，结合各一级学科以及专业学位类别课程教学和人才培养特点编写出版《学术学位研究生核心课程指南（试行）》和《专业学位研究生核心课程指南（试行）》，学术学位强调课程的基础性和前沿性，专业学位侧重课程的前沿性和实践性。各省份和培养单位积极响应国家号召，如辽宁省印发了《关于深化新时代研究生教育改革创新 推进高质量发展的意见》，推进全省研究生教育分类发展、特色发展、高质量发展，提出实施学术学位研究生知识创新项目资助计划、专业学位研究生实践创新项目资助计划，完善分类培养体制机制。复旦大学出台《复旦大学研究生教育博英计划行动方案（2020—2022 年）》，提出完善研究生教育的分层分类培养体系。中国传媒大学立足于分类培养、分别成才，细化、标准化博士生、硕士生培养与学位授予每个环节的要求和考核机制。

实施全过程质量管理，完善分流退出机制。为强化底线意识和质量意识，严格执行研究生培养全过程质量管理，2020 年 9 月，国务院学位委员会、教育部印发《关于进一步严格规范学位与研究生教育质量管理的若干意见》，指出要强化落实学位授予单位质量保证主体责任、严格规范研究生考试招生工作、严抓培养全过程监控与质量保证、加强学位论文和学位授予管理、强化指导教师质量管控责任、健全处置学术不端有效机制、加强教育行政部门督导监管。其中，特别是抓住学位论文开题、中期考核、评阅、答辩、学位评定等关键之处，细化流程、压实责任，强化阶段性考核，前移质量检查关口，完善和落实研究生分流退出机制，严格规范学籍年限管理。各高校纷纷制定院校政策，如上海交通大学全面开展学位论文自我抽检，将论文抽检质量与导师招生资格、学院招生指标及学位点建设与评估相挂钩；中国地质大学（北京）完善分流制度，制定《博士研究生转为硕士研究生管理暂行办法》；西北工业大学全面开展了 2020 ~ 2021 学年研究生教育教学督导工作，从课程思政督导、研究生导师立德树人履行职责自评自督、课程教学督导、论文开题评议督导、论文中期检查后评估督导等五个方面提出具体工作要求；新疆农业大学、西北农林科技大学、华南理工大学、西南交通大学等高校严查学位论文作假行为，发布《关于开展研究生学位论文作假行为全面排查工作的通知》。

健全内部质量保障，加强外部质量监督。2014 年教育部实施学位授权点合格评估制度以来，推动了学位授予单位建立自我评估制度，打破学位授权点终身制，保证了学位与研究生教育基本质量，但在自我评估阶段存在对学位授权点质量状态和自评工作缺乏监督、合格评估与学位授权审核申请基本条件衔接不足、评估程序性要求不够具体等问题。2020 年 11 月，国务院学位委员会、教育部印发修订的《学位授权点合格评估办法》，要求学位授权点要时刻绷紧质量之弦，将自我评估作为内部诊断式评估，全面检查学位授权点办学条件和培养制度建设情况，将专项评估作为外部抽评的专项评估，要求受评学位授权点达到合格的底线标准，确保学位授权点“赋权”与“行权”条件的统一。培养单位也不断建立健全质量保障与监督机制，如中山大学、广西大学、暨南大学等高校陆续发布了《研究生教育质量年度报告（2020 年）》，向社会公布培养质量；西安电子科技大学建立了研究生教育质量分析大数据平台，构建全过程质量跟踪体系；南京财经大学、中国海洋大学等高校召开研究生教育督导工作会议，建立健全研究生教育质量常态监控机制，主动接受社会各界的监督和指导。

第 2 章　规模与结构

2020 年，全国[①]研究生规模稳定增长，科类结构、类型结构、层次结构、区域结构不断调整优化，更好地适应社会经济发展需求和人民群众接受更高层次教育的要求。2020 年共有硕士学位授权一级学科点 6046 个，博士学位授权一级学科点 3509 个，硕士专业学位授权点 5857 个，博士专业学位授权点 270 个。全国共招收研究生 1106551 人，其中硕士研究生 990504 人，博士研究生 116047 人。全国共有在校研究生 2973891 人，在校硕士研究生 2507342 人，在校博士研究生 466549 人，在校硕士研究生规模大约为博士研究生规模的 5.37 倍。全国授予硕士学位 729676 人，博士学位 72256 人。硕士学位中，学术学位 312272 人，专业学位 417404 人，专业学位占比约为 57.20%。

2.1 研究生招生

2.1.1 规模与结构

1. 研究生招生规模与结构

2020 年，全国共招收研究生 1106551 人，其中招收硕士研究生 990504 人，比重为 89.51%，招收博士研究生 116047 人，比重为 10.49%，招收研究生的硕博比为 8.54（见图 2－1）。

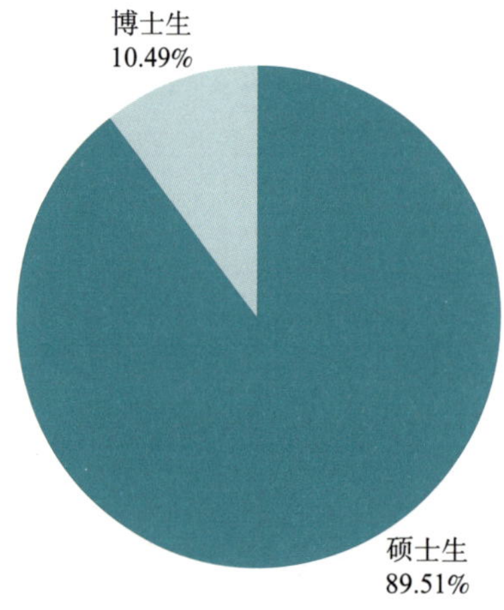

图 2－1 2020 年全国研究生招生层次结构

资料来源：根据教育部发展规划司提供的数据整理。

在招收的硕士研究生中，学术学位研究生 388009 人，所占比重为 39.17%，专业学位研究生 602495 人，所占比重为 60.83%；在招收的博士研究生中，学术学位研究生 102328 人，所占比重为 88.18%，专业学位研究生 13719 人，所占比重为 11.82%（见表 2－1）。

① 全国数据未含港澳台研究生人数，包含军事学研究生人数，下同。

表 2－1　2020 年全国研究生招生规模与结构

单位：人，%

学位类型	硕士生		博士生		合计	
	人数	比重	人数	比重	人数	比重
学术学位	388009	39.17	102328	88.18	490337	44.31
专业学位	602495	60.83	13719	11.82	616214	55.69
总计	990504	100.00	116047	100.00	1106551	100.00

资料来源：根据教育部发展规划司提供的数据整理。

2. 学术学位研究生招生规模与结构

2020 年招收的学术学位研究生中，硕士研究生 388009 人，占学术学位研究生招生总数的 79.13%；博士研究生 102328 人，占学术学位研究生招生总数的 20.87%；学术学位研究生招生的硕博比约为 3.79。

（1）分学科门类学术学位研究生招生规模与结构

2020 年招收的学术学位研究生总数中，文科类（哲学、经济学、法学、教育学、文学、历史学、管理学、艺术学）招生人数所占比重为 30.79%，理科类（理学、工学、农学、医学）招生人数所占比重为 69.21%（见表 2－2）。

学术学位硕士研究生招生中，工学招生人数所占比重最大，为 35.46%，其次是理学和医学，分别为 17.45% 和 10.00%，其他学科门类招生人数所占比重均不超过 8%；理科类招生人数所占比重为 66.96%，文科类招生所占比重为 33.05%，理文比约为 2.03。

学术学位博士研究生招生中，招生人数所占比重排在前 3 位的学科门类是工学、理学和医学，所占比重分别为 41.02%、21.03% 和 11.11%，其他学科门类招生人数所占比重均不超过 6%；理科类招生人数所占比重为 77.73%，文科类招生人数所占比重为 22.27%，理文比约为 3.49。

表 2－2　2020 年分学科门类学术学位研究生招生规模与结构

单位：人，%

学科	硕士生		博士生		合计		硕博比
	人数	比重	人数	比重	人数	比重	
哲学	3555	0.92	1005	0.98	4560	0.93	3.54
经济学	15099	3.89	3311	3.24	18410	3.75	4.56
法学	30966	7.98	5620	5.49	36586	7.46	5.51
教育学	13933	3.59	1851	1.81	15784	3.22	7.53
文学	21690	5.59	3122	3.05	24812	5.06	6.95
历史学	4948	1.28	1260	1.23	6208	1.27	3.93
理学	67694	17.45	21517	21.03	89211	18.20	3.15
工学	137569	35.46	41974	41.02	179543	36.62	3.28
农学	15697	4.05	4676	4.57	20373	4.16	3.36
医学	38804	10.00	11369	11.11	50173	10.23	3.41
管理学	28097	7.24	5343	5.22	33440	6.82	5.26
艺术学	9927	2.56	1272	1.24	11199	2.28	7.80

续表

学科	硕士生		博士生		合计		硕博比
	人数	比重	人数	比重	人数	比重	
合计	387979	100.00	102320	100.00	490299	100.00	3.79

资料来源：根据教育部发展规划司提供的数据整理（不含军事学）。

（2）分地区学术学位研究生招生规模与结构①

学术学位硕士研究生招生人数最多的是华东地区，为115846人，其次为华北地区、华中地区和东北地区，分别为78546人、46245人和44938人，招生人数最少的是华南地区，为27572人。

学术学位博士研究生招生人数最多的是华北地区，为32264人，其次为华东地区、华中地区和东北地区，分别为30027人、10084人和9771人，招生人数最少的是华南地区，为6174人（见图2－2）。

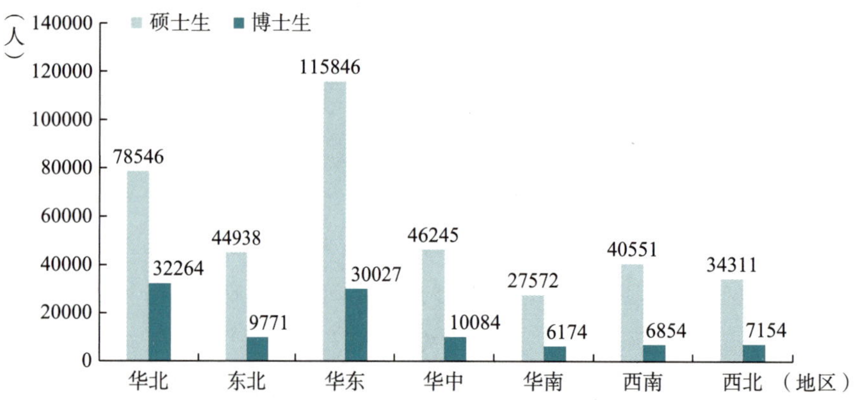

图2－2　2020年分地区学术学位研究生招生规模与结构

资料来源：根据教育部发展规划司提供的数据整理。

华东地区学术学位硕士研究生招生人数在全国学术学位硕士研究生招生总数中所占比重最大，为29.86%，其次是华北地区和华中地区，这三个地区学术学位硕士研究生招生人数所占比重之和为62.02%，是培养学术学位硕士研究生的主要区域。

华北地区学术学位博士研究生招生人数在全国学术学位博士研究生招生总数中所占比重最大，为31.53%，其次是华东地区和华中地区，这三个地区学术学位博士研究生招生人数所占比重之和为70.72%，是培养学术学位博士研究生的主要区域（见图2－3）。

北京招收的学术学位硕士研究生人数最多，为48790人，占全国学术学位硕士研究生招生总数的比重为12.57%，其次是江苏（7.95%）。其余所占比重超过5%的省份有上海（7.11%）、湖北（6.29%）、陕西（5.42%）、辽宁（5.06%）。学术学位硕士研究生招生人数占全国比重不足1%的省份有贵州、宁夏、海南、青海和西藏（见表2－3）。

北京招收的学术学位博士研究生人数最多，为27221人，占全国学术学位博士研究生招生总数的比重为

① 东北地区包括辽宁省、吉林省、黑龙江省；华北地区包括北京市、天津市、河北省、山西省、内蒙古自治区；西北地区包括陕西省、甘肃省、青海省、宁夏回族自治区、新疆维吾尔自治区；华东地区包括上海市、江苏省、浙江省、安徽省、福建省、江西省、山东省；西南地区包括重庆市、四川省、贵州省、云南省、西藏自治区；华中地区包括河南省、湖北省、湖南省；华南地区包括广东省、广西壮族自治区、海南省。

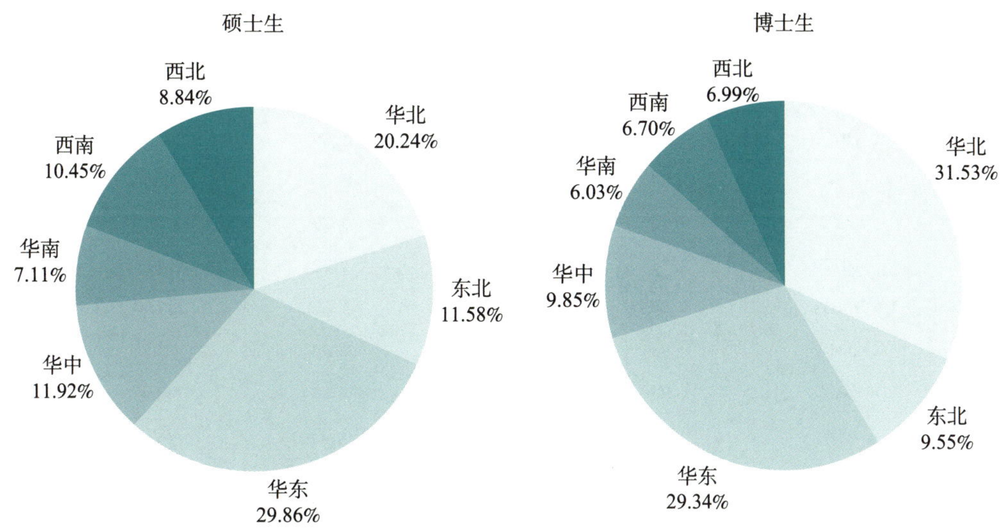

图 2－3 2020 年分地区学术学位研究生招生结构

资料来源：根据教育部发展规划司提供的数据整理。

26.60%，其次是上海（9.41%）。其余所占比重超过 5% 的省份是江苏（7.95%）、湖北（6.19%）和广东（5.09%）。有 13 个省份学术学位博士研究生招生人数占全国比重不足 1%。

表 2－3 2020 年各省份学术学位研究生的招生规模与结构

单位：人，%

省份	硕士生		博士生		合计	
	人数	比重	人数	比重	人数	比重
北京	48790	12.57	27221	26.60	76011	15.50
天津	10200	2.63	2834	2.77	13034	2.66
河北	9065	2.34	949	0.93	10014	2.04
山西	6501	1.68	750	0.73	7251	1.48
内蒙古	3990	1.03	510	0.50	4500	0.92
辽宁	19621	5.06	3374	3.30	22995	4.69
吉林	11286	2.91	2857	2.79	14143	2.88
黑龙江	14031	3.62	3540	3.46	17571	3.58
上海	27589	7.11	9627	9.41	37216	7.59
江苏	30838	7.95	8132	7.95	38970	7.95
浙江	13398	3.45	3996	3.91	17394	3.55
安徽	12130	3.13	2899	2.83	15029	3.07
福建	8489	2.19	1850	1.81	10339	2.11
江西	6448	1.66	734	0.72	7182	1.46
山东	16954	4.37	2789	2.73	19743	4.03
河南	9488	2.45	952	0.93	10440	2.13
湖北	24399	6.29	6335	6.19	30734	6.27
湖南	12358	3.18	2797	2.73	15155	3.09

续表

省份	硕士生		博士生		合计	
	人数	比重	人数	比重	人数	比重
广东	19203	4.95	5211	5.09	24414	4.98
广西	7146	1.84	665	0.65	7811	1.59
海南	1223	0.32	298	0.29	1521	0.31
重庆	10730	2.77	1762	1.72	12492	2.55
四川	17633	4.54	3708	3.62	21341	4.35
贵州	3810	0.98	413	0.40	4223	0.86
云南	7472	1.93	897	0.88	8369	1.71
西藏	906	0.23	74	0.07	980	0.20
陕西	21040	5.42	5040	4.93	26080	5.32
甘肃	6755	1.74	1195	1.17	7950	1.62
青海	907	0.23	133	0.13	1040	0.21
宁夏	1265	0.33	184	0.18	1449	0.30
新疆	4344	1.12	602	0.59	4946	1.01

资料来源：根据教育部发展规划司提供的数据整理。

学术学位硕士研究生招生人数所占比重最大的前5个省份依次为北京、江苏、上海、湖北和陕西，这5个省份学术学位硕士研究生招生人数所占比重之和为39.34%。招生人数所占比重最少的5个省份依次为西藏、青海、海南、宁夏和贵州，五者所占比重之和仅为2.09%。

学术学位博士研究生招生人数所占比重最大的前5个省份依次为北京、上海、江苏、湖北和广东，这5个省份学术学位博士研究生招生人数所占比重之和为55.24%。招生人数所占比重最少的5个省份依次为西藏、青海、宁夏、海南和贵州，五者所占比重之和仅为1.07%（见图2-4）。

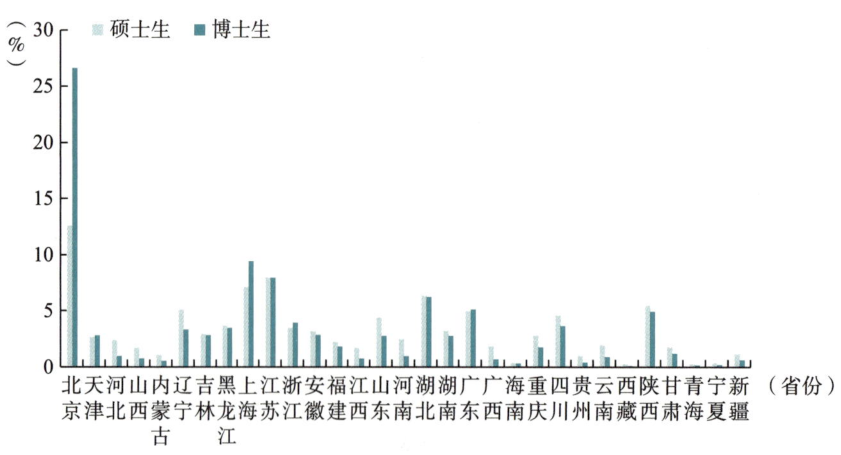

图2-4　2020年各省份学术学位研究生的招生结构

资料来源：根据教育部发展规划司提供的数据整理。

3. 专业学位研究生招生规模与结构

2020年招收的专业学位研究生中，硕士专业学位研究生602495人，占专业学位研究生招生总数的

97.77%；博士专业学位研究生 13719 人，占专业学位研究生招生总数的 2.23%。

（1）分类别专业学位研究生招生规模与结构

在硕士专业学位研究生招生中，电子信息硕士专业学位研究生招生人数最多，为 71149 人，所占比重最大，为 11.81%，其次是工商管理 49359 人。除电子信息专业外，其他专业类别招生人数占硕士专业学位研究生招生总数的比重均不超过 10%。招生人数最少的专业类别为出版，仅为 558 人（见表 2－4）。

表 2－4　2020 年分类别专业学位硕士研究生招生规模与结构

单位：人，%

专业类别	人数	比重
金融	12769	2.12
应用统计	5862	0.97
税务	2023	0.34
国际商务	4392	0.73
保险	1126	0.19
资产评估	1159	0.19
审计	2249	0.37
法律	23957	3.98
社会工作	6041	1.00
警务	669	0.11
教育	43949	7.29
体育	8360	1.39
汉语国际教育	5653	0.94
应用心理	3305	0.55
翻译	12886	2.14
新闻与传播	7413	1.23
出版	558	0.09
文物与博物馆	1357	0.23
建筑学	2361	0.39
工程*	15425	2.56
城市规划	999	0.17
电子信息	71149	11.81
机械	25110	4.17
材料与化工	27546	4.57
资源与环境	16485	2.74
能源动力	14655	2.43
土木水利	19032	3.16
生物与医药	10436	1.73
交通运输	5069	0.84

续表

专业类别	人数	比重
农业	26654	4. 42
兽医	2885	0. 48
风景园林	3405	0. 57
林业	2340	0. 39
临床医学	42453	7. 05
口腔医学	2553	0. 42
公共卫生	4260	0. 71
护理	3513	0. 58
药学	6950	1. 15
中药学	1826	0. 30
中医	12433	2. 06
工商管理	49359	8. 19
公共管理	25925	4. 30
会计	23289	3. 87
旅游管理	1911	0. 32
图书情报	2196	0. 36
工程管理	14026	2. 33
艺术	24522	4. 07

* 部分学校仍按“工程”大类统计，下同。
资料来源：根据教育部发展规划司提供的数据整理。

在博士专业学位研究生招生中，临床医学专业所占比重最大，为 38. 16%，其次为电子信息专业，占比为 11. 68%（见表 2 – 5）。

表 2 – 5　2020 年分类别专业学位博士研究生招生规模与结构

单位：人，%

专业类别	人数	比重
教育	893	6. 51
汉语国际教育	6	0. 04
工程	84	0. 61
电子信息	1603	11. 68
机械	1131	8. 24
材料与化工	645	4. 70
资源与环境	754	5. 50
能源动力	773	5. 63
土木水利	318	2. 32
生物与医药	274	2. 00
交通运输	342	2. 49
兽医	317	2. 31

续表

专业类别	人数	比重
临床医学	5235	38.16
口腔医学	310	2.26
公共卫生	10	0.07
中医	1024	7.46

资料来源：根据教育部发展规划司提供的数据整理。

（2）分地区专业学位研究生招生规模与结构

专业学位研究生招生中，华东地区招生人数最多，为191243人，所占比重最大，为31.04%，其次为华北地区（115780人，18.79%）和华中地区（72533人，11.77%），招生人数最少的地区是华南地区，仅有50265人，所占比重为8.16%。

专业学位硕士研究生招生中，华东地区招生人数最多，为186842人，所占比重最大，为31.01%，其次为华北地区（112821人，18.73%）和华中地区（71097人，11.80%），招生人数最少的地区是华南地区，仅有48973人，所占比重为8.13%。

专业学位博士研究生招生中，华东地区招生人数最多，为4401人，所占比重最大，为32.08%，其次是华北地区（2959人，21.57%）和华中地区（1436人，10.47%），招生人数最少的地区是西北地区，仅有994人，所占比重为7.25%（见表2－6）。

表2－6　2020年分地区专业学位研究生招生规模与结构

单位：人，%

地区	硕士生		博士生		合计	
	人数	比重	人数	比重	人数	比重
华北	112821	18.73	2959	21.57	115780	18.79
东北	63193	10.49	1353	9.86	64546	10.47
华东	186842	31.01	4401	32.08	191243	31.04
华中	71097	11.80	1436	10.47	72533	11.77
华南	48973	8.13	1292	9.42	50265	8.16
西南	63987	10.62	1284	9.36	65271	10.59
西北	55582	9.23	994	7.25	56576	9.18
合计	602495	100.00	13719	100.00	616214	100.00

资料来源：根据教育部发展规划司提供的数据整理。

2020年北京专业学位硕士研究生招生人数为65287人，占全国专业学位硕士研究生招生总数的比重最大，为10.84%。其次为江苏（8.24%）和上海（6.00%），而宁夏、海南、青海和西藏专业学位硕士研究生招生人数占全国比重均不足1%。

2020年北京专业学位博士研究生招生人数为2184人，占全国专业学位博士研究生招生总数的比重最大，为15.92%。其次为上海（11.95%），其余省份的专业学位博士研究生招生人数所占比重均未超过10%（见表2－7）。

表 2－7　2020 年各省份专业学位研究生招生规模与结构

单位：人，%

省份	硕士生		博士生		合计	
	人数	比重	人数	比重	人数	比重
北京	65287	10. 84	2184	15. 92	67471	10. 95
天津	14672	2. 44	554	4. 04	15226	2. 47
河北	15104	2. 51	146	1. 06	15250	2. 47
山西	10383	1. 72	75	0. 55	10458	1. 70
内蒙古	7375	1. 22	0	0. 00	7375	1. 20
辽宁	30334	5. 03	398	2. 90	30732	4. 99
吉林	15089	2. 50	353	2. 57	15442	2. 51
黑龙江	17770	2. 95	602	4. 39	18372	2. 98
上海	36133	6. 00	1640	11. 95	37773	6. 13
江苏	49668	8. 24	874	6. 37	50542	8. 20
浙江	24972	4. 14	698	5. 09	25670	4. 17
安徽	18541	3. 08	385	2. 81	18926	3. 07
福建	14522	2. 41	124	0. 90	14646	2. 38
江西	12788	2. 12	123	0. 90	12911	2. 10
山东	30218	5. 02	557	4. 06	30775	4. 99
河南	17658	2. 93	130	0. 95	17788	2. 89
湖北	34746	5. 77	569	4. 15	35315	5. 73
湖南	18693	3. 10	737	5. 37	19430	3. 15
广东	34321	5. 70	1183	8. 62	35504	5. 76
广西	11937	1. 98	109	0. 79	12046	1. 95
海南	2715	0. 45	0	0. 00	2715	0. 44
重庆	17887	2. 97	345	2. 51	18232	2. 96
四川	26094	4. 33	764	5. 57	26858	4. 36
贵州	6800	1. 13	55	0. 40	6855	1. 11
云南	12754	2. 12	120	0. 87	12874	2. 09
西藏	452	0. 08	0	0. 00	452	0. 07
陕西	32320	5. 36	641	4. 67	32961	5. 35
甘肃	10143	1. 68	284	2. 07	10427	1. 69
青海	2109	0. 35	0	0. 00	2109	0. 34
宁夏	2754	0. 46	25	0. 18	2779	0. 45
新疆	8256	1. 37	44	0. 32	8300	1. 35

资料来源：根据教育部发展规划司提供的数据整理。

专业学位硕士研究生招生人数所占比重最大的前 5 个省份依次为北京、江苏、上海、湖北和广东，这 5 个省份专业学位硕士研究生招生人数所占比重之和为 36. 55%。招生人数最少的 5 个省份依次为西藏、青海、海南、宁夏和贵州。

专业学位博士研究生招生人数所占比重最大的前5个省份依次为北京、上海、广东、江苏和四川，这5个省份专业学位博士研究生招生人数所占比重之和为48.43%。内蒙古、海南、西藏和青海未招收专业学位博士研究生（见图2－5）。

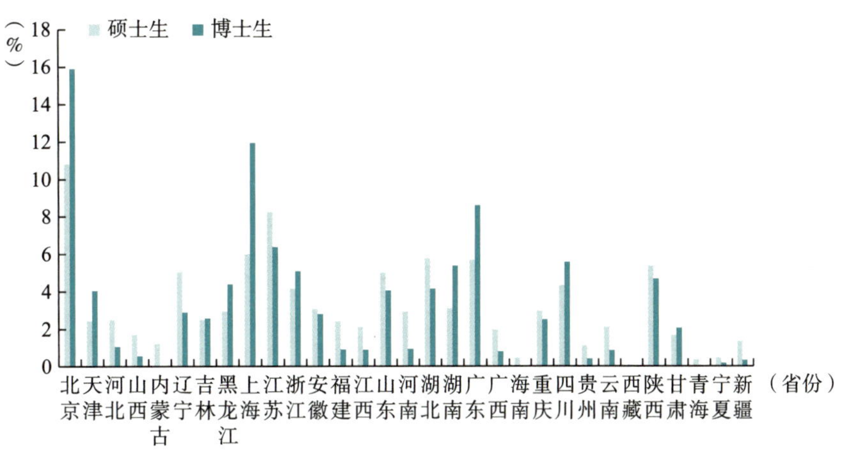

图2－5　2020年各省份专业学位研究生招生结构

资料来源：根据教育部发展规划司提供的数据整理。

2.1.2　与2019年相比的发展变化

与2019年相比，2020年全国研究生招生总数增长190048人。其中硕士研究生招生人数增长179170人，在研究生招生规模中的比重由88.52%增长到89.51%，博士研究生招生人数增长10878人（见表2－8）。

表2－8　2019年和2020年全国研究生招生规模变化

单位：人，%

年份	硕士生		博士生		合计	
	人数	比重	人数	比重	人数	比重
2019	811334	88.52	105169	11.48	916503	100.00
2020	990504	89.51	116047	10.49	1106551	100.00

资料来源：根据教育部发展规划司提供的数据整理。

与2019年相比，2020年学术学位研究生招生规模增长58493人，专业学位研究生招生规模增长131555人，在研究生招生规模中的比重由52.88%增长到55.69%（见表2－9）。

表2－9　2019年和2020年学术学位与专业学位研究生招生规模变化

单位：人，%

年份	学术学位研究生		专业学位研究生		合计	
	人数	比重	人数	比重	人数	比重
2019	431844	47.12	484659	52.88	916503	100.00
2020	490337	44.31	616214	55.69	1106551	100.00

资料来源：根据教育部发展规划司提供的数据整理。

1. 学术学位研究生的招生规模变化

从学术学位研究生招生规模总数来看，2019 年至 2020 年，招生规模由 431844 人增长到 490337 人（见表 2－9）。学术学位硕士研究生招生人数从 337035 人增长到 387979 人，其中人数增长较多的前 3 个学科门类是工学、理学和医学。学术学位博士研究生招生人数从 94775 人增长到 102320 人，其中人数增长较多的前 3 个学科门类是工学、理学和医学（见表 2－10）。

表 2－10　2019 年和 2020 年分学科门类学术学位研究生招生规模与结构变化

单位：人

学科门类	硕士生			博士生		
	2019	2020	增长人数	2019	2020	增长人数
哲学	3293	3555	262	971	1005	34
经济学	14373	15099	726	3288	3311	23
法学	26421	30966	4545	5048	5620	572
教育学	12329	13933	1604	1714	1851	137
文学	19130	21690	2560	2985	3122	137
历史学	4307	4948	641	1154	1260	106
理学	57295	67694	10399	20090	21517	1427
工学	121538	137569	16031	38448	41974	3526
农学	12975	15697	2722	4362	4676	314
医学	30855	38804	7949	10496	11369	873
管理学	25668	28097	2429	5084	5343	259
艺术学	8851	9927	1076	1135	1272	137
合计	337035	387979	50944	94775	102320	7545

资料来源：根据教育部发展规划司提供的数据整理。

2. 分地区研究生的招生规模变化

在分地区研究生的招生规模变化中，人数增加最多的地区是华东地区，增加 61868 人，其次为华北地区和华中地区，分别增加 24761 人和 23593 人。除华北地区外，其他地区增长率均超过 20%（见表 2－11）。

表 2－11　2019 年和 2020 年分地区研究生招生规模与结构变化

单位：人，%

地区	2019		2020		增长情况	
	人数	比重	人数	比重	增长人数	增长率
华北	201829	22. 02	226590	20. 48	24761	12. 27
东北	98244	10. 72	119255	10. 78	21011	21. 39
华东	275248	30. 03	337116	30. 47	61868	22. 48
华中	105269	11. 49	128862	11. 65	23593	22. 41
华南	64074	6. 99	84011	7. 59	19937	31. 12
西南	92714	10. 12	112676	10. 18	19962	21. 53

续表

地区	2019		2020		增长情况	
	人数	比重	人数	比重	增长人数	增长率
西北	79125	8. 63	98041	8. 86	18916	23. 91
合计	916503	100. 00	1106551	100. 00	190048	20. 74

资料来源：根据教育部发展规划司提供的数据整理。

2019 年研究生招生人数最多的前 5 个省份依次为北京、江苏、上海、湖北、陕西，其中北京招生人数最多，为 132582 人，招生人数最少的是西藏，仅有 940 人。

2020 年研究生招生人数最多的前 5 个省份依次为北京、江苏、上海、湖北、广东，其中北京招生人数最多，为 143482 人，招生人数最少的仍是西藏，仅有 1432 人。从各省份的研究生招生规模来看，增加人数最多的是江苏，增加 15976 人，其次为广东，增加 13342 人（见图 2－6）。

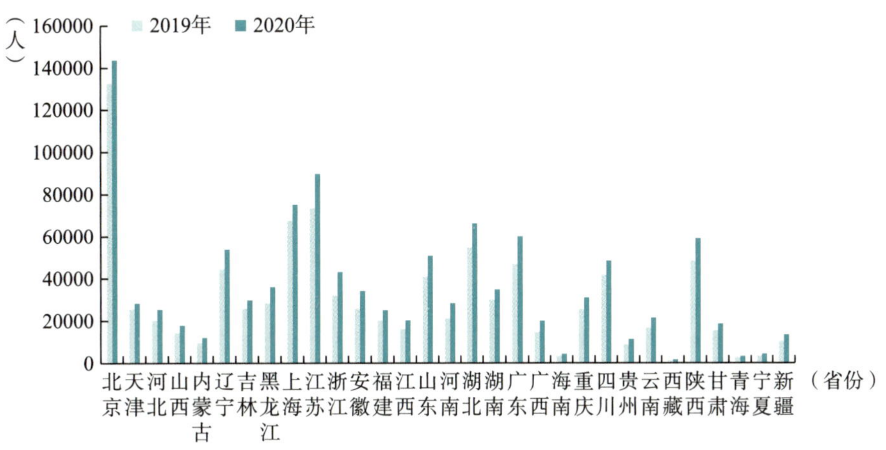

图 2－6　2019 年和 2020 年各省份研究生招生规模变化

资料来源：根据教育部发展规划司提供的数据整理。

2.2　在校研究生[①]

2.2.1　规模与结构

1. 在校研究生规模与结构

2020 年全国共有在校研究生 2973891 人。其中，在校硕士研究生 2507342 人，占比为 84.31%，在校博士研究生 466549 人，占比为 15.69%，在校硕士研究生规模大约为博士研究生规模的 5.37 倍（见图 2－7）。

在校硕士研究生中，学术学位研究生 1036466 人，专业学位研究生 1470876 人；在校博士研究生中，学术学位研究生 431884 人，专业学位研究生 34665 人（见表 2－12）。

① 本书“在校研究生”包括全日制和非全日制研究生。

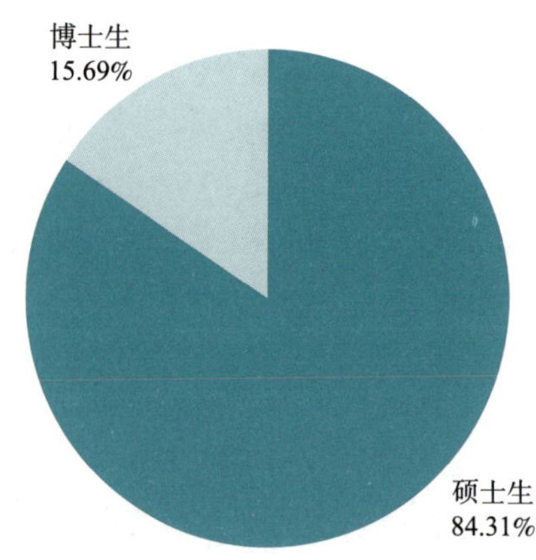

图 2－7　2020 年全国在校研究生结构

资料来源：根据教育部发展规划司提供的数据整理。

表 2－12　2020 年全国在校研究生规模与结构

单位：人，%

学位类型	硕士生		博士生		合计	
	人数	比重	人数	比重	人数	比重
学术学位	1036466	41. 34	431884	92. 57	1468350	49. 37
专业学位	1470876	58. 66	34665	7. 43	1505541	50. 63
总计	2507342	100. 00	466549	100. 00	2973891	100. 00

资料来源：根据教育部发展规划司提供的数据整理。

2. 在校学术学位研究生规模与结构

（1）分学科门类在校学术学位研究生规模与结构

在校学术学位硕士研究生中，占比最大的前 3 个学科门类是工学（35. 78%）、理学（16. 96%）、医学（9. 43%），占比最小的 3 个学科门类是哲学（1. 01%）、历史学（1. 33%）、艺术学（2. 70%）；在校学术学位博士研究生中，占比最大的前 3 个学科门类是工学（42. 33%）、理学（19. 60%）、医学（9. 08%），占比最小的 3 个学科门类是艺术学（1. 07%）、哲学（1. 11%）、历史学（1. 40%）（见表 2－13）。

表 2－13　2020 年分学科门类在校学术学位研究生规模与结构

单位：人，%

学科	硕士生		博士生		合计		硕博比
	人数	比重	人数	比重	人数	比重	
哲学	10420	1. 01	4808	1. 11	15228	1. 04	2. 17
经济学	40637	3. 92	16200	3. 75	56837	3. 87	2. 51
法学	82115	7. 92	24241	5. 61	106356	7. 24	3. 39
教育学	39468	3. 81	7937	1. 84	47405	3. 23	4. 97
文学	60195	5. 81	14505	3. 36	74700	5. 09	4. 15
历史学	13766	1. 33	6027	1. 40	19793	1. 35	2. 28
理学	175787	16. 96	84632	19. 60	260419	17. 74	2. 08

续表

学科	硕士生		博士生		合计		硕博比
	人数	比重	人数	比重	人数	比重	
工学	370806	35.78	182778	42.33	553584	37.71	2.03
农学	40743	3.93	18948	4.39	59691	4.07	2.15
医学	97753	9.43	39215	9.08	136968	9.33	2.49
管理学	76619	7.39	27880	6.46	104499	7.12	2.75
艺术学	28029	2.70	4637	1.07	32666	2.22	6.04
合计	1036338	100.00	431808	100.00	1468146	100.00	2.40

资料来源：根据教育部发展规划司提供的数据整理。

（2）分地区在校学术学位研究生规模与结构

在校学术学位硕士研究生中，人数最多的是华东地区，为310192人，其次为华北地区、华中地区、东北地区，人数最少的是华南地区，为71412人。在校学术学位博士研究生中，人数最多的是华北地区，为136963人，其次为华东地区、华中地区、东北地区，人数最少的是华南地区，为21877人（见图2－8）。

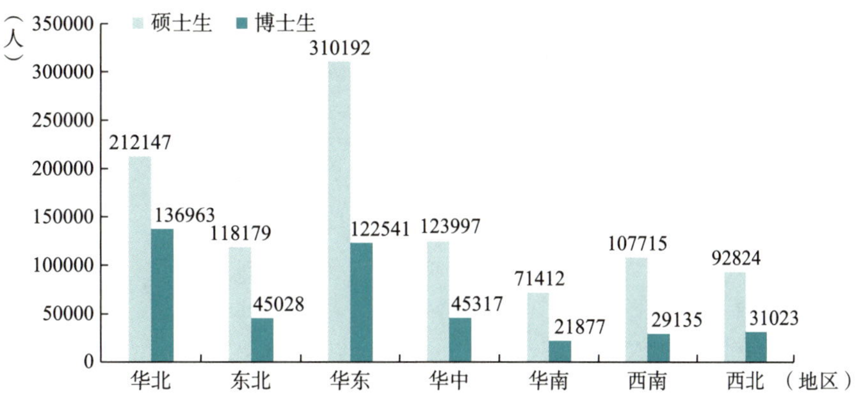

图2－8　2020年分地区在校学术学位研究生规模与结构

资料来源：根据教育部发展规划司提供的数据整理。

在校学术学位硕士研究生中，华东地区人数所占比重最大，为29.93%，其次为华北地区、华中地区、东北地区，华南地区所占比重最小，为6.89%。在校学术学位博士研究生中，华北地区人数所占比重最大，为31.71%，其次为华东地区、华中地区、东北地区，华南地区所占比重最小，为5.07%（见图2－9）。

2020年北京在校学术学位硕士研究生有132966人，规模最大，占全国在校学术学位硕士研究生总数的12.83%。占比超过5%的省份有江苏（8.09%）、上海（7.52%）、湖北（6.35%）、陕西（5.61%）和辽宁（5.04%），其余省份在校学术学位硕士研究生人数占比均低于5%。

2020年北京在校学术学位博士研究生有115945人，规模最大，占全国在校学术学位博士研究生总数的26.85%。占比超过5%的省份有上海（8.84%）、江苏（8.21%）、湖北（6.42%）、陕西（5.37%），其余省份在校学术学位博士研究生人数占比均低于5%（见表2－14）。

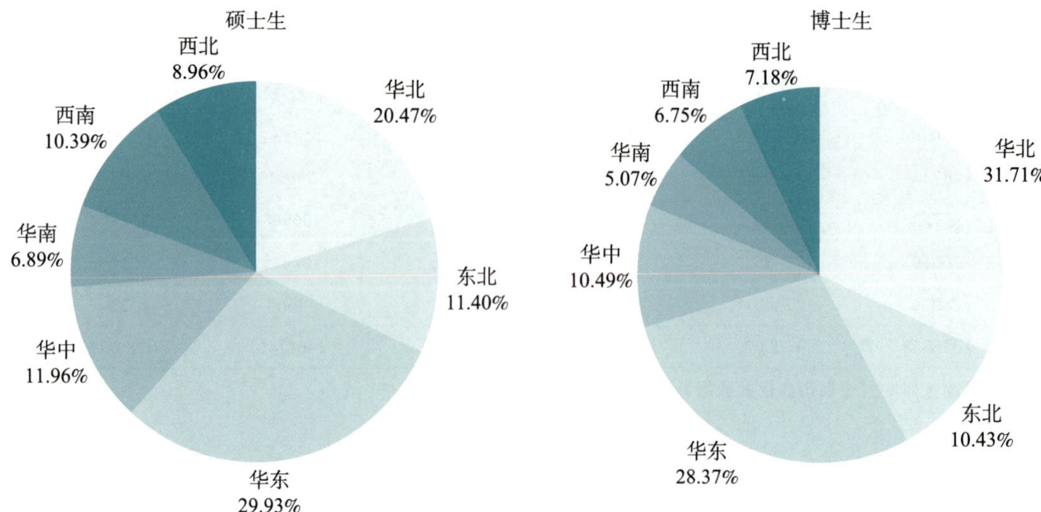

图 2－9　2020 年分地区在校学术学位研究生的结构

资料来源：根据教育部发展规划司提供的数据整理。

表 2－14　2020 年各省份学术学位研究生规模与结构

单位：人，%

省份	硕士生		博士生		合计	
	人数	比重	人数	比重	人数	比重
北京	132966	12. 83	115945	26. 85	248911	16. 95
天津	27501	2. 65	11774	2. 73	39275	2. 67
河北	23689	2. 29	3969	0. 92	27658	1. 88
山西	17453	1. 68	3209	0. 74	20662	1. 41
内蒙古	10538	1. 02	2066	0. 48	12604	0. 86
辽宁	52238	5. 04	16538	3. 83	68776	4. 68
吉林	31368	3. 03	12833	2. 97	44201	3. 01
黑龙江	34573	3. 34	15657	3. 63	50230	3. 42
上海	77892	7. 52	38188	8. 84	116080	7. 91
江苏	83851	8. 09	35479	8. 21	119330	8. 13
浙江	34981	3. 38	15470	3. 58	50451	3. 44
安徽	29894	2. 88	10735	2. 49	40629	2. 77
福建	22475	2. 17	7975	1. 85	30450	2. 07
江西	16901	1. 63	2499	0. 58	19400	1. 32
山东	44198	4. 26	12195	2. 82	56393	3. 84
河南	23653	2. 28	3753	0. 87	27406	1. 87
湖北	65866	6. 35	27731	6. 42	93597	6. 37
湖南	34478	3. 33	13833	3. 20	48311	3. 29
广东	50339	4. 86	18829	4. 36	69168	4. 71
广西	18178	1. 75	2260	0. 52	20438	1. 39
海南	2895	0. 28	788	0. 18	3683	0. 25

续表

省份	硕士生		博士生		合计	
	人数	比重	人数	比重	人数	比重
重庆	28470	2.75	7334	1.70	35804	2.44
四川	47610	4.59	16353	3.79	63963	4.36
贵州	9844	0.95	1364	0.32	11208	0.76
云南	19682	1.90	3884	0.90	23566	1.60
西藏	2109	0.20	200	0.05	2309	0.16
陕西	58157	5.61	23211	5.37	81368	5.54
甘肃	18136	1.75	4808	1.11	22944	1.56
青海	2180	0.21	413	0.10	2593	0.18
宁夏	3099	0.30	470	0.11	3569	0.24
新疆	11252	1.09	2121	0.49	13373	0.91

资料来源：根据教育部发展规划司提供的数据整理。

在校学术学位硕士研究生人数占比最大的前5个省份依次为北京、江苏、上海、湖北和陕西，这5个省份在校学术学位硕士研究生招生人数所占比重之和为40.40%。在校学术学位硕士研究生人数占比最小的5个省份依次为西藏、青海、海南、宁夏和贵州，五者所占比重之和仅为1.94%。

在校学术学位博士研究生人数占比最大的前5个省份依次为北京、上海、江苏、湖北和陕西，这5个省份在校学术学位博士研究生人数所占比重之和为55.69%。在校学术学位博士研究生人数占比最小的5个省份依次为西藏、青海、宁夏、海南和贵州，五者所占比重之和仅为0.76%（见图2-10）。

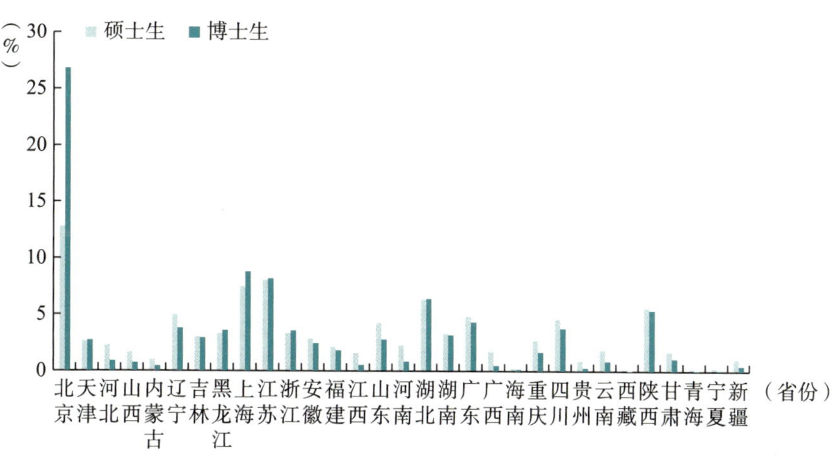

图2-10　2020年各省份在校学术学位研究生的结构

资料来源：根据教育部发展规划司提供的数据整理。

3. 在校专业学位研究生规模与结构

2020年全国共有在校专业学位研究生1505541人，其中硕士研究生1470876人，占在校专业学位研究生总数的97.70%，博士研究生34665人，占在校专业学位研究生总数的2.30%。

（1）分类别在校专业学位研究生规模与结构

在校专业学位硕士研究生中，工程专业学位硕士研究生人数所占比重最大，为18.10%，其次是工商管理，占比为10.09%，其他类别的在校专业学位硕士研究生人数所占比重均不超过10%，在校专业学位硕士研究生人数所占比重最小的专业类别是出版（见表2－15）。

表2－15　2020年分类别在校专业学位硕士研究生规模与结构

单位：人，%

专业类别	人数	比重
金融	26508	1.80
应用统计	10920	0.74
税务	3848	0.26
国际商务	8386	0.57
保险	2202	0.15
资产评估	2297	0.16
审计	4647	0.32
法律	59203	4.03
社会工作	12145	0.83
警务	1650	0.11
教育	111016	7.55
体育	18576	1.26
汉语国际教育	13699	0.93
应用心理	6732	0.46
翻译	27846	1.89
新闻与传播	14953	1.02
出版	1191	0.08
文物与博物馆	3020	0.21
建筑学	7056	0.48
工程	266227	18.10
城市规划	2826	0.19
电子信息	81531	5.54
机械	30104	2.05
材料与化工	33224	2.26
资源与环境	20005	1.36
能源动力	17559	1.19
土木水利	22881	1.56
生物与医药	11811	0.80
交通运输	6486	0.44
农业	56671	3.85
兽医	6276	0.43
风景园林	8591	0.58
林业	4607	0.31
临床医学	106540	7.24

续表

专业类别	人数	比重
口腔医学	6433	0.44
公共卫生	8119	0.55
护理	8111	0.55
药学	14315	0.97
中药学	3769	0.26
中医	32501	2.21
工商管理	148468	10.09
公共管理	81513	5.54
会计	55563	3.78
旅游管理	4723	0.32
图书情报	4512	0.31
工程管理	29078	1.98
艺术	62537	4.25

资料来源：根据教育部发展规划司提供的数据整理。

在校专业学位博士研究生中，临床医学专业在校生人数最多，为14853人，占42.85%，其次为工程专业，在校生人数为6309人，占18.20%（见表2－16）。

表2－16　2020年分类别在校专业学位博士研究生规模与结构

单位：人，%

专业类别	人数	比重
教育	2582	7.45
汉语国际教育	11	0.03
工程	6309	18.20
电子信息	2191	6.32
机械	1196	3.45
材料与化工	645	1.86
资源与环境	1018	2.94
能源动力	779	2.25
土木水利	318	0.92
生物与医药	274	0.79
交通运输	342	0.99
兽医	714	2.06
临床医学	14853	42.85
口腔医学	897	2.59
公共卫生	10	0.03
中医	2526	7.29

资料来源：根据教育部发展规划司提供的数据整理。

（2）分地区在校专业学位研究生规模与结构

在校硕士专业学位研究生中，华东地区在校生人数最多，为460192人，所占比重最大，为31.29%；华南地区在校生人数最少，为111723人，所占比重最小，为7.60%。在校专业学位博士研究生中，华东地区在校生人数最多，为10851人，所占比重最大，为31.30%；西北地区在校生人数最少，为2444人，所占比重最小，为7.05%（见表2－17）。

表2－17　2020年分地区在校专业学位研究生的规模与结构

单位：人，%

地区	硕士生		博士生		合计	
	人数	比重	人数	比重	人数	比重
华北	277050	18.84	7426	21.42	284476	18.90
东北	149379	10.16	2880	8.31	152259	10.11
华东	460192	31.29	10851	31.30	471043	31.29
华中	172979	11.76	4443	12.82	177422	11.78
华南	111723	7.60	3497	10.09	115220	7.65
西南	162564	11.05	3124	9.01	165688	11.01
西北	136989	9.31	2444	7.05	139433	9.26

资料来源：根据教育部发展规划司提供的数据整理。

2020年北京在校专业学位硕士研究生为162018人，规模最大，占比为11.02%，其余占比超过5%的省份有江苏（8.32%）、上海（6.49%）、陕西（5.63%）、湖北（5.54%）、广东（5.36%）、山东（5.03%），其余省份在校专业学位硕士研究生人数占比均低于5%，其中海南、西藏、青海和宁夏在校专业学位硕士研究生人数占全国比重均不足1%。

2020年北京在校专业学位博士研究生为5785人，规模最大，占比为16.69%，上海（12.82%）占比超过10%，占比在5%到10%之间的省份有广东（9.51%）、湖南（6.56%）、江苏（5.95%）、四川（5.67%）、湖北（5.50%）。内蒙古、海南、西藏和青海没有在校专业学位博士研究生（见表2－18）。

表2－18　2020年各省份在校专业学位研究生规模与结构

单位：人，%

省份	硕士生		博士生		合计	
	人数	比重	人数	比重	人数	比重
北京	162018	11.02	5785	16.69	167803	11.15
天津	38578	2.62	1166	3.36	39744	2.64
河北	36072	2.45	330	0.95	36402	2.42
山西	23258	1.58	145	0.42	23403	1.55
内蒙古	17124	1.16	0	0.00	17124	1.14
辽宁	72425	4.92	758	2.19	73183	4.86
吉林	39130	2.66	743	2.14	39873	2.65
黑龙江	37824	2.57	1379	3.98	39203	2.60

续表

省份	硕士生		博士生		合计	
	人数	比重	人数	比重	人数	比重
上海	95413	6.49	4443	12.82	99856	6.63
江苏	122312	8.32	2062	5.95	124374	8.26
浙江	57939	3.94	1703	4.91	59642	3.96
安徽	42381	2.88	886	2.56	43267	2.87
福建	36577	2.49	306	0.88	36883	2.45
江西	31596	2.15	255	0.74	31851	2.12
山东	73974	5.03	1196	3.45	75170	4.99
河南	39833	2.71	264	0.76	40097	2.66
湖北	81516	5.54	1906	5.50	83422	5.54
湖南	51630	3.51	2273	6.56	53903	3.58
广东	78881	5.36	3298	9.51	82179	5.46
广西	26056	1.77	199	0.57	26255	1.74
海南	6786	0.46	0	0.00	6786	0.45
重庆	46485	3.16	805	2.32	47290	3.14
四川	67977	4.62	1966	5.67	69943	4.65
贵州	16355	1.11	105	0.30	16460	1.09
云南	30918	2.10	248	0.72	31166	2.07
西藏	829	0.06	0	0.00	829	0.06
陕西	82868	5.63	1675	4.83	84543	5.62
甘肃	24880	1.69	648	1.87	25528	1.70
青海	4787	0.33	0	0.00	4787	0.32
宁夏	5838	0.40	56	0.16	5894	0.39
新疆	18616	1.27	65	0.19	18681	1.24

资料来源：根据教育部发展规划司提供的数据整理。

在校专业学位硕士研究生人数占比最大的前5个省份依次为北京、江苏、上海、陕西和湖北，这5个省份专业学位硕士研究生在校生人数所占比重之和为37.00%。在校专业学位硕士研究生人数占比最少的5个省份依次为西藏、青海、宁夏、海南和贵州。

在校专业学位博士研究生人数占比最大的前5个省份依次为北京、上海、广东、湖南和江苏，这5个省份专业学位博士研究生在校生人数所占比重之和为51.53%。在校专业学位博士研究生人数占比最少的5个省份为西藏、青海、内蒙古、海南和宁夏（见图2-11）。

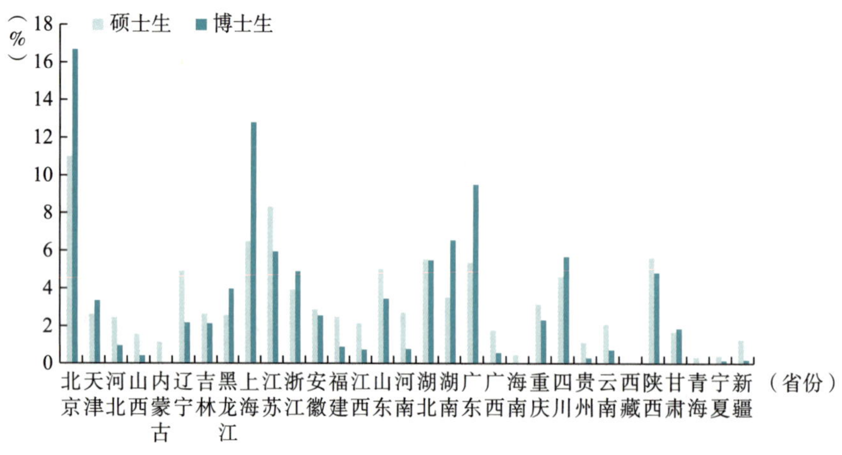

图 2－11　2020 年各省份在校专业学位研究生的结构

资料来源：根据教育部发展规划司提供的数据整理。

2.2.2　与 2019 年相比的发展变化

与 2019 年相比，2020 年全国在校研究生规模增长 110179 人。其中在校硕士研究生增长 67812 人，在校博士研究生增长 42367 人。与 2019 年相比，在校硕士研究生增长速度放缓，硕士研究生增长幅度小于博士研究生增长幅度（见表 2－19）。

表 2－19　2019 年和 2020 年全国在校研究生的规模与结构变化（一）

单位：人，%

年份	硕士生		博士生		合计	
	人数	比重	人数	比重	人数	比重
2019	2439530	85.19	424182	14.81	2863712	100.00
2020	2507342	84.31	466549	15.69	2973891	100.00

资料来源：根据教育部发展规划司提供的数据整理。

从学术学位研究生在校生规模来看，与 2019 年相比，2020 年在校学术学位研究生规模增长 101399 人。从专业学位研究生在校生规模来看，与 2019 年相比，2020 年在校专业学位研究生规模增长 8780 人（见表 2－20）。

表 2－20　2019 年和 2020 年全国在校研究生的规模与结构变化（二）

单位：人，%

年份	学术学位		专业学位		合计	
	人数	比重	人数	比重	人数	比重
2019	1366951	47.73	1496761	52.27	2863712	100.00
2020	1468350	49.37	1505541	50.63	2973891	100.00

资料来源：根据教育部发展规划司提供的数据整理。

1. 分学科门类在校学术学位研究生的规模与结构变化

2019 年和 2020 年在校学术学位研究生人数最多的前 3 个学科门类均是工学、理学、医学，在校学术学位研究生人数最少的 3 个学科门类均是哲学、历史学、艺术学。

学术学位硕士研究生在校生人数从 965379 人增长到 1036338 人，其中人数增长较多的学科门类有工学、理学和医学。学术学位博士研究生在校生人数从 401349 人增长到 431808 人，其中人数增长较多的学科门类有工学、理学、医学（见图 2－12）。

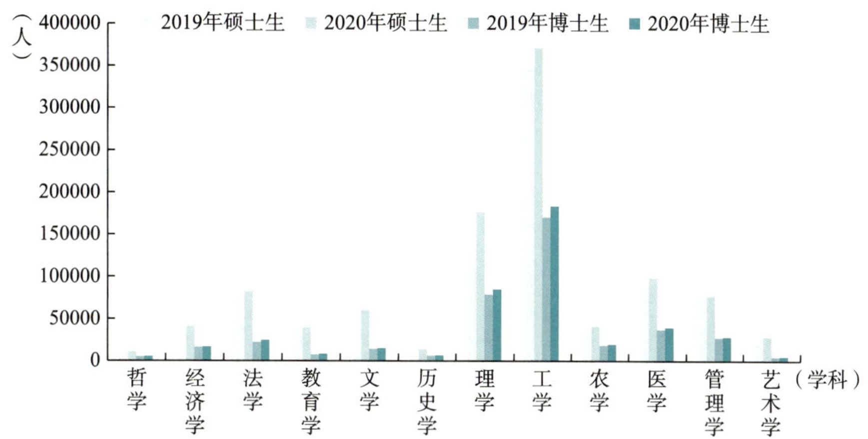

图 2－12　2019 年和 2020 年分学科门类在校学术学位研究生的规模与结构变化

资料来源：根据教育部发展规划司提供的数据整理。

2. 分地区在校研究生的规模与结构变化

2019 年和 2020 年在校生研究生人数最多的地区均是华东地区，分别为 867032 人和 903776 人，其次为华北地区、华中地区，人数最少的均是华南地区，分别为 186228 人和 208509 人。相比 2019 年，2020 年华中地区在校研究生人数有所减少（见表 2－21）。

表 2－21　2019 年和 2020 年分地区在校研究生的规模与结构变化

单位：人，%

地区	2019		2020		增长情况	
	人数	比重	人数	比重	增长人数	增长率
华北	618048	21. 58	633586	21. 30	15538	2. 51
东北	295455	10. 32	315466	10. 61	20011	6. 77
华东	867032	30. 28	903776	30. 39	36744	4. 24
华中	356861	12. 46	346736	11. 66	－10125	－2. 84
华南	186228	6. 50	208509	7. 01	22281	11. 96
西南	296586	10. 36	302538	10. 17	5952	2. 01
西北	243502	8. 50	263280	8. 85	19778	8. 12
合计	2863712	100. 00	2973891	100. 00	110179	3. 85

资料来源：根据教育部发展规划司提供的数据整理。

2019 年和 2020 年在校研究生总数最多的前 5 个省份均为北京、江苏、上海、湖北、陕西，在校研究生总数最少的 5 个省份均为西藏、青海、宁夏、海南、贵州。2019 年和 2020 年千人在校生数最多的 4 个省份均为北京、上海、天津、陕西，千人在校生数最少的 5 个省份均为河南、贵州、西藏、河北、广西。与 2019 年相比，2020 年各地区在校生总数增长人数最多的前 5 个省份依次为广东、安徽、浙江、陕西和河南，人数减少的省份共有 5 个，为湖北、湖南、重庆、四川和天津（见表 2－22）。

表 2－22　2019 年和 2020 年各省份在校研究生的规模与结构变化

单位：人，%

省份	2019		2020		增长情况	
	人数	千人在校生	人数	千人在校生	增长人数	增长率
北京	410822	18.76	416714	19.04	5892	1.43
天津	79414	5.73	79019	5.70	－395	－0.50
河北	58420	0.78	64060	0.86	5640	9.65
山西	40811	1.17	44065	1.26	3254	7.97
内蒙古	28581	1.18	29728	1.24	1147	4.01
辽宁	133493	3.12	141959	3.33	8466	6.34
吉林	77113	3.15	84074	3.49	6961	9.03
黑龙江	84849	2.61	89433	2.81	4584	5.40
上海	213515	8.61	215936	8.68	2421	1.13
江苏	241599	2.85	243704	2.88	2105	0.87
浙江	100719	1.58	110093	1.71	9374	9.31
安徽	74295	1.22	83896	1.37	9601	12.92
福建	62443	1.51	67333	1.62	4890	7.83
江西	45860	1.02	51251	1.13	5391	11.76
山东	128601	1.27	131563	1.30	2962	2.30
河南	58403	0.59	67503	0.68	9100	15.58
湖北	191618	3.23	177019	3.07	－14599	－7.62
湖南	106840	1.61	102214	1.54	－4626	－4.33
广东	136154	1.09	151347	1.20	15193	11.16
广西	40381	0.81	46693	0.93	6312	15.63
海南	9693	0.97	10469	1.04	776	8.01
重庆	84008	2.64	83094	2.59	－914	－1.09
四川	134753	1.61	133906	1.60	－847	－0.63
贵州	25398	0.66	27668	0.72	2270	8.94
云南	49982	1.06	54732	1.16	4750	9.50
西藏	2445	0.68	3138	0.86	693	28.34
陕西	156544	3.97	165911	4.20	9367	5.98
甘肃	44855	1.79	48472	1.94	3617	8.06
青海	6033	1.02	7380	1.25	1347	22.33
宁夏	7777	1.08	9463	1.31	1686	21.68

续表

省份	2019		2020		增长情况	
	人数	千人在校生	人数	千人在校生	增长人数	增长率
新疆	28293	1. 11	32054	1. 24	3761	13. 29
合计	2863712	2. 03	2973891	2. 11	110179	3. 85

资料来源：根据教育部发展规划司提供的数据整理。

2.3 学位授予

截至2020年底，全国共有硕士学位授权一级学科点6046个，博士学位授权一级学科点3509个，其中，硕士学位授权一级学科点最多的5个省份为北京、江苏、山东、湖北、辽宁，博士学位授权一级学科点最多的5个省份为北京、江苏、上海、湖北、广东。硕士专业学位授权点5857个，博士专业学位授权点270个，其中硕士专业学位授权点最多的5个省份为北京、江苏、湖北、山东、上海，博士专业学位授权点最多的5个省份为北京、上海、江苏、湖北、广东。

2.3.1 规模与结构

1. 学位授予规模

2020年，全国授予硕士学位729676人，博士学位72256人，授予学位的硕博比为10.10。授予的硕士学位中，学术学位312272人，占比42.80%；专业学位417404人，占比57.20%。授予的博士学位中，学术学位66661人，占比92.26%；专业学位5595人，占比7.74%（见表2－23）。

表2－23　2020年全国硕士、博士研究生学位授予规模

单位：人，%

学位类型	硕士		博士		合计	
	人数	比重	人数	比重	人数	比重
学术学位	312272	42. 80	66661	92. 26	378933	47. 25
专业学位	417404	57. 20	5595	7. 74	422999	52. 75
总计	729676	100. 00	72256	100. 00	801932	100. 00

资料来源：根据国务院学位委员会办公室提供的数据整理。

2. 学位授予结构

（1）学位授予的层次结构

2020年全国授予博士学术学位和硕士学术学位占授予学术学位总人数的比重分别为17.59%和82.41%。学术学位的硕博比为4.68（见表2－24）。

表 2－24　2020 年分学科门类研究生学术学位授予规模与结构

单位：人，%

学科	硕士		博士		合计		硕博比
	人数	比重	人数	比重	人数	比重	
哲学	3284	1.05	712	1.07	3996	1.05	4.61
经济学	17201	5.51	2275	3.41	19476	5.14	7.56
法学	26098	8.36	3269	4.90	29367	7.75	7.98
教育学	12501	4.00	1079	1.62	13580	3.58	11.59
文学	19951	6.39	2292	3.44	22243	5.87	8.70
历史学	4115	1.32	772	1.16	4887	1.29	5.33
理学	43641	13.98	14109	21.17	57750	15.24	3.09
工学	107387	34.39	25253	37.88	132640	35.00	4.25
农学	10174	3.26	3392	5.09	13566	3.58	3.00
医学	30996	9.93	8998	13.50	39994	10.55	3.44
管理学	27761	8.89	3807	5.71	31568	8.33	7.29
艺术学	9163	2.93	703	1.05	9866	2.60	13.03
合计	312272	100.00	66661	100.00	378933	100.00	4.68

资料来源：根据国务院学位委员会办公室提供的数据整理。

（2）学术学位授予的学科结构

学位授予的学科结构，包括学位授予中按不同学科门类所授予的学位数量及其比例关系、按一级学科授予的学位数量及其比例关系。

第一，按学科门类的学位授予结构。

全国共授予硕士学术学位 312272 人。工学硕士学位授予量占硕士学术学位授予总量的比重最大，为 34.39%。工学、理学、医学、农学这 4 个学科门类的硕士学位授予量所占比重之和为 61.56%。

全国共授予博士学术学位 66661 人。工学博士学位授予量占博士学术学位授予总量的比重最大，为 37.88%。工学、理学、医学、农学这 4 个学科门类的博士学位授予量所占比重之和为 77.64%（见表 2－25）。

表 2－25　2020 年分学科门类研究生学术学位授予规模与结构

单位：人，%

学科	硕士		博士	
	人数	比重	人数	比重
哲学	3284	1.05	712	1.07
经济学	17201	5.51	2275	3.41
法学	26098	8.36	3269	4.90
教育学	12501	4.00	1079	1.62
文学	19951	6.39	2292	3.44
历史学	4115	1.32	772	1.16

续表

学科	硕士		博士	
	人数	比重	人数	比重
理学	43641	13.98	14109	21.17
工学	107387	34.39	25253	37.88
农学	10174	3.26	3392	5.09
医学	30996	9.93	8998	13.50
管理学	27761	8.89	3807	5.71
艺术学	9163	2.93	703	1.05
合计	312272	100.00	66661	100.00

资料来源：根据国务院学位委员会办公室提供的数据整理。

第二，按一级学科的学位授予结构。

现行的《学位授予和人才培养学科目录（2020年）》有13个学科门类，除哲学门类之外，其余12个学科门类都包含有2个或2个以上的一级学科。以下将分别介绍这些学科门类一级学科（不含哲学、军事学）的学位授予结构（不含专业学位数）。

①经济学门类。经济学包含的一级学科有2个，即理论经济学和应用经济学，其中授予应用经济学硕士学位和博士学位的人数较多，比重分别为82.92%和71.12%（见表2-26）。

表2-26 2020年授予经济学门类一级学科硕士和博士学位人数及比重

单位：人，%

学科	硕士		博士		硕博比
	人数	比重	人数	比重	
理论经济学	2938	17.08	657	28.88	4.47
应用经济学	14263	82.92	1618	71.12	8.82
合计	17201	100.00	2275	100.00	7.56

资料来源：根据国务院学位委员会办公室提供的数据整理。

②法学门类。法学包含的一级学科有6个，该门类的构成主体为法学。法学硕士学位授予量占该门类硕士学位授予总量的43.88%，法学博士学位授予量占该门类博士学位授予总量的36.92%。公安学硕士学位和博士学位授予量所占比重都较低，分别为1.13%和0.09%（见表2-27）。

表2-27 2020年授予法学门类一级学科硕士和博士学位人数及比重

单位：人，%

学科	硕士		博士		硕博比
	人数	比重	人数	比重	
法学	11452	43.88	1207	36.92	9.49
政治学	3829	14.67	607	18.57	6.31
社会学	1693	6.49	292	8.93	5.80
民族学	1226	4.70	271	8.29	4.52

续表

学科	硕士		博士		硕博比
	人数	比重	人数	比重	
马克思主义理论	7603	29.13	889	27.19	8.55
公安学	295	1.13	3	0.09	98.33
合计	26098	100.00	3269	100.00	7.98

资料来源：根据国务院学位委员会办公室提供的数据整理。

③教育学门类。教育学包含的一级学科有 3 个，分别为教育学、心理学和体育学。教育学硕士学位授予量占该门类硕士学位授予总量的 50.33%，教育学博士学位授予量占该门类博士学位授予总量的 51.99%（见表 2－28）。

表 2－28　2020 年授予教育学门类一级学科硕士和博士学位人数及比重

单位：人，%

学科	硕士		博士		硕博比
	人数	比重	人数	比重	
教育学	6292	50.33	561	51.99	11.22
心理学	2404	19.23	274	25.39	8.77
体育学	3805	30.44	244	22.61	15.59
合计	12501	100.00	1079	100.00	11.59

注：部分一级学科可授予不同学科门类的学位，如心理学可授予教育学、理学学位，所以分一级学科统计的学位授予数与分学科门类统计的学位授予数略有出入，下同。

资料来源：根据国务院学位委员会办公室提供的数据整理。

④文学门类。文学包含的一级学科有 3 个，分别为中国语言文学、外国语言文学和新闻传播学。中国语言文学硕士学位授予量占该门类硕士学位授予总量的 45.34%，中国语言文学博士学位授予量占该门类博士学位授予总量的 60.12%（见表 2－29）。

表 2－29　2020 年授予文学门类一级学科硕士和博士学位人数及比重

单位：人，%

学科	硕士		博士		硕博比
	人数	比重	人数	比重	
中国语言文学	9046	45.34	1378	60.12	6.56
外国语言文学	7606	38.12	610	26.61	12.47
新闻传播学	3299	16.54	304	13.26	10.85
合计	19951	100.00	2292	100.00	8.70

资料来源：根据国务院学位委员会办公室提供的数据整理。

⑤历史学门类。历史学包含的一级学科有 3 个，分别为考古学、中国史和世界史。中国史硕士学位和博士学位授予量占该门类各自学位授予总量的比重最大，分别为 70.79% 和 63.73%；考古学硕士学位和博士学位授予量占该门类各自学位授予总量的比重最小，分别为 8.34% 和 14.25%（见表 2－30）。

表 2－30　2020 年授予历史学门类一级学科硕士和博士学位人数及比重

单位：人，%

学科	硕士		博士		硕博比
	人数	比重	人数	比重	
考古学	343	8.34	110	14.25	3.12
中国史	2913	70.79	492	63.73	5.92
世界史	859	20.87	170	22.02	5.05
合计	4115	100.00	772	100.00	5.33

资料来源：根据国务院学位委员会办公室提供的数据整理。

⑥理学门类。理学包含的一级学科有 14 个，其中生物学硕士学位和博士学位授予量占该门类各自学位授予总量的比重最大，分别为 25.48% 和 29.80%（见表 2－31）。

表 2－31　2020 年授予理学门类一级学科硕士和博士学位人数及比重

单位：人，%

学科	硕士		博士		硕博比
	人数	比重	人数	比重	
数学	6619	15.17	1233	8.74	5.37
物理学	4735	10.85	2125	15.06	2.23
化学	10059	23.05	3303	23.41	3.05
天文学	101	0.23	140	0.99	0.72
地理学	3617	8.29	713	5.05	5.07
大气科学	753	1.73	244	1.73	3.09
海洋科学	959	2.20	337	2.39	2.85
地球物理学	311	0.71	168	1.19	1.85
地质学	1618	3.71	610	4.32	2.65
生物学	11119	25.48	4205	29.80	2.64
系统科学	160	0.37	40	0.28	4.00
科学技术史	160	0.37	57	0.40	2.81
生态学	1804	4.13	652	4.62	2.77
统计学	1626	3.73	282	2.00	5.77
合计	43641	100.00	14109	100.00	3.09

资料来源：根据国务院学位委员会办公室提供的数据整理。

⑦工学门类。工学包含的一级学科有 39 个。2020 年，全国共授予工学硕士学位 107387 人，博士学位 25253 人。该门类中授予硕士学位比重最大的 3 个一级学科依次为机械工程、材料科学与工程、计算机科学与技术，授予博士学位比重最大的 3 个一级学科依次为材料科学与工程、机械工程和化学工程与技术（见表 2－32）。

表 2－32　2020 年授予工学门类一级学科硕士和博士学位人数及比重

单位：人，%

学科	硕士		博士		硕博比
	人数	比重	人数	比重	
力学	1812	1.69	828	3.28	2.19
机械工程	10080	9.39	1872	7.41	5.38
光学工程	1722	1.60	597	2.36	2.88
仪器科学与技术	1737	1.62	318	1.26	5.46
材料科学与工程	9991	9.30	3255	12.89	3.07
冶金工程	469	0.44	276	1.09	1.70
动力工程及工程热物理	3392	3.16	1001	3.96	3.39
电气工程	4755	4.43	865	3.43	5.50
电子科学与技术	4756	4.43	1411	5.59	3.37
信息与通信工程	7941	7.39	1379	5.46	5.76
控制科学与工程	6857	6.39	1313	5.20	5.22
计算机科学与技术	9598	8.94	1556	6.16	6.17
建筑学	883	0.82	193	0.76	4.58
土木工程	7380	6.87	1342	5.31	5.50
水利工程	1665	1.55	460	1.82	3.62
测绘科学与技术	1109	1.03	260	1.03	4.27
化学工程与技术	6305	5.87	1655	6.55	3.81
地质资源与地质工程	1795	1.67	639	2.53	2.81
矿业工程	792	0.74	302	1.20	2.62
石油与天然气工程	1140	1.06	257	1.02	4.44
纺织科学与工程	753	0.70	141	0.56	5.34
轻工技术与工程	710	0.66	200	0.79	3.55
交通运输工程	2730	2.54	516	2.04	5.29
船舶与海洋工程	853	0.79	137	0.54	6.23
航空宇航科学与技术	1365	1.27	412	1.63	3.31
兵器科学与技术	361	0.34	181	0.72	1.99
核科学与技术	496	0.46	395	1.56	1.26
农业工程	1075	1.00	368	1.46	2.92
林业工程	371	0.35	160	0.63	2.32
环境科学与工程	4834	4.50	1361	5.39	3.55
生物医学工程	1329	1.24	489	1.94	2.72
食品科学与工程	2957	2.75	537	2.13	5.51
城乡规划学	926	0.86	85	0.34	10.89
风景园林学	817	0.76	62	0.25	13.18
软件工程	2062	1.92	204	0.81	10.11
生物工程	42	0.04	5	0.02	8.40

续表

学科	硕士		博士		硕博比
	人数	比重	人数	比重	
安全科学与工程	760	0.71	158	0.63	4.81
公安技术	125	0.12	5	0.02	25.00
网络空间安全	642	0.60	58	0.23	11.07
合计	107387	100.00	25253	100.00	4.25

资料来源：根据国务院学位委员会办公室提供的数据整理。

⑧农学门类。农学包含的一级学科有 9 个。2020 年，全国共授予农学硕士学位 10174 人，农学博士学位 3392 人。授予硕士学位比重最大的 3 个一级学科依次为作物学、林学、兽医学，比重最小的 3 个一级学科依次为草学、水产、农业资源与环境。授予博士学位比重最大的 3 个一级学科依次为作物学、植物保护、畜牧学，比重最小的 3 个一级学科依次为草学、水产和农业资源与环境（见表 2－33）。

表 2－33　2020 年授予农学门类一级学科硕士和博士学位人数及比重

单位：人，%

学科	硕士		博士		硕博比
	人数	比重	人数	比重	
作物学	1708	16.79	755	22.26	2.26
园艺学	1191	11.71	371	10.94	3.21
农业资源与环境	763	7.50	321	9.46	2.38
植物保护	1314	12.92	446	13.15	2.95
畜牧学	1251	12.30	430	12.68	2.91
兽医学	1467	14.42	416	12.26	3.53
林学	1549	15.23	409	12.06	3.79
水产	687	6.75	140	4.13	4.91
草学	244	2.40	104	3.07	2.35
合计	10174	100.00	3392	100.00	3.00

资料来源：根据国务院学位委员会办公室提供的数据整理。

⑨医学门类。医学包含的一级学科有 11 个。2020 年，全国共授予医学硕士学位 30996 人，医学博士学位 8998 人。授予硕士学位比重最大的 3 个一级学科依次为临床医学、药学、基础医学。授予博士学位比重最大的 3 个一级学科依次为临床医学、药学、基础医学（见表 2－34）。

表 2－34　2020 年授予医学门类一级学科硕士和博士学位人数及比重

单位：人，%

学科	硕士		博士		硕博比
	人数	比重	人数	比重	
基础医学	3417	11.02	1159	12.88	2.95
临床医学	11858	38.26	4401	48.91	2.69

续表

学科	硕士		博士		硕博比
	人数	比重	人数	比重	
口腔医学	689	2.22	179	1.99	3.85
公共卫生与预防医学	2024	6.53	543	6.03	3.73
中医学	2353	7.59	751	8.35	3.13
中西医结合	1215	3.92	344	3.82	3.53
药学	6405	20.66	1195	13.28	5.36
中药学	1726	5.57	348	3.87	4.96
特种医学	58	0.19	16	0.18	3.63
医学技术	27	0.09	0	0.00	—
护理学	1224	3.95	62	0.69	19.74
合计	30996	100.00	8998	100.00	3.44

资料来源：根据国务院学位委员会办公室提供的数据整理。

⑩管理学门类。管理学包含的一级学科有5个。2020年，全国共授予管理学硕士学位27761人，管理学博士学位3807人。工商管理硕士学位授予量占该门类硕士学位授予总量的比重最大，为47.01%，管理科学与工程博士学位授予量占该门类博士学位授予总量的比重最大，为35.36%（见表2-35）。

表2-35　2020年授予管理学门类一级学科硕士和博士学位人数及比重

单位：人，%

学科	硕士		博士		硕博比
	人数	比重	人数	比重	
管理科学与工程	4704	16.94	1346	35.36	3.49
工商管理	13051	47.01	1204	31.63	10.84
农林经济管理	560	2.02	319	8.38	1.76
公共管理	8348	30.07	776	20.38	10.76
图书情报与档案管理	1098	3.96	162	4.26	6.78
合计	27761	100.00	3807	100.00	7.29

资料来源：根据国务院学位委员会办公室提供的数据整理。

⑪艺术学门类。艺术学包含的一级学科有5个。2020年，全国共授予艺术学硕士学位9163人，艺术学博士学位703人。设计学硕士学位授予量占该门类硕士学位授予总量的比重最大，为33.54%，美术学博士学位授予量占该门类博士学位授予总量的比重最大，为27.03%（见表2-36）。

表2-36　2020年授予艺术学门类一级学科硕士和博士学位人数及比重

单位：人，%

学科	硕士		博士		硕博比
	人数	比重	人数	比重	
艺术学理论	954	10.41	137	19.49	6.96

续表

学科	硕士		博士		硕博比
	人数	比重	人数	比重	
音乐与舞蹈学	1773	19.35	132	18.78	13.43
戏剧与影视学	1250	13.64	135	19.20	9.26
美术学	2113	23.06	190	27.03	11.12
设计学	3073	33.54	109	15.50	28.19
合计	9163	100.00	703	100.00	13.03

资料来源：根据国务院学位委员会办公室提供的数据整理。

（3）专业学位授予的类别结构

2020年硕士专业学位授予人数占比最大的前5个专业类别是工程（34.20%）、工商管理（10.11%）、教育（8.34%）、临床医学（7.13%）、法律（4.73%），授予人数最少的6个专业类别是警务（0.08%）、出版（0.08%）、中药学（0.16%）、文物与博物馆（0.18%）、城市规划（0.19%）、资产评估（0.19%）（见表2－37）。

表2－37　2020年分类别硕士专业学位授予的规模与结构

单位：人，%

专业类别	人数	比重
金融	8954	2.15
应用统计	3022	0.72
税务	1289	0.31
国际商务	2863	0.69
保险	860	0.21
资产评估	802	0.19
审计	1397	0.33
法律	19752	4.73
社会工作	3936	0.94
警务	319	0.08
教育	34803	8.34
体育	4978	1.19
汉语国际教育	5191	1.24
应用心理	1634	0.39
翻译	10044	2.41
新闻与传播	4541	1.09
出版	329	0.08
文物与博物馆	738	0.18
建筑学	2264	0.54
工程	142763	34.20
城市规划	777	0.19

续表

专业类别	人数	比重
农业	14578	3.49
兽医	1572	0.38
风景园林	2443	0.59
林业	923	0.22
临床医学	29755	7.13
口腔医学	1795	0.43
公共卫生	1834	0.44
护理	1454	0.35
药学	2407	0.58
中药学	678	0.16
中医	9752	2.34
工商管理	42187	10.11
公共管理	19312	4.63
会计	16931	4.06
旅游管理	1022	0.24
图书情报	1101	0.26
工程管理	3397	0.81
艺术	15007	3.60

资料来源：根据国务院学位委员会办公室提供的数据整理。

2020年博士专业学位授予人数占比最大的专业类别是临床医学，所占比重为83.68%，其次是中医，所占比重为5.99%（见表2－38）。

表2－38　2020年分类别博士专业学位授予的规模与结构

单位：人，%

专业类别	人数	比重
教育	122	2.18
工程	129	2.31
兽医	67	1.20
临床医学	4682	83.68
口腔医学	260	4.65
中医	335	5.99

资料来源：根据国务院学位委员会办公室提供的数据整理。

（4）学位授予的区域结构

硕士学位授予中，华东地区所占比重最大，为29.69%，华南地区所占比重最小，为6.77%；博士学位授予中，华北地区所占比重最大，为32.86%，华南地区所占比重最小，为5.85%（见表2－39）。

表 2－39　2020 年各地区学位授予规模与结构

单位：人，%

地区	硕士		博士		合计	
	人数	比重	人数	比重	人数	比重
华北	160139	21.95	23743	32.86	183882	22.93
东北	79524	10.90	6427	8.89	85951	10.72
华东	216643	29.69	20887	28.91	237530	29.62
华中	87188	11.95	7838	10.85	95026	11.85
华南	49373	6.77	4224	5.85	53597	6.68
西南	75536	10.35	4719	6.53	80255	10.01
西北	61273	8.40	4418	6.11	65691	8.19
合计	729676	100.00	72256	100.00	801932	100.00

资料来源：根据国务院学位委员会办公室提供的数据整理。

2020 年硕士学位授予人数最多的 5 个省份分别是北京、江苏、上海、湖北和陕西。北京所占比重为 13.73%，其他省份所占比重均低于 10%。博士学位授予人数最多的 5 个省份分别是北京、上海、江苏、湖北和广东。北京所占比重为 27.86%，其他省份所占比重均低于 10%。

从省份分布情况来看，北京是我国研究生教育尤其是博士研究生教育的中心。上海的硕士学位授予人数为全国第 3，博士学位授予人数仅次于北京。江苏、湖北是全国的教育大省，其硕士、博士学位授予人数均位列全国前 5。陕西硕士学位授予人数位列全国第 5，广东博士学位授予人数位列全国第 5（见表 2－40）。

表 2－40　2020 年各省份学位授予规模与结构

单位：人，%

省份	硕士		博士		合计	
	人数	比重	人数	比重	人数	比重
北京	100181	13.73	20133	27.86	120314	15.00
天津	22498	3.08	2234	3.09	24732	3.08
河北	17678	2.42	563	0.78	18241	2.27
山西	11895	1.63	548	0.76	12443	1.55
内蒙古	7887	1.08	265	0.37	8152	1.02
辽宁	36085	4.95	2456	3.40	38541	4.81
吉林	20882	2.86	1886	2.61	22768	2.84
黑龙江	22557	3.09	2085	2.89	24642	3.07
上海	51651	7.08	6577	9.10	58228	7.26
江苏	57861	7.93	6012	8.32	63873	7.96
浙江	24769	3.39	2397	3.32	27166	3.39
安徽	18237	2.50	2027	2.81	20264	2.53
福建	15988	2.19	1159	1.60	17147	2.14
江西	13878	1.90	432	0.60	14310	1.78

续表

省份	硕士		博士		合计	
	人数	比重	人数	比重	人数	比重
山东	34259	4.70	2283	3.16	36542	4.56
河南	16259	2.23	619	0.86	16878	2.10
湖北	45785	6.27	5086	7.04	50871	6.34
湖南	25144	3.45	2133	2.95	27277	3.40
广东	35253	4.83	3801	5.26	39054	4.87
广西	11888	1.63	359	0.50	12247	1.53
海南	2232	0.31	64	0.09	2296	0.29
重庆	20919	2.87	1378	1.91	22297	2.78
四川	33405	4.58	2743	3.80	36148	4.51
贵州	6951	0.95	119	0.16	7070	0.88
云南	13679	1.87	461	0.64	14140	1.76
西藏	582	0.08	18	0.02	600	0.07
陕西	37477	5.14	3398	4.70	40875	5.10
甘肃	11712	1.61	732	1.01	12444	1.55
青海	1802	0.25	22	0.03	1824	0.23
宁夏	2363	0.32	65	0.09	2428	0.30
新疆	7919	1.09	201	0.28	8120	1.01
合计	729676	100.00	72256	100.00	801932	100.00

资料来源：根据国务院学位委员会办公室提供的数据整理。

2.3.2 与2019年相比的发展变化

与2019年的数据相比，2020年全国研究生学位授予规模增长6.24%。硕士学位授予人数增加6.46%，博士学位授予人数增加4.10%。从各层次学位授予人数的比重看，与2019年的数据相比，2020年硕士学位授予人数占全国研究生学位授予总人数的比重略有上升，博士学位授予人数的比重略有下降（见表2-41）。

表2-41　2019年和2020年学位授予的规模与结构变化

单位：人，%

年份	硕士		博士		合计	
	人数	比重	人数	比重	人数	比重
2019	685395	90.80	69409	9.20	754804	100.00
2020	729676	90.99	72256	9.01	801932	100.00

资料来源：根据国务院学位委员会办公室提供的数据整理。

2019年和2020年，硕士学位授予中，比重最大的均为华东地区，比重最小的均为华南地区；博士学位授予中，比重最大的均为华北地区，比重最小的均为华南地区（见表2-42）。

表 2-42　2019 年和 2020 年分地区学位授予的规模与结构变化

单位：人

地区	硕士		博士		合计	
	2019	2020	2019	2020	2019	2020
华北	154676	160139	23184	23743	177860	183882
东北	77161	79524	6446	6427	83607	85951
华东	199128	216643	19528	20887	218656	237530
华中	84859	87188	7558	7838	92417	95026
华南	44460	49373	3710	4224	48170	53597
西南	67864	75536	4473	4719	72337	80255
西北	57247	61273	4510	4418	61757	65691
合计	685395	729676	69409	72256	754804	801932

资料来源：根据国务院学位委员会办公室提供的数据整理。

2.4 “十三五”期间的研究生教育发展

2016 年至 2020 年，研究生招生总人数从 667064 人增长到 1106551 人，增长 439487 人，增长了约 0.66 倍。硕士研究生招生人数从 589812 人增长到 990504 人，增长 400692 人，增长了约 0.68 倍。博士研究生招生规模从 77252 人增长到 116047 人，增长 38795 人，增长了约 0.50 倍（见图 2-13）。

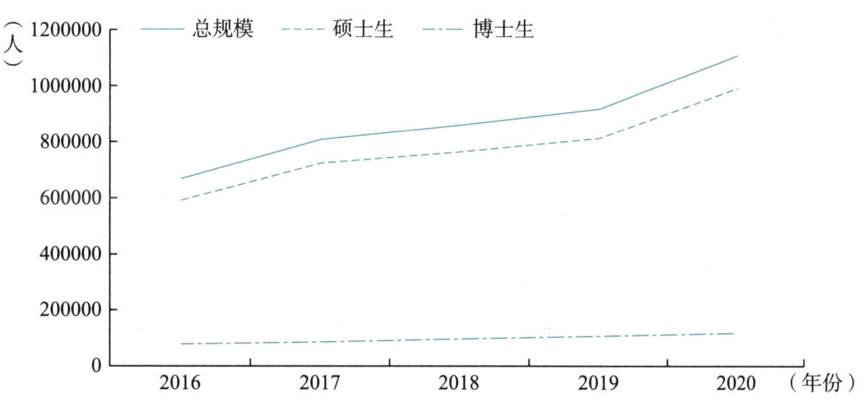

图 2-13　2016～2020 年研究生的招生规模变化

说明：2016 年起停止在职联考研究生招生，纳入 2017 年全日制、非全日制研究生招生计划。

资料来源：根据教育部发展规划司提供的数据整理。

从 2016 年至 2019 年研究生招生规模增长率来看，2016 年硕士研究生招生规模增长率最高，约为 22.45%，2017 年的增长率最低，约为 5.57%。2017 年博士研究生招生规模增长率最高，约为 13.86%，2016 年的增长率最低，约为 8.58%（见图 2-14）。

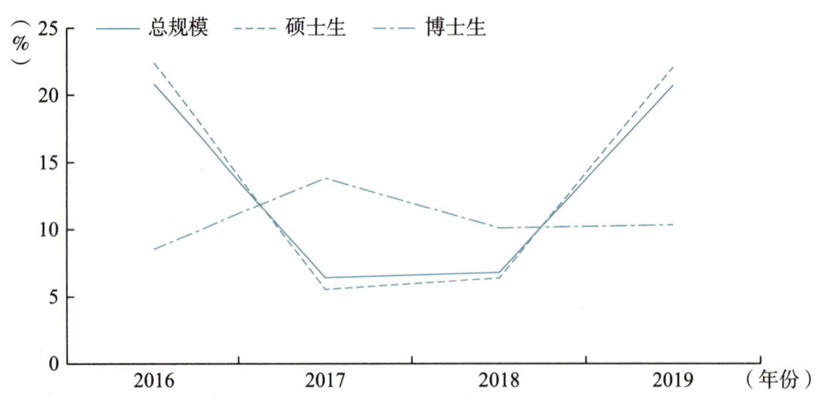

图 2－14　2016～2019 年研究生招生规模增长率的变化

资料来源：根据教育部发展规划司提供的数据整理。

2016 年至 2020 年，在校研究生总人数从 1980388 人增长到 2973891 人，增长 993503 人，增长了约 0.50 倍。在校硕士研究生总人数从 1638529 人增长到 2507342 人，增长 868813 人，增长了约 0.53 倍。在校博士研究生规模从 341859 人增长到 466549 人，增长 124690 人，增长了约 0.36 倍（见图 2－15）。

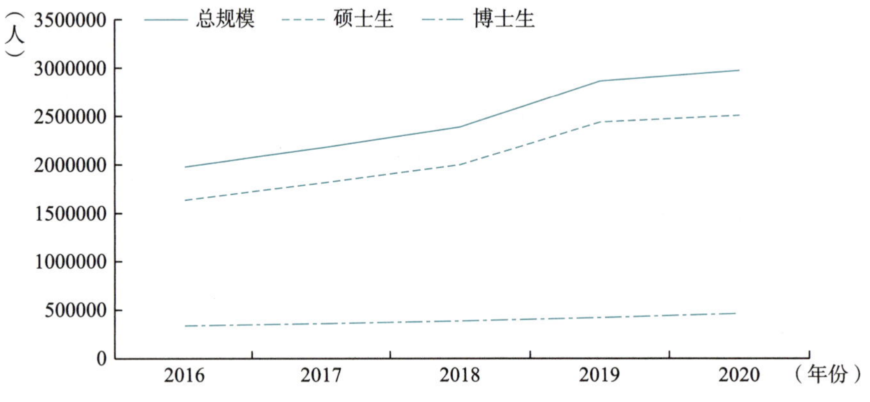

图 2－15　2016～2020 年在校研究生规模的变化

资料来源：根据教育部发展规划司提供的数据整理。

从 2016 年至 2019 年在校研究生规模增长率来看，2018 年在校硕士研究生规模增长率最高，约为 21.94%，2019 年的增长率最低，约为 2.78%。在校博士研究生规模增长幅度逐年增大，2019 年增长率最高，约为 9.99%（见图 2－16）。

2016 年至 2020 年，硕士、博士学位授予总人数从 702754 人增长到 801932 人，增长 99178 人，增长了 0.14 倍。硕士学位授予总人数从 643105 人增长到 729676 人，增长 86571 人，增长了 0.13 倍。博士学位授予规模从 59649 人增长到 72256 人，增长 12607 人，增长了 0.21 倍（见图 2－17）。

从 2016 年至 2019 年硕士、博士学位授予规模增长率来看，硕士研究生学位授予规模增长率逐年增大，2019 年的增长率最高，为 6.46%。2018 年博士研究生学位授予规模的增长率最高，为 6.16%，2019 年增长率最低，为 4.10%（见图 2－18）。

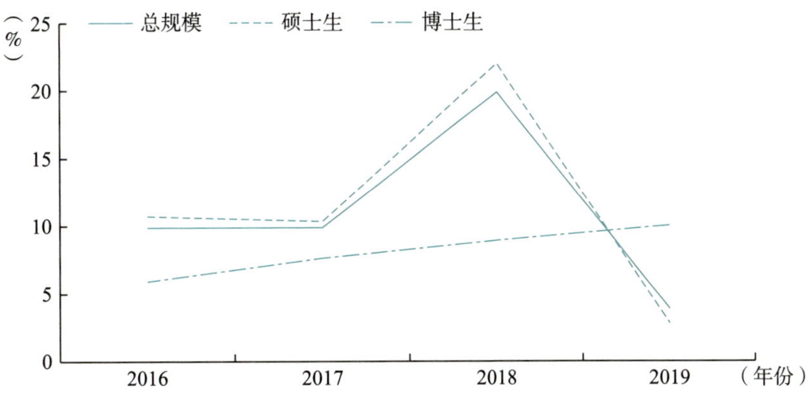

图 2－16　2016～2019 年在校研究生规模增长率的变化

资料来源：根据教育部发展规划司提供的数据整理。

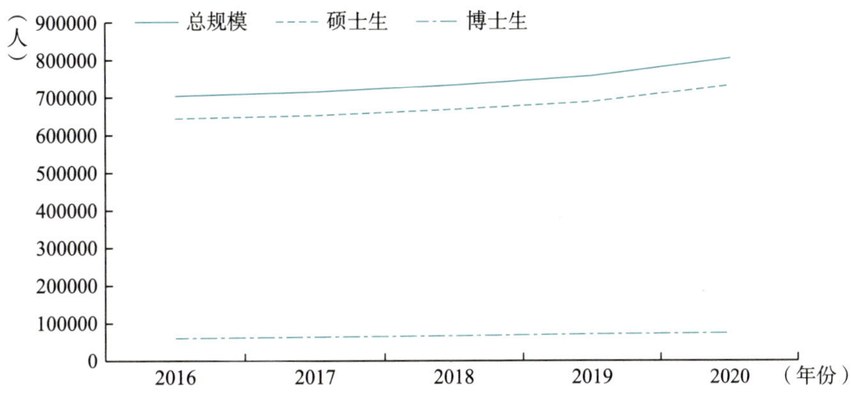

图 2－17　2016～2020 年硕士、博士学位授予规模的变化

资料来源：根据国务院学位委员会办公室提供的数据整理。

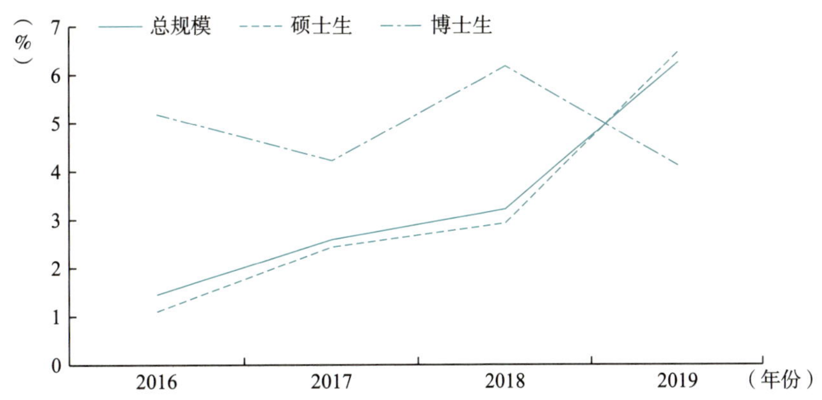

图 2－18　2016～2019 年硕士、博士学位授予规模增长率的变化

资料来源：根据国务院学位委员会办公室提供的数据整理。

第 3 章　质量与保障

2020 年 7 月召开的全国研究生教育会议中，党和国家领导人对新时代研究生教育的人才培养质量和社会经济服务能力提出更高、更迫切的期望。面对国家和社会经济发展对高层次创新人才的紧迫需求、国际科技和人才激烈竞争的严峻形势，如何更加科学、有效、快速地提升研究生教育的培养质量和发展后劲，在当下就显得尤为重要和迫切。为此，本报告将从研究生培养质量、毕业研究生发展状况和研究生教育条件保障等三个方面考察我国研究生教育的人才供给水平与可持续性。其中，在研究生培养质量上，研究生参与科学研究的情况以及研究生的就业状况是重要分析对象；在毕业研究生发展状况上，主要探究研究生学历获得者在国家重大奖项、主要机构部门、职业以及区域等方面的分布情况；在条件保障上，将重点从师资队伍、财政投入和学科支撑三方面展开研究。整体来看，2020 年，面对新冠肺炎疫情的不利影响，我国研究生教育质量仍取得了稳中有进的不俗成就，研究生导师队伍结构与素质持续优化，教育科研经费和研究生资助投入稳步提升，学位授权点布局进一步完善，研究生教育内涵建设不断深化。

3.1 培养质量

对研究生培养质量的衡量有多种视角和指标，本报告采用“过程”角度分析研究生在学期间的学术训练程度和毕业研究生就业水平，旨在呈现我国研究生培养过程中关键环节的培养质量。故此，主要选取研究生参与项目研究情况、研究生创新实践系列大赛参与情况和研究生就业状况三个维度，其中，研究生参与项目研究情况分析了不同地区、高校的研究生参与科技类研究项目和人文社科类研究项目的情况，研究生就业状况分别分析了博士毕业生和硕士毕业生的就业去向、就业行业、就业区域与就业率等情况。

3.1.1 研究生参与项目研究情况

2019 年我国各类高等学校开展科技类研究项目共计 644100 项，有 832516 名研究生参与，人均参与项目数约为 0.77 项。从研究项目性质看，研究生人均参与基础研究约为 0.70 项，应用研究约为 0.88 项，试验发展约为 0.72 项。从学校隶属看，地方院校研究生人均参与项目数约为 1.03 项，部委院校和教育部直属院校人均参与项目数分别约为 0.49 项和 0.58 项。地方院校研究生人均参与各类项目数均最多，基础研究、应用研究和试验发展分别约为 0.87 项、1.24 项和 1.03 项；部委院校研究生人均参与项目数最多的是应用研究（约为 0.51 项）和试验发展（约为 0.50 项），人均参与基础研究约为 0.49 项；教育部直属院校研究生人均参与项目数最多的是应用研究（约为 0.60 项），其次是基础研究（约为 0.58 项）、试验发展（约为 0.51 项）。从学校类型看，其他类院校（如财经、政法、体育、艺术、民族等类院校）研究生人均参与项目数约为 1.79 项，师范院校研究生人均参与项目数约为 1.04 项，医药院校人均参与项目数约为 0.93 项，综合大学和农林院校人均参与项目数均约为 0.74 项，参与度最低的是工科院校，其研究生人均参与项目数约为 0.71 项。其中，其他院校研究生人均参与基础研究约为 1.28 项，医药院校和师范院校均约为 0.88 项，综合大学约为 0.70 项，农林院校和工科院校人均参与基础研究项目数最少，分别约为 0.63 项和 0.60 项。其他院校研究生人均参与应用研究约为 2.39 项，师范院校约为 1.39 项，医药院校约为 1.04 项，农林院校约为 0.84 项，综合大学和工科院校分别约为 0.83 项和 0.81

项。其他院校研究生人均参与试验发展项目约为 2.18 项，师范院校约为 1.06 项，农林院校约为 0.92 项，医药院校约为 0.74 项，工科院校约为 0.70 项，综合大学约为 0.69 项。总体而言，研究生人均参与基础研究项目数（约为 0.70 项）与上一年度持平，研究生人均参与应用研究和试验发展的项目数有小幅度下降。与其他类型学校相比，工科院校研究生人均参与各类研究项目数相对偏低。

表 3－1　2019 年研究生参与高等学校研究与发展项目的类型分布

单位：项，人

类别	研究项目		基础研究		应用研究		试验发展	
	项目数	参与研究生	项目数	参与研究生	项目数	参与研究生	项目数	参与研究生
合计	644100	832516	286509	410291	298297	340289	59294	81936
按学校隶属分								
部委院校	38368	78651	16835	36334	18599	36490	2934	5827
教育部直属院校	219895	379911	106898	185886	90984	151262	22013	42763
地方院校	385837	373954	162776	188071	188714	152537	34347	33346
按学校类型分								
综合大学	201300	270270	101599	145689	81529	98132	18172	26449
工科院校	253799	359697	88618	148715	134111	166504	31070	44478
农林院校	43913	59278	18021	28770	22630	26957	3262	3551
医药院校	81532	87808	46397	52646	31925	30809	3210	4353
师范院校	49807	47783	26611	30370	20177	14565	3019	2848
其他	13749	7680	5263	4101	7925	3322	561	257

资料来源：中华人民共和国教育部科学技术司编《2020 年高等学校科技统计资料汇编》，高等教育出版社，2021。

2019 年我国各地区研究生参与高等学校研究与发展项目的情况如表 3－2 所示。全国研究生人均参与项目数约为 0.77 项，其中，研究生人均参与研究与发展项目最多的 5 个地区分别为海南（约为 1.82 项）、贵州（约为 1.77 项）、西藏（约为 1.41 项）、江西（约为 1.22 项）、宁夏（约为 1.17 项）；研究生人均参与项目最少的 5 个地区分别为青海（约为 0.44 项）、吉林（约为 0.46 项）、辽宁（约为 0.58 项）、北京（约为 0.59 项）、甘肃（约为 0.61 项）。从研究生参与不同性质的研究与发展项目情况来看，江西（约为 73.02%）、云南（约为 71.52%）、山西（约为 64.52%）、安徽（约为 64.01%）和吉林（约为 63.22%）等地研究生参与基础研究的比例均高于 60%；青海（约为 68.48%）、福建（约为 59.83%）、北京（约为 52.84%）、内蒙古（约为 50.73%）等地研究生参与应用研究的比例均超过 50%；而参与试验发展项目的研究生总体占比偏少，广西（约为 28.48%）、天津（约为 19.61%）和内蒙古（约为 18.90%）的研究生参与比位列前 3。

表 3－2　2019 年研究生参与高等学校研究与发展项目的地区分布

单位：项，人

地区	项目数	参与研究生	基础研究参与研究生	应用研究参与研究生	试验发展参与研究生
全国	644100	832516	410291	340289	81936
北京	65287	109932	45795	58093	6044

续表

地区	项目数	参与研究生	基础研究参与研究生	应用研究参与研究生	试验发展参与研究生
天津	15735	19622	8014	7760	3848
河北	13254	14842	8388	5880	574
山西	9800	11541	7446	3420	675
内蒙古	6705	7110	2159	3607	1344
辽宁	22375	38874	18680	18584	1610
吉林	14926	32705	20677	10185	1843
黑龙江	16637	26396	13796	11222	1378
上海	42199	56419	27549	24062	4808
江苏	49825	78605	39634	27469	10962
浙江	37205	38127	18222	18111	1794
安徽	21242	30142	19293	9908	941
福建	22523	20593	6744	12321	1528
江西	11627	9558	6979	1751	828
山东	32609	37128	18353	14635	4140
河南	13774	15681	6347	6757	2577
湖北	32598	47815	18211	21120	8484
湖南	25187	22989	11976	7827	3186
广东	49737	51633	28544	18884	4205
广西	14524	16593	8162	3705	4726
海南	2459	1349	729	589	31
重庆	16040	20712	11521	6493	2698
四川	36783	37333	15339	18561	3433
贵州	10405	5871	2721	2859	291
云南	10443	14151	10121	3789	241
西藏	621	439	256	172	11
陕西	35489	47593	24511	14307	8775
甘肃	6067	9999	5005	4379	615
青海	519	1193	350	817	26
宁夏	2608	2222	1176	897	149
新疆	4897	5889	3593	2125	171

资料来源：中华人民共和国教育部科学技术司编《2020年高等学校科技统计资料汇编》，高等教育出版社，2021。

2019年我国各类高等学校开展人文、社会科学类研究项目共计544669项，研究生参与比为7.71%。从学校隶属看，教育部直属院校的研究生参与比较高，为21.59%，其次为部委院校（11.36%），地方院校仅为4.51%。从学校类型看，体育院校研究生参与人文、社会科学类研究项目的人数最多，占比为11.27%，其次是财经院校（8.79%），理工农医院校（8.66%）；研究生参与比最低的分别是艺术院校（3.21%）、语言院校（3.57%）和政法院校（4.57%）（见表3-3）。

表 3－3　2019 年研究生参与高等学校人文、社会科学类研究项目的类型分布

类别	课题数（项）	当年投入人数（人年*）	参与研究生（人年）	研究生参与比（%）
合计	544669	119993	9250.4	7.71
按学校隶属分				
教育部直属院校	117734	20739.5	4476.8	21.59
部委院校	16582	4313.5	490.2	11.36
地方院校	410353	94940	4283.4	4.51
按学校类型分				
综合大学	178446	36732.7	2824.8	7.69
理工农医院校	156821	36022.3	3121.2	8.66
高等师范院校	89198	20717.4	1404.5	6.78
语言院校	19793	3379.4	120.7	3.57
财经院校	62144	14362.6	1263	8.79
政法院校	14890	2575	117.8	4.57
体育院校	4602	1429.5	161.1	11.27
艺术院校	11785	2700.9	86.6	3.21
民族院校	6990	2073.2	150.7	7.27

注：* 为当年投入人数和参与研究生均为全时人员，即在统计年度中，从事研究与发展（包括科研管理）或从事研究与发展成果应用、科技服务（包括科研管理）工作时间占本人全部工作时间 90% 及以上的人员，即工作时间在 9 个月以上的人员。寒暑假和加班工作时间不计，一年按 10 个月计。

资料来源：中华人民共和国教育部社会科学司编《2019 年全国高校社科统计资料汇编》，高等教育出版社，2021。

从地区上看，研究生在高校人文、社会科学类研究项目中的参与比最高的是北京，为 21.29%，其次是湖北（17.60%）、陕西（11.73%）、甘肃（11.30%）和江苏（10.55%）；参与比最低的地区是江西，仅为 0.25%，其次是广西（1.14%）、青海（1.26%）、黑龙江（1.36%）（见表 3－4）。

表 3－4　2019 年研究生参与高等学校人文、社会科学类研究项目的地区分布

地区	课题数（项）	当年投入人数（人年）	参与研究生（人年）	研究生参与比（%）
北京	50284	8602	1831.5	21.29
天津	11252	3203.4	251.5	7.85
河北	16361	5044.8	203.3	4.03
山西	7558	1678.4	86.9	5.18
内蒙古	4747	1099.9	37.5	3.41
辽宁	17542	3359.1	257.2	7.66
吉林	13693	3622.3	180.2	4.97
黑龙江	5947	3427.6	46.5	1.36
上海	27118	4832.9	429.5	8.89
江苏	40069	8940.7	943.5	10.55
浙江	42231	8386.8	506.4	6.04
安徽	14902	3588.7	152	4.24

续表

地区	课题数（项）	当年投入人数（人年）	参与研究生（人年）	研究生参与比（%）
福建	21106	4190.5	168.1	4.01
江西	15095	1979.7	4.9	0.25
山东	28074	6789.9	281.2	4.14
河南	20796	4061	111.6	2.75
湖北	24429	6070.8	1068.3	17.60
湖南	26376	6229.2	357.5	5.74
广东	41624	8211.4	429.3	5.23
广西	12270	3371.3	38.4	1.14
海南	2652	673.9	21.2	3.15
重庆	16771	4240.1	338.8	7.99
四川	30245	6313.3	463	7.33
贵州	8125	1951.2	89.2	4.57
云南	9006	3163.2	285	9.01
西藏	898	179.1	2.5	1.40
陕西	22097	3251.5	381.4	11.73
甘肃	6601	1894.5	214.1	11.30
青海	595	262.2	3.3	1.26
宁夏	2242	416.9	14.2	3.41
新疆	3963	956.7	52.4	5.48
合计	544669	119993	9250.4	7.71

资料来源：中华人民共和国教育部社会科学司编《2019年全国高校社科统计资料汇编》，高等教育出版社，2021。

总体而言，我国高等学校人文、社会科学类研究项目中，31个省份中只有5个省份的研究生参与比超过了10%，说明人文、社会科学类研究在研究生培养中的作用有待进一步发挥。

3.1.2 研究生创新实践系列大赛参与情况

《关于加快新时代研究生教育改革发展的意见》明确指出“鼓励办好研究生创新实践大赛”。中国学位与研究生教育学会和中国科协青少年科技中心联合举办的“中国研究生创新实践系列大赛”，以国家战略需求为导向，以提升研究生创新能力和实践能力为核心，以行业企业参与为支撑，设置了集成电路、人工智能、航空航天、机器人、智慧城市、能源装备、电子设计、数学建模、公共治理等多项主题赛事，旨在助力国家重点、急需发展领域高层次创新人才培养，提升研究生教育服务国家战略和社会经济发展的能力。全国600多所高校和科研院所积极响应，10余万名研究生积极参赛，“中国研究生创新实践系列大赛”已逐步成长为在研究生群体中有强大吸引力、在业界和社会有重要影响力、对实施国家发展战略有贡献力的品牌赛事。2020年共举办中国研究生未来飞行器创新大赛、中国研究生数学建模竞赛、中国研究生电子设计竞赛等八大赛事，主要覆盖理学、工学、经济学、管理学以及交叉学科门类，逾8万人参与系列竞赛并取得佳绩（见表3-5）。

表 3-5　2020 年研究生创新系列竞赛参与及获奖情况

单位：人，个

主题赛事	主要参与的学科	参与人数	参与团队数	参与院校数	获奖团队数			
					特等奖数	一等奖数	二等奖数	三等奖数
中国研究生未来飞行器创新大赛	航空宇航科学与技术 机械工程 控制科学与工程	2104	509	112	0	15	34	73
中国研究生数学建模竞赛	机械工程 信息与通信工程 数学 计算机科学与技术 统计学	51314	17105	494	3	188	1926	2896
中国研究生电子设计竞赛	信息与通信工程 控制科学与工程 电气工程	11516	4002	262	3	73	121	155
中国研究生创“芯”大赛	集成电路工程 电子科学与技术 软件工程 电子与通信工程	1363	478	88	3	16	34	99
中国研究生人工智能创新大赛	计算机科学与技术 控制科学与工程 电子与通信工程 软件工程	3529	1122	178	0	13	15	52
中国研究生机器人创新设计大赛	机械工程 控制科学与工程 电气工程	3174	753	190	3	15	30	101
中国研究生能源装备创新设计大赛	机械工程 动力工程及工程热物理 石油与天然气工程 电气工程	4560	1111	175	2	27	57	206
中国研究生公共管理案例大赛	公共管理	5742	1318	188	0	4	12	16
合计		83302	26398		14	351	2229	3598
					6192			

注：①参与人数为参赛资格审核通过的学生报名数量；②参与团队数为以参赛作品为单位的团队数；③特等奖数除特等奖外，还包括数模之星、研电之星、创芯之星称号数量；④参与院校数为参赛团队队长所在院校数量。

从不同地区参与研究生创新系列竞赛的情况来看，上海、陕西和江苏参与人数位列前3，此外港澳台地区及国外也有研究生组队参与（见表3-6）。

表 3-6　2020 年分地区研究生创新系列竞赛参与及获奖情况

单位：个，人

地区	获奖团队数				参与人数	参与团队数
	特等奖数	一等奖数	二等奖数	三等奖数		
北京	0	31	179	309	6767	2114
上海	2	49	645	819	14325	4720

续表

地区	获奖团队数				参与人数	参与团队数
	特等奖数	一等奖数	二等奖数	三等奖数		
天津	0	3	23	50	1163	372
重庆	0	9	68	115	2952	960
湖北	1	25	124	211	4736	1479
江苏	1	52	300	377	7643	2451
陕西	5	42	220	386	9049	2811
河北	0	1	15	45	1404	422
云南	0	0	13	26	961	291
黑龙江	1	9	34	78	2346	755
贵州	0	1	4	17	638	202
四川	1	15	71	102	2816	850
吉林	0	3	21	54	1412	453
广东	0	10	24	49	1315	417
河南	0	8	16	52	2177	684
安徽	0	2	29	59	1326	417
江西	0	5	25	65	1929	620
湖南	1	33	120	153	3535	1095
山东	1	12	59	169	3815	1181
山西	0	1	12	32	1026	310
青海	0	0	0	1	18	6
广西	0	2	8	27	1364	415
福建	0	6	27	58	1587	499
辽宁	0	4	26	95	2887	924
浙江	1	25	155	185	3454	1094
甘肃	0	1	6	20	1084	353
宁夏	0	0	0	8	403	137
海南	0	0	3	5	155	48
西藏	0	0	0	0	4	1
内蒙古	0	0	0	11	327	107
新疆	0	0	1	16	588	186
香港	0	1	0	0	12	1
澳门	0	1	0	2	29	10
台湾	0	0	0	0	3	0
国外	0	0	1	2	52	13
合计	14	351	2229	3598	83302	26398
	6192					

3.1.3 研究生就业状况

研究生就业能力与水平是研究生教育质量的重要体现，本部分选取了研究生教育规模较大、实力较强的教育部直属高校作为研究案例，通过分析“头部”研究型大学毕业研究生的就业状况，来反映当前我国毕业研究生的整体质量。本部分根据75所教育部直属高校的毕业生就业质量年度报告公布的数据，分别对博士毕业生、硕士毕业生两个群体的整体就业率、就业去向、就业单位性质、就业行业选择、就业区域特点以及求职满意度展开全面分析。

1. 博士毕业生就业状况

对博士毕业生的就业情况进行数据统计及分析，既能从整体上掌握博士毕业生的就业状况，也能对高层次人才的职业选择和就业偏好有更加全面、细致的了解，这对于及时调整博士生培养政策有重要意义。本部分选取了2020年度教育部直属的75所高校博士毕业生就业数据作为分析样本，通过系统梳理各校发布的《2020年毕业生就业质量年度报告》中的相关内容，呈现博士毕业生本年度就业的整体状况和特点。

（1）博士毕业生的就业率与具体去向

从2020年教育部直属高校博士毕业生的整体就业状况来看，受疫情影响，博士毕业生就业率与2019年（96.66%）相比略有下降，但仍保持较高水平，平均就业率达到95.73%。统计发现，除华中农业大学、吉林大学、陕西师范大学、西北农林科技大学、西南财经大学、中国传媒大学等个别院校的博士毕业生就业率低于90%外，其余高校的博士毕业生就业率均高于90%，部分行业特色大学如外语类、工科类高校的博士毕业生就业率达到100%，例如上海外国语大学、华南理工大学、合肥工业大学和中南大学等。

在具体的就业去向方面，统计发现以下几个特征。

①选择直接签约的博士毕业生占比最高，平均为83.54%，与2019年的数据（79.27%）相比，提高了将近4个百分点。此外，不同类型高校内部存在一定差异。其中，工科类、财经类等行业特色明显的高校的博士毕业生中选择直接签约的比例较高，占比均在90%以上。如中南财经政法大学（99.23%）、南京大学（96.39%）、中国地质大学（武汉）（92.61%）、上海交通大学（96.07%）、华中科技大学（95.77%）、中南大学（93.29%）等。而一些综合性高水平大学的博士毕业生中选择直接签约就业的比例较低，如清华大学、同济大学、中国石油大学（华东）等的博士毕业生中选择直接签约就业的比例不足70%。

②博士毕业生中选择继续深造的比例与2019年的统计数据（5.80%）相比略有下降，进入博士后流动站工作的比例平均为5.09%。具体来看，高水平综合性大学与行业特色高校的博士毕业生中进入博士后流动站工作的比例相对较高。例如清华大学（24.80%）、重庆大学（11.50%）等综合类大学，以及北京林业大学（13.03%）、北京交通大学（10.18%）等行业特色高校。

③博士毕业生中选择到国外攻读博士后或工作的比例较低，平均为1.70%，与2019年的数据（3.16%）相比，下降了1.46个百分点，这主要是由于2020年初暴发的新冠肺炎疫情使出境受限，出国攻读博士后或工作的比例降低。从学校特征上来看，博士毕业生中选择出国留学或工作的比例较高的高校主要集中在高水平研究型大学，如清华大学（5.40%）、天津大学（3.90%）、东华大学（3.55%）和中国海洋大学（3.16%）等。

④选择自主创业和灵活就业的博士毕业生比例相对较小。在自主创业方面，已公布该项数据的9所

高校中，各高校的博士毕业生中选择自主创业的比例均低于1%。在灵活就业方面，博士毕业生平均就业比例为3.73%，选择灵活就业的博士毕业生主要分布在北京和上海地区，例如中央财经大学、中国矿业大学（北京）、上海财经大学和上海外国语大学4所高校的博士毕业生中选择灵活就业的比例平均达到14.93%（见表3－7）。

表3－7　2020届教育部直属高校博士毕业生就业去向概况

单位：%

	国内升学	出国留学	签协议或合同就业	自主创业	灵活就业
平均值	5.09	1.70	83.54	0.18	3.73
排名前五列举	清华大学、重庆大学、湖南大学、中央财经大学、合肥工业大学	清华大学、天津大学、中国海洋大学、西安交通大学、山东大学	合肥工业大学、南京大学、上海交通大学、华中科技大学、山东大学	中国政法大学、兰州大学、华东师范大学、西北农林科技大学、清华大学	上海财经大学、中国海洋大学、上海外国语大学、中国矿业大学（北京）、中央财经大学

（2）博士毕业生就业的单位性质

从博士毕业生就业单位的性质来看，选择在高等教育单位、科研单位、企业（国企、“三资”企业和民营企业）、机关和事业单位等就业的博士毕业生较多。2020年教育部直属高校的博士毕业生选择在学术界（高等教育单位和科研单位）就业的比例平均为65.17%，与2019年的数据（62.97%）相比，有较大幅度的增长。

①统计结果显示博士毕业生中选择在高等教育单位就职的比例最高，为58.06%。与2019年的数据（55.69%）相比，增长了2.37个百分点。其中，博士毕业生中选择在高等教育单位就业的比例超过65%的高校有12所，包括上海外国语大学（93.65%）、陕西师范大学（88.44%）、中南财经政法大学（86.05%）、华中师范大学（83.77%）、西南财经大学（81.82%）、中国传媒大学（78.00%）、西北农林科技大学（77.82%）、华南理工大学（68.10%）、华中农业大学（66.36%）、合肥工业大学（66.35%）、兰州大学（66.10%）、上海财经大学（65.87%）。而博士毕业生中选择到高等教育单位就业的比例较低的高校主要分布在综合性研究型大学，例如复旦大学（37.05%）、同济大学（37.05%）、中南大学（36.96%）、上海交通大学（25.86%）、清华大学（25.30%）等高校，其比例均不到40%。

②科研单位作为博士毕业生的另一重要学术职业就业选择，其平均比例为7.11%，与2019年的数据（7.28%）相比略有下降。其中，农林类高校的博士毕业生中选择在科研单位就职的比例较高，如华中农业大学（18.69%）、西北农林科技大学（12.13%）。此外，中国地质大学（北京）（22.43%）、中国石油大学（华东）（17.76%）、中国海洋大学（14.47%）、兰州大学（10.73%）、清华大学（10.60%）的博士毕业生中选择在科研单位就职的比例也均高于10%。其余高校的博士毕业生中选择在科研单位就职的比例均低于10%。

③博士毕业生选择在党政机关和其他事业单位就业的平均比例也达到了6.69%，与2019年的数据（8.59%）相比略有下降。统计发现，部分综合性研究型高校，例如中南大学（52.61%）、上海交通大学（41.07%）、四川大学（40.59%）、华中科技大学（37.98%）、复旦大学（34.50%）、吉林大学（28.16%）、同济大学（22.29%）、浙江大学（20.02%）等高校的博士毕业生中选择到机关单位就职的比例均超过20%。此外，在京高校如清华大学（15.60%）、中国地质大学（北京）（13.24%）、北京林

业大学（10.46%），以及政法财经类高校如中国政法大学（35.54%）、中央财经大学（10.87%），上述几类高校的博士毕业生中选择到机关单位就职的比例均超过10%。

④博士毕业生中选择去往企业就职的比例平均达到17.96%，与2019年的数据（16.90%）相比有一定的增长。其中，清华大学（48.20%）、同济大学（35.23%）、对外经济贸易大学（28.13%）、中国矿业大学（北京）（27.65%）、浙江大学（27.45%）、上海财经大学（26.19%）、上海交通大学（25.29%）、中国石油大学（华东）（25.23%）等高水平一流大学的博士毕业生中选择在企业就职的比例超过了25%（见表3-8）。

表3-8　2020届部分教育部直属高校博士毕业生就业的单位性质

单位：%

单位性质	就业比例	大学
高等教育单位	>65	上海外国语大学、陕西师范大学、中南财经政法大学、华中师范大学、西南财经大学、中国传媒大学、西北农林科技大学、华南理工大学、华中农业大学、合肥工业大学、兰州大学、上海财经大学
	50~65	北京林业大学、东华大学、吉林大学、南京大学、天津大学、西安交通大学、中国海洋大学、中国矿业大学（北京）、中国石油大学（华东）、中央财经大学
	<50	复旦大学、华中科技大学、清华大学、上海交通大学、四川大学、同济大学、中国地质大学（北京）、中国政法大学、浙江大学、中南大学
科研单位	>10	华中农业大学、中国海洋大学、中国政法大学、北京林业大学、合肥工业大学、兰州大学、清华大学、中国矿业大学（徐州）、西北农林科技大学、中国地质大学（北京）、中国石油大学（华东）
	5~10	复旦大学、华南理工大学、华中科技大学、吉林大学、浙江大学、中南大学
	<5	湖南大学、上海交通大学、上海外国语大学、陕西师范大学、天津大学、同济大学、武汉大学、中南财经政法大学、重庆大学、对外经济贸易大学、华中师范大学、上海外国语大学、西南财经大学
党政机关和其他事业单位	>20	上海交通大学、四川大学、同济大学、复旦大学、华中科技大学、吉林大学、上海外国语大学、陕西师范大学、武汉大学、浙江大学、中南大学、中南财经政法大学、中国政法大学
	10~20	北京林业大学、兰州大学、南京大学、清华大学、西北农林科技大学、中国地质大学（北京）、中国海洋大学、中国矿业大学（徐州）、中央财经大学
	<10	北京外国语大学、重庆大学、对外经济贸易大学、东华大学、湖南大学、华南理工大学、华中农业大学、华中师范大学、合肥工业大学、天津大学、西南财经大学、中国传媒大学、中国石油大学（华东）
企业	>20	对外经济贸易大学、东华大学、复旦大学、清华大学、上海交通大学、上海外国语大学、武汉大学、中国石油大学（华东）、中国政法大学、中南大学、浙江大学、中国矿业大学（北京）、上海财经大学
	10~20	北京林业大学、重庆大学、湖南大学、华南理工大学、华中科技大学、吉林大学、合肥工业大学、南京大学、陕西师范大学、同济大学、西北农林科技大学、中国传媒大学、中国海洋大学、中国矿业大学（徐州）
	<10	北京外国语大学、华中农业大学、华中师范大学、兰州大学、山东大学、四川大学、天津大学、西南财经大学、中国地质大学（北京）、中南财经政法大学、中央财经大学

（3）博士毕业生就业的行业分布

在就业行业方面，如图3-1所示，2020届教育部直属高校博士毕业生就业的主要行业按分布比从高到低依次为教育（59.43%），卫生和社会工作（17.22%），科学研究和技术服务业（9.45%），制造业（4.76%），公共管理、社会保障和社会组织（4.32%），金融业（3.03%），信息传输、软件和信息技术服务业（2.82%）。可见，社会公共事务、教育及科研、金融业等高知识附加值和高利润行业对于博士毕业生具有较强的吸引力。其中，博士毕业生就业于教育、卫生和社会工作两大行业的比例最高，占总体的 76.65%，因此这两大行业是大多数博士生毕业后的主要行业选择。

具体来看，博士毕业生就业又因高校类型的不同而呈现一定的差异性。相较于其他高校的博士毕业生，部分理工类高校的博士毕业生中选择在信息传输、软件和信息技术服务业就业的比例较高，如清华大学的博士毕业生中选择在该行业就业的比例为 18.90%。相较于其他高校的博士毕业生，财经类高校的博士毕业生中选择在金融业就业的比例较高，如中央财经大学、对外经济贸易大学、西南财经大学的博士毕业生中选择在金融业就业的比例分别为 18.48%、17.18%、7.27%。相较于其他高校的博士毕业生，政法类高校的博士毕业生中选择在公共管理行业就业的比例较高，如中国政法大学的比例为 31.93%。相较于其他高校，华东师范大学等师范类高校的博士毕业生中选择在教育行业就业的比例较高，超过 70%。

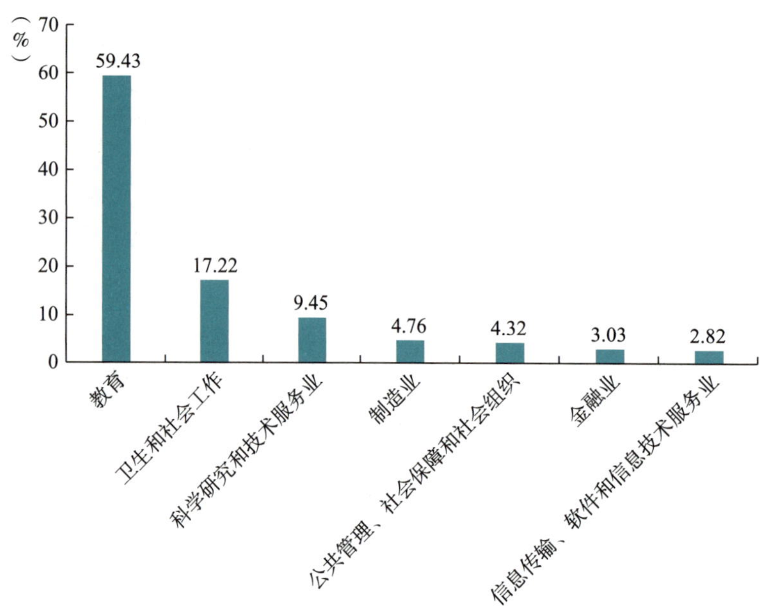

图 3-1　2020 届教育部直属高校博士毕业生主要就业行业分布情况

（4）博士毕业生就业的区域分布

在就业地域上，2020 届博士毕业生体现出较强的属地就业特征，北京、上海等科教和经济较为发达的地区对于博士毕业生的吸引力较强，属地就业的现象十分明显。例如对外经济贸易大学、中央财经大学、中国政法大学、清华大学、北京外国语大学、中国地质大学（北京）、中国矿业大学（北京）、北京林业大学，其博士毕业生的属地就业率分别为 63.77%、61.96%、53.01%、52.10%、52.05%、50.74%、47.07%、37.82%。上海财经大学、华东师范大学、东华大学，其博士毕业生的属地就业率分别为 50.00%、46.45%、44.06%。其余中西部地区所属高校博士毕业生的属地就业率也较高，如华中科技大学的属地就业率为 49.52%，兰州大学的属地就业率为 51.21%，中国海洋大学的属地就业率为 64.03%。由此可见，博士生的培养对于所在区域科教及经济发展具有较高的贡献。

（5）博士毕业生就业的求职状况

在求职竞争力上，统计发现，2020 届教育部直属高校博士毕业生平均投递简历 14.18 份，平均获得面试机会 5.81 次，平均获得录用函 2.63 份（见图 3-2）。

在职业满意度上，根据统计数据，2020 届教育部直属高校博士毕业生的总体职业满意度为 97.91%

(见图 3 - 3)。其中，部分高校如兰州大学、武汉大学的总体职业满意度达到了 100%。

在专业相关度上，根据统计数据，2020 届教育部直属高校博士毕业生认为职业与专业非常相关的比例为 56.19%，认为职业与专业比较相关的比例为 32.94%，认为职业与专业一般相关的比例为 8.94%，认为职业与专业比较不相关的比例为 1.91%，认为职业与专业非常不相关的比例为 0.99%（见图 3 - 4)。

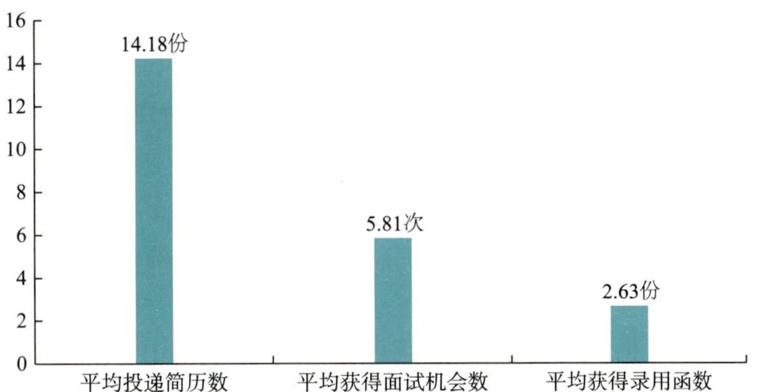

图 3 - 2　2020 届教育部直属高校博士毕业生求职竞争力情况

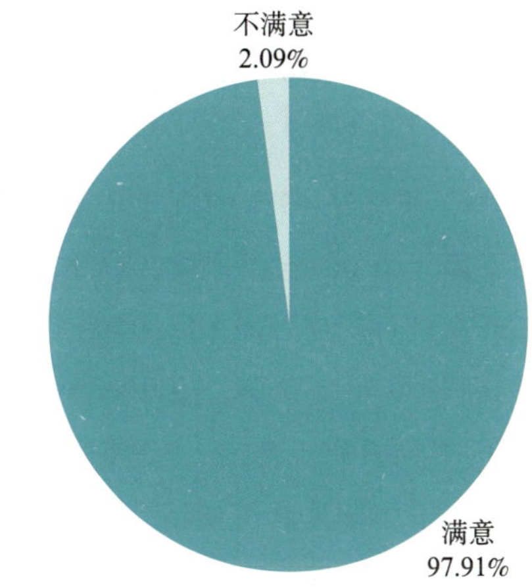

图 3 - 3　2020 届教育部直属高校博士毕业生职业满意度情况

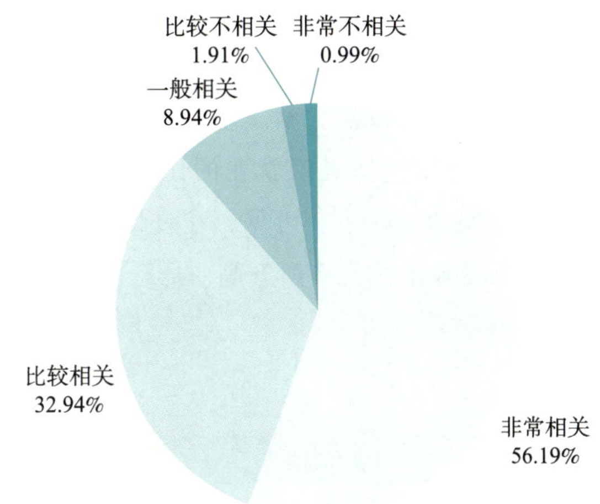

图 3 - 4　2020 届教育部直属高校博士毕业生专业相关度情况

2. 硕士毕业生就业状况

疫情对硕士毕业生就业产生较大冲击，2020 届硕士毕业生的求职和就业面临复杂严峻的形势。本部分将从硕士毕业生就业率与具体去向、就业单位性质、就业行业、就业地域、求职过程五个部分呈现 2020 届硕士毕业生就业的整体情况和特点。

（1）硕士毕业生就业率与具体去向

从总体就业率来看，受疫情的影响，2020 届硕士毕业生的就业率与 2019 届（97.39%）相比稍有下降，但依旧处于较高水平，平均就业率高达 95.19%。部分学校的硕士毕业生就业率在 99% 以上，如华南理工大学（99.90%）、西安交通大学（99.49%）、上海交通大学（99.17%）、南京大学（99.04%）。部分师范和农业类高校的硕士毕业生就业率低于 90%，如华中师范大学（73.11%）、西北农林科技大学（89.32%）、西南财经大学（88.77%）、吉林大学（84.82%），其余大部分高校硕士毕业生的就业率在 95% 以上。

从就业去向来看，79.48% 的硕士毕业生选择直接工作就业，与 2019 届的数据（86.07%）相比略有下降。其中，工科类、财经类等行业特色明显的高校硕士毕业生中选择直接签约的比例较高，如武汉理工大学（90.7%）、上海财经大学（91.41%）、华南理工大学（89.07%）、合肥工业大学（88.47%）等。而一些综合性高校和文科类高校硕士毕业生中选择直接签约就业的比例较低，如清华大学、复旦大学、重庆大学、北京外国语大学、中国政法大学、华中师范大学等硕士毕业生中选择直接签约就业的比例不足 70%。

硕士毕业生选择继续深造的比例不高，平均 7.67% 的硕士毕业生选择继续升学，其中选择在国内升学的比例平均只有 5.93%，比 2019 届下降了 1.06 个百分点。硕士毕业生中选择在国内升学的比例较高的大学有中国地质大学（北京）（13.35%）、南京大学（13.94%）、西北农林科技大学（16.55%）、中南大学（11.56%），其余大部分高校的硕士毕业生选择在国内升学的比例不足 8%。在出国留学方面，硕士毕业生选择到国外留学或工作的比例平均只有 1.74%，受疫情的影响，比 2019 届减少了 1/4，硕士毕业生出国率最高的大学大多集中在北京与上海两地，如清华大学、北京外国语大学、上海交通大学、同济大学，上述高校硕士毕业生的出国率均超过 3%，而其余高校硕士毕业生的出国率均低于 3%。

选择自主创业、灵活就业和基层就业的硕士毕业生的比例相对较小。在自主创业方面，平均 0.29% 的硕士毕业生选择自主创业，只有清华大学和中央音乐学院硕士毕业生中选择自主创业的比例高于 1%，其余所有高校硕士毕业生中选择自主创业的比例均低于 1%。在灵活就业方面，平均 5.14% 的硕士毕业生选择灵活就业，其中北京外国语大学、中国政法大学、中央音乐学院硕士毕业生中选择灵活就业的比例高于 20%，其他大部分高校硕士毕业生中选择灵活就业的比例均低于 10%。在基层就业方面，平均 2.61% 的硕士毕业生选择到基层就业（见表 3－9）。可见，在疫情和经济形势的影响下，硕士毕业生选择自主创业的意愿有所降低，选择灵活就业的意愿有所升高。

表 3－9　2020 届教育部直属高校硕士毕业生就业去向概况

单位：%

	国内升学	出国留学或工作	签协议或合同就业	自主创业	灵活就业	基层就业
平均值	5.93	1.74	79.48	0.29	5.14	2.61

续表

	国内升学	出国留学或工作	签协议或合同就业	自主创业	灵活就业	基层就业
排名前五列举	西北农林科技大学、南京大学、中国地质大学（北京）、中南大学、山东大学	清华大学、同济大学、上海交通大学、北京外国语大学、浙江大学	上海财经大学、武汉理工大学、华南理工大学、合肥工业大学、东华大学	中央音乐学院、清华大学、中国地质大学（武汉）、对外经济贸易大学、中国政法大学	北京外国语大学、中国政法大学、中央音乐学院、清华大学、中国矿业大学（北京）	西北农林科技大学、重庆大学、中国政法大学、华中科技大学、对外经济贸易大学

（2）硕士毕业生就业的单位性质

首先，硕士毕业生中选择在企业就业的比例最高（包括国有企业、“三资”企业、民营企业和其他企业），平均达到69.14%，与2019届的企业就业比例（67.79%）相比有一定增长，其中，硕士毕业生中选择在国有企业就业的比例最高，达到了31.86%，其次是民营企业，达到了29.18%。不同类型的高校硕士毕业生就业单位性质差别较大，财经、理工和能源类等行业特色高校硕士毕业生中选择在企业就业的比例非常高，有17所高校［如北京交通大学、东华大学、对外经济贸易大学、武汉理工大学、上海财经大学、中国石油大学（华东）、西南财经大学、中央财经大学、合肥工业大学等］的硕士毕业生选择在企业就职的比例超过了80%，相比2019届减少了2所高校。人文、师范类高校的硕士毕业生中选择在企业就业的比例相对较低，如华中师范大学、陕西师范大学、北京外国语大学等高校这一比例不到50%。其余大部分高校硕士毕业生中选择到企业就业的比例基本为50%～80%。

其次，硕士毕业生中选择在党政机关和其他事业单位就业的比例达到13.72%，比2019届（14.12%）下降了0.40个百分点。其中财经政法类高校和区域高水平大学的硕士毕业生中选择在党政机关和事业单位就业的比例相对较高，如中央财经大学、中国政法大学、清华大学、北京外国语大学、南京大学、重庆大学、山东大学等高校的硕士毕业生在党政机关的就职率高于15%，相比之下，部分理工类等行业特色高校硕士毕业生中选择到党政机关和事业单位就业的比例较低。

最后，硕士毕业生中选择在教育、科研单位就业的比例为12.42%（见图3－5），不过不同类型学校之间存在一定的差异，师范类、外语类高校（如陕西师范大学、华东师范大学、华中师范大学、上海外国语大学等）的毕业生中选择在教育、科研单位就业的比例高于30%，财经类、政法类、理工类特色高校的硕士毕业生中选择在上述单位就业的比例相对较低，不到15%，而大部分高校的这一比例为15%～30%（见表3－10）。

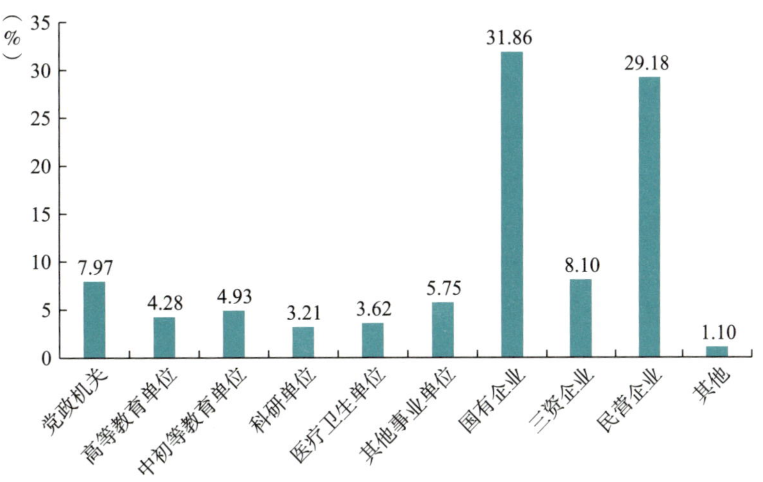

图3－5　2020届教育部直属高校硕士毕业生就业单位性质情况

表 3－10　2020 届部分教育部直属高校硕士毕业生就业的单位性质

单位：%

单位性质	就业比例	大学
企业	>75	北京交通大学、中央财经大学、对外经济贸易大学、中国矿业大学（北京）、天津大学、上海交通大学、东华大学、上海财经大学、合肥工业大学、浙江大学、同济大学、中国石油大学（华东）、武汉理工大学、中南财经政法大学、湖南大学、华南理工大学、西南财经大学
	50～75	清华大学、北京林业大学、中国政法大学、华北电力大学、复旦大学、上海外国语大学、南京大学、吉林大学、山东大学、中国海洋大学、华中科技大学、中国地质大学（武汉）、西安交通大学、西北农林科技大学
	<50	北京外国语大学、中国地质大学（北京）、武汉大学、华中师范大学、华中农业大学、中南大学、四川大学、陕西师范大学、兰州大学
教育、科研、医疗单位	>20	中国地质大学（北京）、吉林大学、华东师范大学、上海外国语大学、武汉大学、华中师范大学、华中农业大学、中南大学、陕西师范大学、兰州大学
	10～20	北京交通大学、北京林业大学、中国矿业大学（北京）、复旦大学、上海交通大学、华东师范大学、上海外国语大学、南京大学、浙江大学、中国海洋大学、华中科技大学、中国地质大学（武汉）、四川大学、西安交通大学、西北农林科技大学
	<10	清华大学、中国政法大学、中央财经大学、天津大学、东华大学、上海财经大学、合肥工业大学、中国石油大学（华东）、武汉理工大学、中南财经政法大学、湖南大学、华南理工大学、西南财经大学
党政机关与其他事业单位	>20	清华大学、北京外国语大学、北京林业大学、中国政法大学、中国地质大学（北京）、山东大学、西北农林科技大学、兰州大学
	10～20	中央财经大学、华北电力大学、中国矿业大学（北京）、天津大学、复旦大学、南京大学、浙江大学、吉林大学、同济大学、武汉大学、中国地质大学（武汉）、中南大学、华南理工大学、四川大学、重庆大学
	<10	北京交通大学、中央音乐学院、上海交通大学、东华大学、上海外国语大学、上海财经大学、中国海洋大学、中国石油大学（华东）、华中科技大学、武汉理工大学、华中师范大学、华中农业大学、中南财经政法大学、湖南大学、西南财经大学、西安交通大学、陕西师范大学

（3）硕士毕业生就业的行业分布

2020 届教育部直属高校硕士毕业生就业的主要行业按分布比从高到低依次为信息传输、软件和信息技术服务业，金融业，教育，制造业，公共管理、社会保障和社会组织，科学研究和技术服务业，卫生和社会工作以及电力、热力、燃气及水生产和供应业，在上述 8 个行业就业的硕士毕业生人数占硕士毕业生总人数的 80.79%（见图 3－6），比 2019 届增加了 3.31 个百分点。硕士毕业生就业的行业分布在一定程度上体现了经济和社会发展的趋势，信息传输、软件和信息技术服务业以及金融业等高新技术和高利润的行业对硕士毕业生越来越具有吸引力。

从不同类别高校来看，硕士毕业生的就业行业分布与高校的类别有一定的联系。师范类、外语类院校的硕士毕业生主要倾向在教育行业就业，如华东师范大学、华中师范大学硕士毕业生中选择在教育行业就业比例分别达到 37.79%、64.10%，北京外国语大学、上海外国语大学这一比例分别达到 34.88%、29.75%；政法类高校的硕士毕业生主要倾向在公共管理类行业就业，如中国政法大学的硕士毕业生中选择在相关行业就业的比例为 35.30%；财经类院校硕士毕业生更多是在金融行业就业，如中央财经大学、对外经济贸易大学和上海财经大学硕士毕业生中选择在金融行业就业的比例依次为 52.04%、47.80% 和 50.41%；理工类高校硕士毕业生主要面向信息传输、软件和信息技术服务业与制造业，如合肥工业大学、清华大学、天津大学、西安交通大学、同济大学、华中科技大学和电子科技大学等高校的硕士毕业

生中选择在这两类行业就业的比例均超过30%。

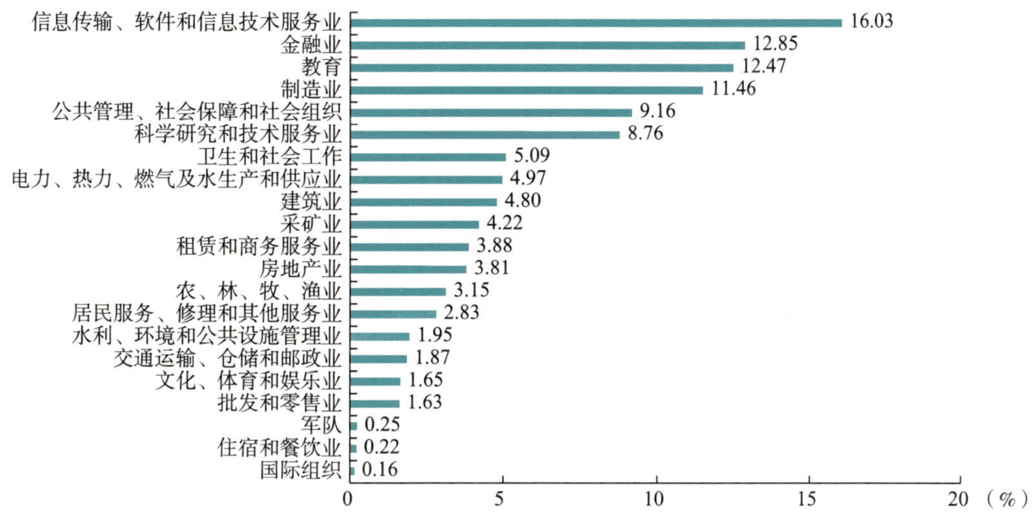

图3－6　2020届教育部直属高校硕士毕业生就业行业分布情况

（4）硕士毕业生就业的区域分布

在就业地区方面，各高校的硕士毕业生在选择就业地区时受地区科教和经济水平的影响较大，经济和科技发达的东部地区最能吸引硕士毕业生就业。统计发现，北京、上海、广州、南京和杭州等东部地区高校的硕士毕业生的属地就业比例均在80%以上；而在中西部地区，区域内高校的硕士毕业生的属地就业比例均在40%左右，其中四川大学、重庆大学、西安交通大学等中西部高校的硕士毕业生的属地就业比例超过了60%，可见，中西部地区对人才的吸引力有所提高，说明中西部地区人才引进的相关政策有所奏效，中西部地区经济水平的发展有所提高。为进一步提升中西部地区对硕士毕业生的就业吸引力，第一，当地政府应继续加大对人才的补贴力度，吸引高校毕业生流向中西部地区；第二，适度增加对中西部地区高校的财政补贴，提高中西部地区高校的发展水平；第三，中西部地区政府应依据当地特色大力培育新兴产业，发展高新技术产业，吸引相关专业的硕士毕业生在当地就业。

（5）硕士毕业生求职状况

受经济下行和新冠肺炎疫情的双重影响，2020届硕士毕业生就业面临较大困难和挑战。在求职过程中，硕士毕业生平均投递32.43份简历，平均参加面试10.34次，平均获得录用函3.07份（见图3－7）。

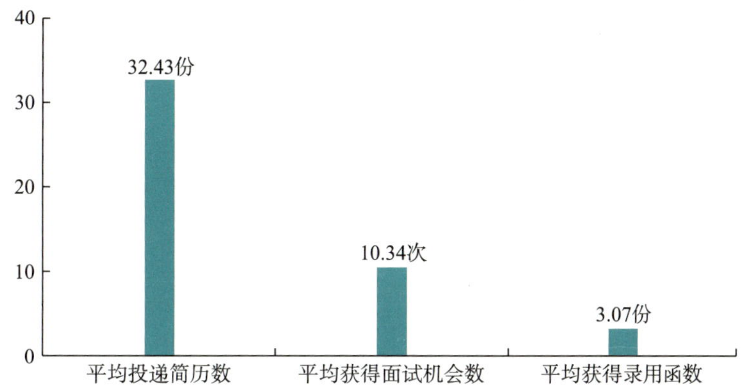

图3－7　2020届教育部直属高校硕士毕业生求职竞争力情况

2020 届硕士毕业生认为自己所从事的工作与专业相关的比例为 85.54%（见图 3－8），说明目前的研究生培养计划和体系比较符合经济和市场的需求。硕士毕业生对工作和职业的总体满意度为 94.26%（见图 3－9），硕士毕业生表示“不满意”的原因主要为“薪酬福利不高”“所在单位、岗位发展空间小”等，这基本符合硕士毕业生在求职时看重的几大重要因素。

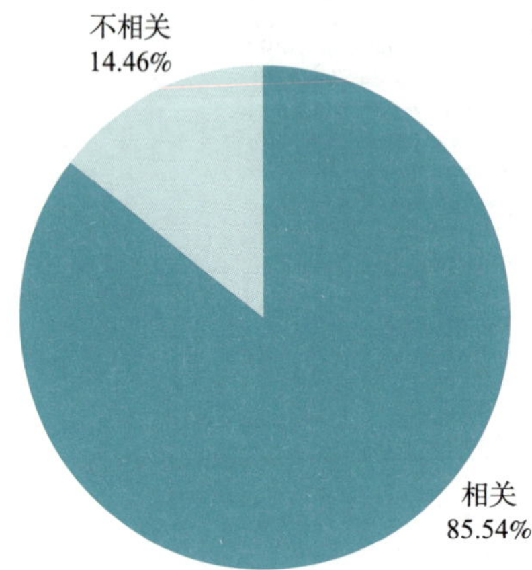

图 3－8　2020 届教育部直属高校硕士毕业生工作满意度情况

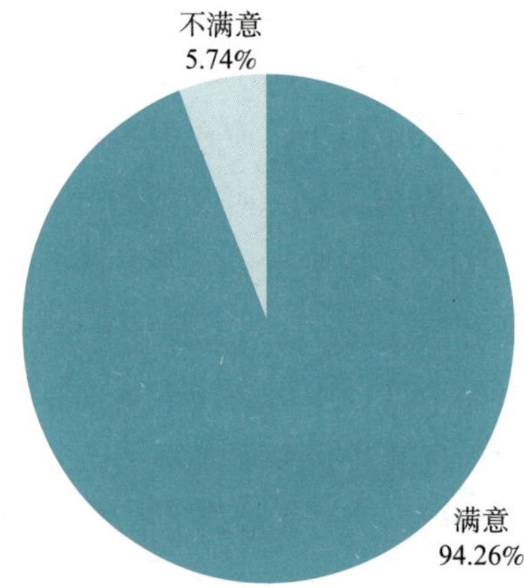

图 3－9　2020 届教育部直属高校硕士毕业生专业相关度情况

3.2　毕业研究生发展状况

毕业研究生是我国宝贵的人力资源，他们的发展状况关乎我国人力资源强国的建设，同时也能从一个侧面反映我国研究生教育的培养质量。

3.2.1　博士学位获得者是我国自然科学研究领域的中坚力量

博士学位获得者已成为我国自然科学研究领域的中坚力量，以 2020 年度国家自然科学奖为例，共授奖 46 项，其中一等奖 2 项，二等奖 44 项。对获奖成果的初步统计表明，第一获奖人数总计 46 人。其中，非博士学位获得者 1 人，博士学位获得者 45 人，包括境外博士学位获得者 8 人，国内（不含港、澳、台）博士学位获得者35人，境内外联合培养博士学位获得者2人。在国内（不含港、澳、台）博士学位获得者中，1999年及以前获得博士学位者22人，2000~2011年获得博士学位者13人。

3.2.2 具有研究生学历者是我国研究与试验发展人员的主体

研究与试验发展人员的数量是衡量一个国家或地区科技资源和科研能力的重要指标，反映国家投入从事拥有自主知识产权的研究开发活动的人力规模。从2021年《中国科技统计年鉴》中的相关数据可知，研究生学历者是我国研究与试验发展人员的主体。2020年，全国共有7552986名研究与试验发展人员，其中博士毕业的636370人，硕士毕业的1111011人，两者合计占比为23.13%。从执行部门来看，在2020年高等学校及研究与开发机构的人力资源构成中，具有研究生学历人员的比例最高，分别为76.14%和58.00%（见表3-11）。

表3-11 2020年分执行部门研究与试验发展人员情况

单位：人，%

类别	合计	博士毕业生	硕士毕业生	研究生学历者所占比重
全国	7552986	636370	1111011	23.13
企业	5604827	41090	376358	7.45
研究与开发机构	519355	104598	196624	58.00
高等学校	1273926	470325	499676	76.14
其他	154878	20357	38353	37.91

资料来源：国家统计局社会科技和文化产业统计司、科学技术部战略规划司编《2021中国科技统计年鉴》，中国统计出版社，2021。

从地区分布来看，我国研究与试验发展人员主要分布在广东、江苏、浙江、山东、北京、上海等经济发达地区。吉林和西藏的研究生学历人员比例最高，分别达55.38%和50.35%，浙江最低，仅占13.15%（见表3-12）。从中可知，在研究与试验发展人员中具有研究生学历者所占比重方面，各省份分布不均衡问题较为突出，值得引起重视。特别是对于一些经济发达的省份而言，更应加大研究与试验发展人员中具有研究生学历者（特别是具有博士生学历者）的比重，以持续增强科技自主创新的能力。

表3-12 2020年分地区研究与试验发展人员情况

单位：人，%

地区	合计	博士毕业生	硕士毕业生	研究生学历者所占比重
全国	7552986	636370	1111011	23.13
北京	473304	110589	107860	46.15
天津	136341	15460	24376	29.22
河北	196123	11191	34139	23.11
山西	89039	8594	16825	28.55
内蒙古	46947	3625	7946	24.65
辽宁	171347	22936	31361	31.69
吉林	76601	17575	24844	55.38
黑龙江	66500	14511	18519	49.67

续表

地区	合计	博士毕业生	硕士毕业生	研究生学历者所占比重
上海	320448	45323	54371	31.11
江苏	914510	51255	98472	16.37
浙江	775778	34139	67869	13.15
安徽	278822	21184	37884	21.18
福建	270424	15568	29736	16.75
江西	180854	7624	18561	14.48
山东	518955	34033	60675	18.25
河南	304602	13950	37857	17.01
湖北	294524	27216	40044	22.84
湖南	269908	19609	37288	21.08
广东	1175441	58664	165536	19.07
广西	82409	9551	21294	37.43
海南	14265	2068	3829	41.34
重庆	166227	14047	24728	23.33
四川	292729	27249	54582	27.95
贵州	71604	5432	12573	25.15
云南	95071	7652	16704	25.62
西藏	2733	310	1066	50.35
陕西	167984	23795	39655	37.77
甘肃	43082	7949	10200	42.13
青海	7773	775	1479	29.00
宁夏	21158	1279	2974	20.10
新疆	27482	3216	7766	39.96

资料来源：国家统计局社会科技和文化产业统计司、科学技术部战略规划司编《2021 中国科技统计年鉴》，中国统计出版社，2021。

3.2.3 毕业研究生所在地区、从事职业的分布具有差异性

大力发展教育事业，提高高层次人才在就业人员中的比例，是发挥我国人力资源优势、建设创新型国家、加快推进社会主义现代化的必然选择。2019 年，全国就业人员中达到研究生及以上受教育程度的比例为 1.1%。

从地区分布来看，毕业研究生所在地区具有差异性，北京地区研究生及以上学历的就业人员比例达到 9.6%；其次是上海和天津，分别占 5.9% 和 3.5%。青海、贵州和西藏等省份研究生及以上学历的就业人员所占比重分别为 0.4%、0.3% 和 0.2%（见表 3－13）。由此可见，我国就业人员中受过研究生教育的人才的地区分布极不均衡。从长远来看，这种不均衡将影响不同区域之间的协调和可持续发展的能力和潜力。对于经济和高等教育欠发达的西部地区而言，一方面国家要通过政策层面的适当倾斜来增强这些地区自身的“造血能力”，另一方面也要通过各种优惠措施，多措并举以在更大程度和范围上吸引东中部地区的优秀人才。

表 3－13　2019 年分地区全国就业人员受教育程度构成

单位：%

地区	合计	未上过学	小学	初中	高中	大学专科	大学本科	研究生及以上
全国	100.0	2.2	15.7	40.6	18.7	12.0	9.7	1.1
北京	100.0	0.2	1.9	17.4	18.3	21.5	31.1	9.6
天津	100.0	0.4	6.0	29.6	20.9	17.7	22.0	3.5
河北	100.0	1.0	12.4	49.0	18.9	10.8	7.1	0.8
山西	100.0	0.9	11.1	42.8	20.8	13.3	10.2	0.8
内蒙古	100.0	1.7	15.3	40.1	17.5	13.7	11.0	0.7
辽宁	100.0	0.4	11.5	48.3	16.3	11.2	11.3	1.1
吉林	100.0	0.5	16.7	44.9	17.0	10.0	10.0	0.8
黑龙江	100.0	0.7	14.6	46.6	16.7	11.5	9.4	0.6
上海	100.0	0.4	4.9	26.3	17.4	19.6	25.3	5.9
江苏	100.0	2.2	13.6	36.9	19.6	14.7	11.7	1.3
浙江	100.0	1.5	14.9	34.2	18.8	15.5	13.7	1.4
安徽	100.0	6.7	18.0	42.5	14.0	10.4	7.8	0.7
福建	100.0	2.2	17.4	39.8	19.0	10.6	10.2	0.8
江西	100.0	1.9	18.6	45.2	18.0	9.6	6.2	0.5
山东	100.0	2.3	14.2	44.4	19.7	10.1	8.3	0.9
河南	100.0	2.0	12.1	47.4	20.7	10.6	6.7	0.6
湖北	100.0	2.6	16.4	39.6	20.8	11.3	8.1	1.3
湖南	100.0	1.1	12.2	41.0	23.7	12.7	8.5	0.7
广东	100.0	0.5	10.7	39.1	25.7	13.2	9.8	1.0
广西	100.0	1.2	17.2	50.7	15.5	8.8	6.0	0.5
海南	100.0	1.5	9.8	46.4	21.2	12.0	8.5	0.6
重庆	100.0	1.9	19.3	32.6	20.5	14.5	10.1	1.0
四川	100.0	3.6	25.6	36.7	15.4	10.5	7.2	0.9
贵州	100.0	7.4	29.5	37.4	10.9	7.3	7.0	0.3
云南	100.0	4.1	31.7	37.5	12.0	7.7	6.4	0.5
西藏	100.0	13.2	55.4	12.3	5.6	5.8	7.4	0.2
陕西	100.0	2.3	11.7	41.3	20.1	14.3	9.4	0.9
甘肃	100.0	5.1	25.5	36.8	14.7	9.3	7.9	0.7
青海	100.0	5.7	20.7	35.2	14.3	12.6	11.0	0.4
宁夏	100.0	5.0	12.7	37.0	16.2	16.2	12.1	0.8
新疆	100.0	1.0	16.2	38.8	17.4	14.9	11.0	0.7

注：为与教育部学历分类保持一致，对受教育程度分类进行了合并调整，其中高中包括中等职业教育，大学专科包括高等职业教育。
资料来源：国家统计局人口和就业统计司编《中国人口和就业统计年鉴 2020》，中国统计出版社，2020。

从职业构成来看，2019 年，研究生及以上学历的就业人员中有 54.7% 是专业技术人员，其他比例较高的依次是办事人员和有关人员（25.9%），以及商业、服务业人员（13.3%）。从性别差异来看，研究生及以上学历的就业人员中，女性专业技术人员的比例（58.8%）要高出男性专业技术人员比例（51.1%）

约 8 个百分点（见表 3－14）。由此可知，研究生及以上学历的人员对于专业技术人员构成起到重要的支撑作用，特别是在女性群体中，这种支撑作用更为明显。

表 3－14　2019 年分受教育程度、性别的全国就业人员职业构成

单位：%

受教育程度	就业人员	单位负责人	专业技术人员	办事人员和有关人员	商业、服务业人员	农林牧渔水利业生产人员	生产运输设备操作人员及有关人员	其他
总计	100.0	1.7	9.8	11.6	32.8	22.5	21.4	0.2
大学专科	100.0	3.3	24.2	26.9	34.6	1.3	9.6	0.1
大学本科	100.0	3.8	38.2	31.7	22.1	0.4	3.8	0.1
研究生及以上	100.0	4.2	54.7	25.9	13.3	0.1	1.8	0.1
男	100.0	2.3	7.6	12.4	31.8	18.8	26.8	0.2
大学专科	100.0	4.4	16.8	27.6	35.8	1.4	13.7	0.2
大学本科	100.0	5.4	30.7	33.3	24.6	0.5	5.4	0.1
研究生及以上	100.0	6.0	51.1	25.5	14.5	0.1	2.6	0.2
女	100.0	0.9	12.7	10.6	34.0	27.4	14.1	0.2
大学专科	100.0	1.8	33.5	26.1	33.1	1.0	4.5	0.1
大学本科	100.0	2.0	46.9	30.0	19.1	0.2	1.8	0.1
研究生及以上	100.0	2.1	58.8	26.3	11.8	0.1	0.8	0.0

资料来源：国家统计局人口和就业统计司编《中国人口和就业统计年鉴 2020》，中国统计出版社，2020。

2019 年，研究生及以上学历的城镇就业人员中，从事教育行业的占 27.5%，从事公共管理、社会保障和社会组织行业的占 13.2%，从事卫生和社会工作行业的占 9.1%（见表 3－15）。从 2013 年到 2019 年的纵向比较情况来看，研究生在采矿业、制造业等传统行业就业的比例总体呈下降趋势，而研究生在教育、金融业、租赁和商务服务业、卫生和社会工作等行业就业的比例总体呈上升趋势，这从一个侧面反映了我国经济结构的不断调整和转型升级。

表 3－15　2013～2019 年研究生及以上学历的城镇就业人员行业构成

单位：%

行业	2013	2014	2015	2016	2017	2018	2019
城镇就业人员	100.0	100	100	100	100	100	100
农、林、牧、渔业	0.3	0.4	0.1	0.3	0.1	0.2	0.3
采矿业	0.8	0.5	0.6	0.7	0.4	0.7	0.7
制造业	11.6	9.1	11.7	10.2	7.2	10.1	9.5
电力、热力、燃气及水生产和供应业	1.0	1.4	1.8	1.7	1.6	1.9	1.5
建筑业	1.4	1.5	1.4	1.5	1.2	1.9	1.7
批发和零售业	4.4	4.4	4.7	4.3	3.8	3.3	3.2
交通运输、仓储和邮政业	1.8	1.6	1.7	1.4	1.2	1.2	1.1
住宿和餐饮业	0.3	0.7	0.4	0.3	0.5	0.4	0.2
信息传输、软件和信息技术服务业	7.1	6.4	6.5	5.8	4.6	6.8	6.3

续表

行业	2013	2014	2015	2016	2017	2018	2019
金融业	6.8	6.7	6.8	7.8	7.0	8.3	8.0
房地产业	1.0	0.7	1.0	0.9	1.0	1.0	1.4
租赁和商务服务业	4.4	3.5	3.2	3.2	4.2	3.5	4.4
科学研究和技术服务业	7.7	8.6	5.6	5.9	5.1	5.8	8.7
水利、环境和公共设施管理业	0.7	1.0	0.7	0.5	0.7	0.7	0.8
居民服务、修理和其他服务业	0.4	0.4	0.9	1.0	1.5	0.9	0.6
教育	24.0	26.5	29.4	30.2	36.6	28.8	27.5
卫生和社会工作	10.0	10.8	8.8	9.2	10.5	9.3	9.1
文化、体育和娱乐业	2.9	2.6	1.7	1.8	2.0	1.9	1.8
公共管理、社会保障和社会组织	13.3	13.2	12.8	12.9	10.6	13.1	13.2

资料来源：国家统计局人口和就业统计司编《中国人口和就业统计年鉴2020》，中国统计出版社，2020。

3.3 条件保障

研究生教育是国民教育的最高层次，承担着高端人才供给和科学技术创新的双重使命，高水平的师资队伍、充分的财政投入、强劲的学科平台是保障研究生教育质量的基本条件和重要支撑。

3.3.1 师资队伍

1. 导师

研究生教育作为国民教育体系的顶端，直接担负着为国家培养高层次人才的重任。导师作为研究生培养的第一责任人，承担着立德树人的重要职责，肩负着思想引领、学术规训、实践指导、人文关怀等重要责任，是研究生成长成才的责任人、引路人。导师是决定研究生培养质量的关键因素。

研究生导师可分为博士研究生导师（以下简称“博导”）、硕士研究生导师（以下简称“硕导”）和博士研究生、硕士研究生导师（以下简称“博、硕导”）三种类型，博导仅指导博士研究生，硕导仅指导硕士研究生，博、硕导既可以指导博士研究生也可以指导硕士研究生。

如表3-16所示，2020年全国共有研究生导师500906人，从专业技术职务来看，主要以正高级和副高级为主，两者的比例分别为45.95%和44.19%，中级仅占9.86%。从指导层次来看，硕导比例最高，占74.75%；博导比例最低，仅占3.96%。

表3-16 2020年研究生指导教师情况（总计）

单位：人，%

类别		人数	比例
按专业技术职务分	正高级	230159	45.95
	副高级	221369	44.19
	中级	49378	9.86

续表

类别		人数	比例
按指导层次分	博导	19854	3.96
	硕导	374452	74.75
	博、硕导	106600	21.28
总计		500906	100.00

资料来源：根据教育部发展规划司提供的数据整理。

从年龄结构来看，博导和博、硕导在50～59岁的比例最高，其人数分别占导师总数的43.87%和40.03%；硕导在40～49岁的比例最高，占41.24%。博导中40岁以下占比最低，仅为10.23%；硕导和博、硕导在60岁及以上的比例最低，分别占导师总数的2.68%和9.85%（见表3－17）。

表3－17　2020年研究生导师年龄分布情况

单位：人，%

类别	40岁以下	40～49岁	50～59岁	60岁及以上	总计
博导占比	10.23	28.91	43.87	16.99	100.00
硕导占比	27.89	41.24	28.20	2.68	100.00
博、硕导占比	15.51	34.61	40.03	9.85	100.00
总人数	123012	197038	156965	23891	500906

资料来源：根据教育部发展规划司提供的数据整理。

从各省份分布来看，研究生导师数量最多的5个省份分别是北京（70033人）、江苏（38861人）、广东（29838人）、上海（28664人）、湖北（27540人）。如果仅计算具有博士生指导资格（博导＋博、硕导）的人数，则2020年全国有126454人具有博导资格，其中排名前10的省份分别是北京（30174人）、江苏（10587人）、上海（10395人）、广东（8421人）、湖北（7256人）、陕西（6569人）、黑龙江（4527人）、浙江（4506人）、山东（4429人）、四川（4347人）（见表3－18）。

表3－18　2020年分省份不同类型研究生导师分布

单位：人，%

省份	博导		硕导		博、硕导		总计	
	人数	比重	人数	比重	人数	比重	人数	比重
北京	6101	8.71	39859	56.91	24073	34.37	70033	100.00
天津	43	0.37	8478	73.26	3051	26.37	11572	100.00
河北	37	0.26	12406	87.29	1770	12.45	14213	100.00
山西	86	0.88	8441	86.21	1264	12.91	9791	100.00
内蒙古	43	0.78	4912	88.65	586	10.58	5541	100.00
辽宁	277	1.29	17329	80.43	3939	18.28	21545	100.00
吉林	1537	12.46	9820	79.59	982	7.96	12339	100.00
黑龙江	330	1.99	12057	72.70	4197	25.31	16584	100.00
上海	2023	7.06	18269	63.73	8372	29.21	28664	100.00

续表

省份	博导		硕导		博、硕导		总计	
	人数	比重	人数	比重	人数	比重	人数	比重
江苏	1904	4.90	28274	72.76	8683	22.34	38861	100.00
浙江	68	0.37	13812	75.40	4438	24.23	18318	100.00
安徽	0	0	11852	77.37	3466	22.63	15318	100.00
福建	216	1.87	9284	80.34	2056	17.79	11556	100.00
江西	300	4.54	5735	86.72	578	8.74	6613	100.00
山东	170	0.68	20493	82.23	4259	17.09	24922	100.00
河南	590	2.97	17852	89.75	1448	7.28	19890	100.00
湖北	668	2.43	20284	73.65	6588	23.92	27540	100.00
湖南	314	2.05	11358	74.20	3635	23.75	15307	100.00
广东	2565	8.60	21417	71.78	5856	19.63	29838	100.00
广西	59	0.68	7767	89.43	859	9.89	8685	100.00
海南	83	4.57	1394	76.76	339	18.67	1816	100.00
重庆	26	0.19	10857	80.51	2602	19.30	13485	100.00
四川	574	2.90	15455	78.05	3773	19.05	19802	100.00
贵州	41	0.76	4941	91.04	445	8.20	5427	100.00
云南	116	0.93	10915	87.74	1409	11.33	12440	100.00
西藏	68	7.34	806	86.95	53	5.72	927	100.00
陕西	1212	5.50	15473	70.20	5357	24.30	22042	100.00
甘肃	29	0.40	5934	81.59	1310	18.01	7273	100.00
青海	40	2.80	1303	91.12	87	6.08	1430	100.00
宁夏	117	4.91	2057	86.39	207	8.69	2381	100.00
新疆	217	3.21	5618	83.19	918	13.59	6753	100.00
全国	19854	3.96	374452	74.75	106600	21.28	500906	100.00

资料来源：根据教育部发展规划司提供的数据整理。

从研究生导师的职称结构来看，拥有正高级职称的研究生导师的比例最高，其人数占导师总数的45.95%；拥有中级职称的研究生导师的比例最低，其人数仅占导师总数的9.86%。正高级职称导师人数最多的5个省份分别是北京（36949人）、江苏（17118人）、广东（14099人）、上海（12883人）和湖北（12099人）。中级职称导师人数最多的5个省份分别是北京（4615人）、江苏（3404人）、广东（3369人）、河南（2987人）、山东（2897人）（见表3－19）。

表3－19　2020年分省份研究生导师的职称结构

单位：人，%

省份	正高级		副高级		中级		总计	
	人数	比重	人数	比重	人数	比重	人数	比重
北京	36949	52.76	28469	40.65	4615	6.59	70033	100.00
江苏	17118	44.05	18339	47.19	3404	8.76	38861	100.00

续表

省份	正高级		副高级		中级		总计	
	人数	比重	人数	比重	人数	比重	人数	比重
广东	14099	47.25	12370	41.46	3369	11.29	29838	100.00
上海	12883	44.94	12945	45.16	2836	9.89	28664	100.00
湖北	12099	43.93	12799	46.47	2642	9.59	27540	100.00
山东	11020	44.22	11005	44.16	2897	11.62	24922	100.00
陕西	9437	42.81	10630	48.23	1975	8.96	22042	100.00
辽宁	9406	43.66	9881	45.86	2258	10.48	21545	100.00
四川	8620	43.53	9089	45.90	2093	10.57	19802	100.00
浙江	8440	46.07	7674	41.89	2204	12.03	18318	100.00
黑龙江	8025	48.39	7145	43.08	1414	8.53	16584	100.00
河南	7897	39.70	9006	45.28	2987	15.02	19890	100.00
安徽	7226	47.17	7079	46.21	1013	6.61	15318	100.00
河北	6787	47.75	6037	42.48	1389	9.77	14213	100.00
湖南	6615	43.22	6102	39.86	2590	16.92	15307	100.00
天津	5702	49.27	4802	41.50	1068	9.23	11572	100.00
云南	5577	44.83	5256	42.25	1607	12.92	12440	100.00
重庆	5559	41.22	6962	51.63	964	7.15	13485	100.00
吉林	5133	41.60	5758	46.67	1448	11.74	12339	100.00
福建	5103	44.16	4983	43.12	1470	12.72	11556	100.00
广西	4353	50.12	3490	40.18	842	9.69	8685	100.00
山西	4043	41.29	4503	45.99	1245	12.72	9791	100.00
甘肃	3393	46.65	3579	49.21	301	4.14	7273	100.00
贵州	2936	54.10	2423	44.65	68	1.25	5427	100.00
内蒙古	2855	51.52	2332	42.09	354	6.39	5541	100.00
江西	2734	41.34	3052	46.15	827	12.51	6613	100.00
新疆	2640	39.09	3173	46.99	940	13.92	6753	100.00
宁夏	1259	52.88	862	36.20	260	10.92	2381	100.00
海南	987	54.35	638	35.13	191	10.52	1816	100.00
青海	822	57.48	559	39.09	49	3.43	1430	100.00
西藏	442	47.68	427	46.06	58	6.26	927	100.00
全国	230159	45.95	221369	44.19	49378	9.86	500906	100.00

资料来源：根据教育部发展规划司提供的数据整理。

从地区结构来看，博导占比最大的是华北地区，比重为5.68%，占比最小的是西南地区，为1.58%。硕导分布与博导恰恰相反，硕导占比最大的是西南地区，比重为82.51%，占比最小的为华北地区，比重为66.66%（见表3-20）。

表 3－20　2020 年各地区研究生导师的类型结构

单位：人，%

地区	博导		硕导		博、硕导		总计	
	人数	比重	人数	比重	人数	比重	人数	比重
华北	6310	5. 68	74096	66. 66	30744	27. 66	111150	100. 00
东北	2144	4. 25	39206	77. 68	9118	18. 07	50468	100. 00
华东	4681	3. 25	107719	74. 67	31852	22. 08	144252	100. 00
中南	4279	4. 15	80072	77. 68	18725	18. 17	103076	100. 00
西南	825	1. 58	42974	82. 51	8282	15. 90	52081	100. 00
西北	1615	4. 05	30385	76. 19	7879	19. 76	39879	100. 00
合计	19854	3. 96	374452	74. 75	106600	21. 28	500906	100. 00

资料来源：根据教育部发展规划司提供的数据整理。

2. 生师比

研究生生师比是指平均每名研究生导师指导的研究生人数，即研究生数与研究生导师数的比值。研究生生师比情况如表 3－21 所示，2020 年，我国在校博士研究生共 466549 人，在校硕士研究生共 2507342 人。博士研究生生师比为 3. 69，硕士研究生生师比为 5. 21。

表 3－21　2020 年研究生生师比情况

单位：人

在校研究生	博士研究生	466549
	硕士研究生	2507342
	在校生合计	2973891
研究生导师	博导	19854
	硕导	374452
	博、硕导	106600
	合计导师数	500906
生师比	博士研究生生师比	3. 69
	硕士研究生生师比	5. 21

注：①在校研究生数中包含专业学位研究生；②研究生生师比的计算公式为：博士研究生生师比 = 在校博士研究生数/（博导数 + 博、硕导数），硕士研究生生师比 = 在校硕士研究生数/（硕导数 + 博、硕导数），合计导师数 = 博导数 + 硕导数 + 博、硕导数。

资料来源：根据教育部发展规划司提供的数据整理。

从不同省份来看，如表 3－22 所示，宁夏的博士研究生生师比最低，仅为 1.62，其次是西藏（1.65）、海南（1.87）、新疆（1.93）、河南（1.97），这表明这些省份平均 1 位研究生导师指导不超过 2 名博士研究生；河北、山西、广东、广西和云南则平均 1 位研究生导师指导不超过 3 名博士研究生。博士研究生生师比最高的省份为吉林，达到 5. 39，其次是四川（4. 21）、天津（4. 18）、辽宁（4. 10）、上海（4. 10）、湖北（4. 08）、湖南（4. 08）、甘肃（4. 07）、北京（4. 03），这意味着这些省份平均 1 名研究生导师将指导超过 4 位博士研究生。

硕士研究生生师比最低的省份分别是河南（3. 29）、西藏（3. 42）、宁夏（3. 95），表明平均 1 位研究生导师指导不超过 4 名硕士研究生；最高的省份是江西（7.68），其次是陕西（6.77）、吉林（6.53）、上海（6.51），这意味着 1 名研究生导师将指导 7 位左右的硕士研究生。

表 3－22　2020 年分省份研究生生师比

省份	博士研究生生师比	硕士研究生生师比	省份	博士研究生生师比	硕士研究生生师比
北京	4.03	4.61	湖北	4.08	5.48
天津	4.18	5.73	湖南	4.08	5.74
河北	2.38	4.22	广东	2.64	4.74
山西	2.48	4.19	广西	2.68	5.13
内蒙古	3.28	5.03	海南	1.87	5.59
辽宁	4.10	5.86	重庆	3.10	5.57
吉林	5.39	6.53	四川	4.21	6.01
黑龙江	3.76	4.45	贵州	3.02	4.86
上海	4.10	6.51	云南	2.71	4.11
江苏	3.55	5.58	西藏	1.65	3.42
浙江	3.81	5.09	陕西	3.79	6.77
安徽	3.35	4.72	甘肃	4.07	5.94
福建	3.64	5.21	青海	3.25	5.01
江西	3.14	7.68	宁夏	1.62	3.95
山东	3.02	4.77	新疆	1.93	4.57
河南	1.97	3.29			

资料来源：根据教育部发展规划司提供的数据整理。

3. 教师

教育大计，教师为本。教师是研究生培养的重要支撑条件，推进研究生教育高质量发展，必须依靠过硬的教师队伍。近年来，随着我国研究生教育规模的逐步扩大，高校教师中具有研究生学历的比例显著上升，其中，拥有博士学位者占总师资人数的比例从 2008 年的 12.28% 上升至 2020 年的 27.99%，提高了 15.71 个百分点；拥有硕士学位者占比从 2008 年的 32.39% 上升至 2020 年的 37.18%，提高了 4.79 个百分点（见表 3－23）。

表 3－23　2008～2020 年普通高校专任教师学历情况

单位：%

年份	博士	硕士	本科	专科及以下
2008	12.28	32.39	53.16	2.17
2009	13.58	33.52	51.01	1.89
2010	14.92	34.50	48.92	1.67
2011	16.33	35.07	47.04	1.56
2012	17.66	35.67	45.24	1.42
2013	19.06	35.79	44.54	1.41
2014	20.41	36.03	42.24	1.32

续表

年份	博士	硕士	本科	专科及以下
2015	21.52	36.20	41.02	1.26
2016	22.86	36.31	39.61	1.22
2017	24.06	36.36	38.44	1.13
2018	25.93	36.60	36.56	0.90
2019	27.34	36.77	35.08	0.81
2020	27.99	37.18	34.07	0.76

资料来源：根据教育部发展规划司提供的数据整理。

由表 3－24 可知，2020 年我国高校共有 1832982 名专任教师，其中具有博士学历的教师数为 513062 名，占全国专任教师总数的 27.99%，具有硕士学历、本科学历、专科及以下学历的教师占比分别为 37.18%、34.07%、0.76%。从中可以得知，我国高校教师中拥有研究生学位的占大多数，达到了 65.17%，但与居世界领先地位的国家相比，我国高校教师团队中研究生学位获得者的比例仍有待提升。

表 3－24　2020 年普通高校专任教师不同学历分布情况

单位：人

类别	合计	博士	硕士	本科	专科及以下
合计	1832982	513062	681535	624531	13854
按学校隶属分					
部委院校	51131	33918	11838	5297	78
教育部直属院校	164200	127902	26837	9341	120
地方院校	1617651	351242	642860	609893	13656
按学校类型分					
综合大学	516800	160266	176459	176461	3614
工科院校	635629	174735	230677	224777	5440
农林院校	79846	29633	26717	22880	616
医药院校	136220	35495	51033	48616	1076
师范院校	191451	58470	75782	56619	580
其他	273036	54463	120867	95178	2528

资料来源：根据教育部发展规划司提供的数据整理。

如表 3－25 所示，从学校隶属关系的角度来看，部委院校专任教师中拥有博士学位的人数占比达到了 66.34%，教育部直属院校专任教师中这一比例则高达 77.89%，但在地方院校的专任教师中，这一比例仅为 21.71%，仍有很大的提升空间。而从学校类型的角度来看，拥有博士学位的专任教师的平均比例约为 27.99%，占整体比例最高的 3 类院校分别是农林院校（37.11%）、综合大学（31.01%）、师范院校（30.54%），上述类型院校的专任教师中拥有博士学位的比重超过平均比例；而工科院校（27.49%）、医药院校（26.06%）等这一占比则低于平均比例。

表 3－25　2020 年普通高校专任教师学历占比情况

单位：%

类别	合计	博士	硕士	本科	专科及以下
合计	100.00	27.99	37.18	34.07	0.76
按学校隶属分					
部委院校	100.00	66.34	23.15	10.36	0.15
教育部直属院校	100.00	77.89	16.34	5.69	0.07
地方院校	100.00	21.71	39.74	37.70	0.84
按学校类型分					
综合大学	100.00	31.01	34.14	34.14	0.70
工科院校	100.00	27.49	36.29	35.36	0.86
农林院校	100.00	37.11	33.46	28.66	0.77
医药院校	100.00	26.06	37.46	35.69	0.79
师范院校	100.00	30.54	39.58	29.57	0.30
其他	100.00	19.95	44.27	34.86	0.93

资料来源：根据教育部发展规划司提供的数据整理。

3.3.2　财政支持

研究生教育和科学研究的结合是近代高等教育的基本特征，教育经费和科研经费是研究生教育的重要支撑。近年来，财政部、教育部逐渐建立并完善高校预算拨款制度和研究生教育投入机制，不断增加教育投入，持续优化支出结构，不断加大中央高校按规定统筹安排使用资金的自主权，改革完善研究生资助体系，有力促进了研究生教育持续健康发展。教育经费和科研经费是研究生参与科研项目的重要保障，参与科研项目不仅是研究生进行学术训练的重要途径，也是其学位论文选题的重要来源。此外，助研金等形式为研究生的生活、学习提供了重要经济保障。国家通过财政支持促进研究生教育整体科研条件和环境的改善、科研水平的提高以及学术劳动力市场需求的增加，推动研究生教育更加适应党和国家事业发展的需要。

1. 教育经费

2019 年，全国教育经费总投入为 50178.12 亿元，比上年的 46143.00 亿元增长 8.74%。其中，国家财政性教育经费（主要包括一般公共预算安排的教育经费、政府性基金预算安排的教育经费、企业办学中的企业拨款、校办产业和社会服务收入用于教育的经费等）为 40046.55 亿元，比上年的 36995.77 亿元增长 8.25%。2019 年全国国内生产总值为 990865.1 亿元，国家财政性教育经费占国内生产总值比例为 4.04%，较 2018 年的 4.11% 有所下降，但始终稳定在 4% 以上。2019 年全国普通高等学校生均一般公共预算教育事业费为 22041.87 亿元，比上年的 20973.62 亿元增长 5.09%，8 个省份的支出绝对值高于全国水平，分别是北京（64022.10 亿元）、西藏（52383.22 亿元）、青海（40453.35 亿元）、上海（35993.19 亿元）、广东（30479.92 亿元）、宁夏（25557.03 亿元）、海南（24119.49 亿元），浙江（23788.31 亿元）。支出绝对值最低的是辽宁（14721.91 亿元），相对增长最快的是西藏（40.51%）。2019 年全国普通高等学校生均一般公共预算公用经费为 9162.17 元，比上年的 8825.89 元增长 3.81%，增长最快的是山东省（64.49%）。14个省份的公用经费绝对值高于全国水平，其中排名前5的分别是北京（27431.32亿元）、青海（27135.67亿元）、上海（18320.05亿元）、西藏（18668.59亿元）、宁夏（13254.24亿元），公用经费较低的分别是黑龙江（5584.23亿元）、云南（5009.89亿元）和湖南（4975.59亿元）（见表3-26）。

表3-26 2018年、2019年各省份普通高等学校生均一般公共预算支出

单位：亿元，%

省份	教育事业费			公用经费		
	2018	2019	增长率	2018	2019	增长率
全国	20973.62	22041.87	5.09	8825.89	9162.17	3.81
北京	58805.03	64022.10	8.87	26795.81	27431.32	2.37
天津	22865.22	19355.69	-15.35	13111.17	9528.61	-27.32
河北	17338.51	17479.17	0.81	6849.58	6186.41	-9.68
山西	13885.41	15908.99	14.57	5601.03	6108.07	9.05
内蒙古	19008.88	20578.09	8.26	8235.08	9060.58	10.02
辽宁	14160.34	14721.91	3.97	6157.47	5978.27	-2.91
吉林	18319.26	18200.64	-0.65	9130.99	9353.70	2.44
黑龙江	16211.66	16814.57	3.72	5029.11	5584.23	11.04
上海	36405.47	35993.19	-1.13	18685.12	18320.05	-1.95
江苏	20461.88	20079.09	-1.87	8662.96	8282.85	-4.39
浙江	20779.55	23788.31	14.48	8423.11	10044.72	19.25
安徽	15466.38	15505.53	0.25	7456.43	7634.13	2.38
福建	19471.36	20864.11	7.15	10085.74	10136.86	0.51
江西	17446.78	20453.95	17.24	6099.85	8268.89	35.56
山东	14528.41	17454.84	20.14	3618.13	5951.53	64.49
河南	14225.61	14933.74	4.98	7004.25	7509.69	7.22
湖北	17188.08	18960.23	10.31	6870.05	7819.96	13.83
湖南	14860.36	15466.66	4.08	5263.54	4975.59	-5.47
广东	25877.26	30479.92	17.79	10642.29	12032.91	13.07
广西	13854.56	14919.78	7.69	8128.03	9257.68	13.90
海南	22465.09	24119.49	7.36	12819.7	12283.73	-4.18
重庆	15457.62	16021.90	3.65	6425.05	7338.48	14.22
四川	14907.11	16774.99	12.53	5281.8	6002.46	13.64
贵州	19490.04	21355.52	9.57	7870.77	9609.50	22.09
云南	15333.31	15513.99	1.18	5359.37	5009.89	-6.52
西藏	37281.68	52383.22	40.51	11902.34	18668.59	56.85
陕西	16032.15	16331.64	1.87	7584.5	8039.53	6.00
甘肃	20700.95	19484.69	-5.88	13163.03	12085.57	-8.19
青海	33795.03	40453.35	19.70	20550.93	27135.67	32.04
宁夏	25120.93	25557.03	1.74	11828.51	13254.24	12.05

续表

省份	教育事业费			公用经费		
	2018	2019	增长率	2018	2019	增长率
新疆	18182.49	18542.71	1.98	6495.14	6908.67	6.37

资料来源：根据 2018 年、2019 年《全国教育经费执行情况统计公告》整理。

2020 年，在习近平新时代中国特色社会主义思想的指引下，各级教育、财政等部门和各级各类学校，坚持以人民为中心，紧紧围绕立德树人根本任务，进一步完善学生资助政策，大力推进精准资助，持续加强规范管理，全面促进资助育人，落实各项学生资助政策，全年资助资金 2408.20 亿元，资助学生 14617.50 万人次，为抗击疫情和应对汛情影响做出了积极贡献，在助力打赢脱贫攻坚战中发挥了重要作用。2019 年，《财政部 教育部 人力资源社会保障部 退役军人部中央军委国防动员部关于印发〈学生资助资金管理办法〉的通知》（财科教〔2019〕19 号）出台，进一步规范和加强学生资助资金管理，提高资金使用效益，确保资助工作顺利开展。各地各校全面取消《家庭经济困难学生认定申请表》盖章环节，改为申请人个人承诺，同时在国家助学金评审、公示、发放环节中，更加注意保护学生的个人隐私，不公示学生和家长的个人敏感信息，妥善选择公示形式和范围。

目前，我国已建立包括研究生国家奖学金、研究生国家助学金、研究生学业奖学金、“三助”岗位津贴、国家助学贷款、基层就业学费补偿贷款代偿、应征入伍国家资助、校内奖助学金及新生入学“绿色通道”等在内的多元研究生奖助政策体系，有力保障并推动了研究生教育事业的发展。

研究生国家奖学金由中央财政出资设立，用于奖励普通高等学校中表现优异的全日制研究生。根据《财政部 教育部关于印发〈研究生国家奖学金管理暂行办法〉的通知》（财教〔2012〕342 号），每年奖励 4.5 万名在读研究生，其中，博士研究生 1 万名，硕士研究生 3.5 万名。博士研究生国家奖学金奖励标准为每生每年 3 万元；硕士研究生国家奖学金奖励标准为每生每年 2 万元。由表 3 - 27 可知，近五年来我国对研究生国家奖学金的资助金额始终保持在每年 10 亿元，累计投入 50 亿元，共奖励博士研究生 5 万人，硕士研究生 17.5 万人，博士研究生平均获奖比例为 2.52%，硕士研究生平均获奖比例为 1.59%。由于博士研究生和硕士研究生在校人数逐年增加，但国家奖学金奖励人数保持不变，研究生获奖比例呈逐年下降的趋势。

表 3 - 27　2016 ~ 2020 年研究生国家奖学金资助情况统计

年份	博士研究生				硕士研究生			
	在校生数（万人）	奖励生数（万人）	获奖比例（%）	奖励金额（亿元）	在校生数（万人）	奖励生数（万人）	获奖比例（%）	奖励金额（亿元）
2016	34.2	1	2.92	3	163.9	3.5	2.14	7
2017	36.2	1	2.76	3	227.76	3.5	1.54	7
2018	38.95	1	2.57	3	200.06	3.5	1.75	7
2019	42.42	1	2.36	3	243.95	3.5	1.43	7
2020	46.65	1	2.14	3	267.3	3.5	1.30	7
总计	198.43	5	2.52	15	1102.97	17.5	1.59	35

资料来源：根据《全国教育事业发展统计公报》和《中国学生资助发展报告》整理得到。

研究生学业奖学金用于奖励支持表现良好的研究生在全面实行研究生教育收费制度的情况下更好地

完成学业。根据《财政部 教育部关于印发〈研究生学业奖学金管理暂行办法〉的通知》（财教〔2013〕219号），由中央财政对中央高校研究生按照博士研究生每生每年1万元、硕士研究生每生每年0.8万元的标准以及在校生人数的一定比例给予支持。由表3－28可知，2020年，研究生学业奖学金资助人数为191.08万人，奖励金额为151.31亿元，人均奖励金额为7918.67元。2014～2020年，研究生学业奖学金的覆盖面以年均约19.76%的速度迅速扩大，奖励金额以年均约25.33%的速度迅猛增长。即便如此，研究生学业奖学金实际资助情况仍低于中央财政设计的奖励标准。可见，还需进一步落实并保障研究生学业奖学金的投入与发放。

表3－28　2014～2020年研究生学业奖学金资助情况统计

年份	资助人数（万人）	奖励金额（亿元）	人均奖励金额（元）
2014	64.76	39.05	6029.96
2015	100.31	70.41	7019.24
2016	132.18	93.25	7054.77
2017	143.47	104.32	7271.21
2018	154.56	113.59	7349.25
2019	157.61	122.22	7754.58
2020	191.08	151.31	7918.67

资料来源：根据《中国学生资助发展报告》整理得到。

为帮助家庭经济困难的学生顺利完成学业，2007年《教育部 财政部关于印发〈高等学校勤工助学管理办法〉的通知》（教财〔2007〕7号）中首次将研究生纳入勤工助学的管理范围，研究生可通过“助教、助研、助管”获得工作报酬。由表3－29可知，研究生“三助”岗位津贴除2018年、2020年的覆盖比例出现下降以外，总体上资助人次和资助金额呈上升趋势。2020年受新冠肺炎疫情影响，研究生“三助”岗位资助人数和资助金额大幅降低，覆盖比例下降速度达77.79%，生均津贴呈快速上升趋势，增速达70.20%。

表3－29　2014～2020年研究生“三助”岗位津贴情况统计

年份	在校研究生数（万人）	资助人次（万人次）	资助金额（亿元）	生均津贴（元）
2014	184.77	118.14	28.84	2441
2015	191.14	137.43	36.33	2644
2016	198.10	164.93	45.39	2752
2017	263.96	168.33	51.75	3074
2018	239.01	138.07	64.22	4651
2019	243.95	185.14	67.86	3665
2020	313.96	41.12	25.65	6238

资料来源：根据《全国教育事业发展统计公报》和《中国学生资助发展报告》整理得到。

国家助学贷款是由政府主导、财政贴息，金融机构向高校家庭经济困难学生提供的旨在帮助这些学生解决学费与住宿费的信用助学贷款。为进一步满足学生的国家助学贷款需求，2014年7月，国家将研究生每年最高贷款额度由 0.6 万元提高到 1.2 万元。从表 3－30 可知，国家助学贷款的发放人数和发放金额均稳步增长，2020 年国家助学贷款发放人数为 506.43 万人，2014～2020 年的发放人数年均增长率达 10.53%；2020 年国家助学贷款发放金额为 378.12 亿元，2014～2020 年的发放金额年均增长率达 14.60%。国家助学贷款覆盖面不断扩大，资助学生人数不断增加，对保证高校家庭经济困难学生顺利入学和完成学业发挥了重要作用。

表 3－30　2014～2020 年国家助学贷款情况统计

年份	发放人数（万人）	发放金额（亿元）	支付贴息（亿元）	占资助总额比例（%）
2014	277.81	166.99	28.76	23.29
2015	332.57	219.86	26.09	25.93
2016	378.21	263.21	26.45	27.54
2017	409.16	284.20	29.31	27.05
2018	446.94	325.54	32.20	28.30
2019	474.44	346.07	35.16	26.28
2020	506.43	378.12	40.17	30.40

资料来源：根据《中国学生资助发展报告》整理得到。

2. 研究与试验发展经费

2020 年，我国高等学校研究与试验发展（以下简称“R&D”）经费共投入 1882.48 亿元，比上年增加 85.86 亿元，增长 4.78%。分活动类型看，全国高等学校基础研究经费为 724.84 亿元，比上年增加 2.59 亿元，增长 0.36%；应用研究经费为 964.18 亿元，比上年增加 84.88 亿元，增长 9.65%；试验发展经费为 193.47 亿元，比上年减少 1.60 亿元，下降 0.82%。基础研究、应用研究和试验发展经费所占比重分别为 38.50%、51.22% 和 10.28%。分省份看，R&D 经费投入超过百亿元的省份有 5 个，分别为北京（262.37 亿元）、广东（202.94 亿元）、江苏（153.96 亿元）、上海（144.34 亿元）和浙江（103.60 亿元）。西藏（0.71 亿元）、青海（1.66 亿元）和海南（4.60 亿元）3 省 R&D 经费投入较少。

表 3－31　2020 年各省份高等学校研究与试验发展（R&D）经费情况

单位：亿元，%

省份	经费	占国内生产总值的比重	省份	经费	占国内生产总值的比重
北京	262.37	13.94	湖北	94.01	4.99
天津	57.09	3.03	湖南	81.74	4.34
河北	29.81	1.58	广东	202.94	10.78
山西	17.68	0.94	广西	19.10	1.01
内蒙古	7.04	0.37	海南	4.60	0.24
辽宁	69.78	3.71	重庆	48.60	2.58
吉林	29.00	1.54	四川	85.19	4.53
黑龙江	55.95	2.97	贵州	17.96	0.95
上海	144.34	7.67	云南	20.80	1.11
江苏	153.96	8.18	西藏	0.71	0.04
浙江	103.60	5.50	陕西	61.64	3.27

续表

省份	经费	占国内生产总值的比重	省份	经费	占国内生产总值的比重
安徽	80.09	4.25	甘肃	12.81	0.68
福建	60.62	3.22	青海	1.66	0.09
江西	24.86	1.32	宁夏	6.24	0.33
山东	76.66	4.07	新疆	5.07	0.27
河南	46.54	2.47	全国	1882.48	

资料来源：国家统计局社会科技和文化产业统计司、科学技术部战略规划司编《2021中国科技统计年鉴》，中国统计出版社，2021。

3. 国家自然科学基金

2017~2020年，在国家自然科学基金资助的各类项目中，资助项目数及直接费用总体呈上升趋势。2020年，国家自然科学基金资助各类项目336.33亿元，其中，资助项目直接费用206.77亿元，核定1496个依托单位间接费用53.31亿元。面上项目资助项目数及直接费用所占的比重仍然最高。与2019年相比，地区科学基金资助项目数增长较快，重点项目资助项目数出现小幅度下降（见表3-32）。

表3-32　2017~2020年国家自然科学基金资助项目数及经费统计

单位：项，亿元

项目类型	项目数/直接费用	2017	2018	2019	2020
面上项目	项目数	18136	18947	18995	19357
	直接费用	106.86	111.53	111.27	111.30
重点项目	项目数	667	701	743	737
	直接费用	19.87	20.54	22.18	21.65
青年科学基金	项目数	17523	17671	17966	18276
	直接费用	40.03	41.76	42.08	43.56
地区科学基金	项目数	3017	2937	2960	3177
	直接费用	10.95	11.03	11.05	11.07
优秀青年科学基金	项目数	399	400	600	625
	直接费用	5.19	5.20	7.47	7.5
国家杰出青年科学基金	项目数	198	199	296	298
	直接费用	6.79	6.83	11.61	11.69

资料来源：根据2017~2020年国家自然科学基金委员会年度报告整理。

2011~2020年，在国家自然科学基金的各类项目中，博士生所占比重总体呈上升趋势。2020年，重点项目中博士生所占比重仍然最高，地区项目中博士生所占比重较低，面上项目中博士生所占比重有所增加（见表3-33）。

表3-33　2011~2020年各类项目人员组成中博士生所占比重

单位：%

年份	面上项目	重点项目	青年项目	地区项目
2011	22.54	28.82	18.99	5.62

续表

年份	面上项目	重点项目	青年项目	地区项目
2012	22.52	28.78	18.31	5.66
2013	22.79	29.17	17.58	5.53
2014	23.29	29.48	17.14	5.29
2015	23.14	30.34	16.69	4.93
2016	23.86	30.86	16.70	5.24
2017	23.99	29.56	16.99	6.06
2018	24.29	30.06	17.51	5.98
2019	24.27	30.33	—	6.68
2020	25.33	31.52	—	7.72

资料来源：根据2011～2020年国家自然科学基金委员会年度报告整理。

硕士生也是国家自然科学基金项目研究人员的重要组成力量。2011～2020年，在国家自然科学基金的各类项目中，硕士生所占比重总体呈上升趋势。2020年，地区项目中硕士生所占比重最高，重点项目中硕士生所占比重相对较低（见表3－34）。

表3－34　2011～2020年各类项目人员组成中硕士生所占比重

单位：%

年份	面上项目	重点项目	青年项目	地区项目
2011	27.89	20.44	26.96	29.77
2012	28.33	22.27	27.8	30.79
2013	28.34	21.08	27.8	31.14
2014	28.35	22.30	28.15	31.52
2015	30.28	23.50	29.15	32.46
2016	30.34	23.67	29.98	33.17
2017	30.57	23.61	30.23	33.21
2018	30.86	23.04	31.09	34.44
2019	30.95	22.92	—	34.56
2020	32.90	24.23	—	37.22

资料来源：根据2011～2020年国家自然科学基金委员会年度报告整理。

3.3.3　学科支撑

学科不仅是一种知识形态和组织形态，更是研究生培养的直接载体和依托，因此，学科水平高低将直接影响研究生培养质量的高低。我国实行的是国家学位制度，学位授权审核和动态调整制度在保障学科质量中发挥基础性和根本性的关键作用。本部分根据2019年和2020年全国学位授权点动态调整结果、学位授权自主审核单位增列或撤销结果以及学位点授权审核结果，从增列学位授权点和撤销学位授权点两个方面切入，对学位授权点动态调整结果的省份差异、类型差异及层次差异等研究生培养的学科支撑状况进行分析。

1. 动态调整增列学位授权点分析

2019 年和 2020 年全国经动态调整增列的学位授权点分别为 231 个和 102 个，其中学术学位授权点分别为 142 个和 73 个，占比分别为 61.47% 和 71.57%；专业学位授权点分别为 89 个和 29 个，占比分别为 38.53% 和 28.43%。从学位授权点层次和类型来看，2019 年博士学位授权一级学科共增加 16 个，博士专业学位授权类别共增加 2 个，硕士学位授权一级学科共增加 126 个，硕士专业学位授权类别共增加 87 个；2020 年博士学位授权一级学科共增加 7 个，博士专业学位授权类别并未增加，硕士学位授权一级学科共增加 66 个，硕士专业学位授权类别共增加 29 个。

2019 年和 2020 年全国动态调整增列学位授权点的省份分布情况如表 3－35 所示。从该表中可知，2019 年新增加的博士学位授权一级学科分布在北京（1 个）、上海（1 个）、吉林（2 个）、山西（2 个）、广东（1 个）、湖北（1 个）、湖南（5 个）、福建（1 个）、辽宁（1 个）和陕西（1 个）；新增加的博士专业学位授权类别分布在江苏（1 个）和湖南（1 个）；新增加的硕士学位授权一级学科分布在上海（15 个）、湖南（14 个）、吉林（11 个）、安徽（10 个）、湖北（10 个）、广西（9 个）、山东（6 个）、山西（6 个）、陕西（5 个）、江苏（4 个）、天津（4 个）、广东（4 个）、北京（3 个）、内蒙古（3 个）、四川（3 个）、新疆（3 个）、甘肃（3 个）、贵州（3 个）、河北（2 个）、河南（2 个）、重庆（2 个）、黑龙江（2 个）、福建（1 个）、辽宁（1 个）；新增加的硕士专业学位授权类别分布在江苏（7 个）、广西（7 个）、吉林（6 个）、安徽（6 个）、天津（5 个）、内蒙古（5 个）、湖北（5 个）、湖南（5 个）、广东（4 个）、云南（4 个）、福建（4 个）、上海（3 个）、江西（3 个）、河北（3 个）、陕西（3 个）等省份。2020 年新增加的博士学位授权一级学科分布在上海（2 个）、山西（1 个）、河北（1 个）、湖北（1 个）、湖南（1 个）和重庆（1 个）；新增加的硕士学位授权一级学科分布在四川（12 个）、江苏（10 个）、湖南（6 个）、山东（5 个）、山西（4 个）、河北（4 个）等省份；新增加的硕士专业学位授权类别分布在山东（4 个）、北京（4 个）、辽宁（3 个）、江苏（2 个）、广东（2 个）等省份。

表 3－35　2019 年和 2020 年全国动态调整增列学位授权点省份分布情况

单位：个

省份	博士专业学位授权类别		博士学位授权一级学科		硕士专业学位授权类别		硕士学位授权一级学科		合计	
	2019	2020	2019	2020	2019	2020	2019	2020	2019	2020
上海	0	0	1	2	3	1	15	2	19	5
云南	0	0	0	0	4	1	0	3	4	4
内蒙古	0	0	0	0	5	0	3	0	8	0
北京	0	0	1	0	2	4	3	1	6	5
吉林	0	0	2	0	6	1	11	1	19	2
四川	0	0	0	0	1	1	3	12	4	13
天津	0	0	0	0	5	0	4	0	9	0
安徽	0	0	0	0	6	0	10	0	16	0
宁夏	0	0	0	0	0	0	0	1	0	1
山东	0	0	0	0	2	4	6	5	8	9
山西	0	0	2	1	0	0	6	4	8	5

续表

省份	博士专业学位授权类别		博士学位授权一级学科		硕士专业学位授权类别		硕士学位授权一级学科		合计	
	2019	2020	2019	2020	2019	2020	2019	2020	2019	2020
广东	0	0	1	0	4	2	4	1	9	3
广西	0	0	0	0	7	1	9	3	16	4
新疆	0	0	0	0	1	2	3	1	4	3
江苏	1	0	0	0	7	2	4	10	12	12
江西	0	0	0	0	3	2	0	1	3	3
河北	0	0	0	1	3	0	2	4	5	5
河南	0	0	0	0	1	0	2	0	3	0
浙江	0	0	0	0	2	0	0	3	2	3
湖北	0	0	1	1	5	0	10	1	16	2
湖南	1	0	5	1	5	0	14	6	25	7
甘肃	0	0	0	0	1	0	3	2	4	2
福建	0	0	1	0	4	1	1	0	6	1
贵州	0	0	0	0	2	1	3	1	5	2
辽宁	0	0	1	0	2	3	1	1	4	4
重庆	0	0	0	1	1	0	2	1	3	2
陕西	0	0	1	0	3	2	5	1	9	3
黑龙江	0	0	0	0	2	1	2	1	4	2
合计	2	0	16	7	87	29	126	66	231	102

资料来源：根据教育部官方网站公布的《国务院学位委员会关于下达 2019 年和 2020 年动态调整撤销和增列的学位授权点名单的通知》中的相关数据整理所得。

从学位授权单位分布来看，2019 年新增加的博士学位授权一级学科分布在中南大学（3 个）、山西大学（2 个）、北京师范大学（1 个）、东北师范大学（1 个）、华中科技大学（1 个）、华东师范大学（1 个）、华南师范大学（1 个）、厦门大学（1 个）、吉林大学（1 个）、湖南大学（1 个）、湖南师范大学（1 个）、西北工业大学（1 个）和辽宁工程技术大学（1 个）；新增加的博士专业学位授权类别分布在中南大学（1 个）和扬州大学（1 个）；新增加的硕士学位授权一级学科分布在山西师范大学（4 个）、安徽工程大学（4 个）、吉林大学（3 个）、上海海洋大学（3 个）、北华大学（3 个）、桂林理工大学（3 个）等学位授予单位；新增加的硕士专业学位授权类别分布在苏州大学（4 个）、内蒙古工业大学（3 个）、内蒙古大学（2 个）、哈尔滨师范大学（2 个）、广西民族大学（2 个）、天津商业大学（2 个）、吉林农业大学（2 个）、合肥学院（2 个）等学位授予单位。2020 年新增加的博士学位授权一级学科分布在复旦大学（2 个）、华中科技大学（1 个）、重庆大学（1 个）、湘潭大学（1 个）、燕山大学（1 个）和山西医科大学（1 个）；新增加的硕士学位授权一级学科分布在成都大学（6 个）、中国矿业大学（3 个）、河海大学（2 个）、南京信息工程大学（2 个）等学位授予单位；新增加的硕士专业学位授权类别分布在济南大学（3 个）、中国农业大学（2 个）、上海交通大学（1 个）、中国社会科学院大学（1 个）等学位授予单位。

从学位授权点名称来看，2019 年新增加的博士学位授权一级学科除法学增加了 2 个以外，马克思主义理论、中国语言文学、社会学、艺术学理论、作物学、公共管理、基础医学、药学、新闻传播学、理论经济学、应用经济学、材料科学与工程、环境科学与工程、电气工程等一级学科均增加了1个；新增加的博士专业学位授权类别为临床医学（1个）和口腔医学（1个）；新增加的硕士学位授权一级学科主要集中在马克思主义理论（12个）、物理学（7个）、外国语言文学（6个）、化学（4个）、材料科学与工程（4个）、管理科学与工程（4个）、网络空间安全（4个）、临床医学（3个）、信息与通信工程（3个）、化学工程与技术（3个）、建筑学（3个）、数学（3个）、测绘科学与技术（3个）、电气工程（3个）、系统科学（3个）、法学（3个）、船舶与海洋工程（3个）、软件工程（3个）等一级学科；新增加的硕士专业学位授权类别主要集中在公共管理（7个）、应用统计（7个）、翻译（6个）、土木水利（5个）、材料与化工（5个）、资源与环境（5个）、教育（4个）、机械（4个）、生物与医药（4个）、电子信息（4个）、会计（3个）、体育（3个）、法律（3个）、艺术（3个）、金融（3个）、国际商务（2个）、图书情报（2个）、旅游管理（2个）、能源动力（2个）等专业类别。2020年新增加的博士学位授权一级学科分别为信息与通信工程（2个）、航空宇航科学与技术（2个）、药学（2个）和计算机科学与技术（1个）；新增加的硕士学位授权一级学科主要集中在基础医学（5个）、工商管理（5个）、设计学（4个）、医学技术（3个）、法学（3个）、公共卫生与预防医学（2个）、生物工程（2个）、化学（2个）、土木工程（2个）等一级学科；新增加的硕士专业学位授权类别主要集中在工商管理（3个）、旅游管理（3个）、临床医学（2个）、应用统计（2个）、教育（2个）、法律（2个）、社会工作（2个）、资源与环境（2个）、公共卫生（1个）、城市规划（1个）等专业类别。

2. 动态调整撤销学位授权点分析

2019年和2020年全国经动态调整撤销的学位授权点分别为193个和86个，其中学术学位授权点分别为182个和70个，占比分别为94.30%和81.40%；专业学位授权点分别为11个和16个，占比分别为5.70%和18.60%，与2019年相比，2020年专业学位授权点撤销比例有一定的提高。从学位授权点层次和类型来看，2019年博士学位授权一级学科共撤销4个，博士学位授权二级学科共撤销8个，硕士学位授权一级学科共撤销81个，硕士学位授权二级学科共撤销89个，硕士专业学位授权共撤销11个；2020年博士学位授权一级学科和授权二级学科撤销数均为3个，硕士学位一级学科授权类别和二级学科授权类别撤销数分别为33个和31个，硕士专业学位授权类别共撤销16个。

2019年和2020年全国动态调整撤销学位授权点的省份分布情况如表3－36和表3－37所示。从两表中可知，2019年撤销的博士学位授权一级学科分布在广东（1个）、江苏（1个）、浙江（1个）和湖南（1个）；撤销的博士学位授权二级学科分布在吉林（2个）、江苏（2个）、山西（1个）、广东（1个）、福建（1个）、辽宁（1个）；撤销的硕士学位授权一级学科分布在四川（12个）、北京（9个）、福建（9个）、江苏（7个）、湖南（7个）、陕西（5个）、上海（4个）、广东（4个）、天津（3个）、浙江（3个）、湖北（3个）、黑龙江（3个）、安徽（2个）、山西（2个）、广西（2个）、辽宁（2个）、云南（1个）、山东（1个）、河北（1个）、重庆（1个）；撤销的硕士学位授权二级学科分布在吉林（12个）、天津（11个）、江苏（9个）、山东（7个）、北京（6个）、山西（6个）、广西（5个）、安徽（4个）、陕西（3个）、广东（3个）、内蒙古（3个）等省份；撤销的硕士专业学位授权类别分布在黑龙江（2个）、吉林（1个）、广西（1个）、安徽（1个）、陕西（1个）、四川（1个）、湖南（1个）、辽宁（1个）、河北（1个）和江西（1个）。2020年撤销的博士学位授权一级学科分布在上海（1个）、山西（1个）和河北（1个）；撤销的博士学位授权二级学科分布在上海（1个）、湖南（1个）和重庆（1个）；

撤销的硕士学位授权一级学科分布在山东（5个）、北京（4个）、上海（4个）、江苏（3个）、湖南（2个）等省份；撤销的硕士学位授权二级学科分布在陕西（5个）、黑龙江（4个）、江西（3个）、浙江（3个）、北京（2个）、江苏（2个）等省份；撤销的硕士专业学位授权类别分布在山东（3个）、湖南（3个）、吉林（3个）、浙江（2个）、新疆（2个）、北京（1个）等省份。

表3-36　2019年全国动态调整撤销学位授权点省份分布情况

单位：个

省份	博士学位授权一级学科	博士学位授权二级学科	硕士专业学位授权类别	硕士学位授权一级学科	硕士学位授权二级学科	合计
上海	0	0	0	4	2	6
云南	0	0	0	1	2	3
内蒙古	0	0	0	0	3	3
北京	0	0	0	9	6	15
吉林	0	2	1	0	12	15
四川	0	0	1	12	2	15
天津	0	0	0	3	11	14
安徽	0	0	1	2	4	7
山东	0	0	0	1	7	8
山西	0	1	0	2	6	9
广东	1	1	0	4	3	9
广西	0	0	1	2	5	8
江苏	1	2	0	7	9	19
江西	0	0	1	0	1	2
河北	0	0	1	1	1	3
河南	0	0	0	0	1	1
浙江	1	0	0	3	0	4
湖北	0	0	0	3	2	5
湖南	1	0	1	7	2	11
甘肃	0	0	0	0	1	1
福建	0	1	0	9	2	12
辽宁	0	1	1	2	2	6
重庆	0	0	0	1	2	3
陕西	0	0	1	5	3	9
黑龙江	0	0	2	3	0	5
合计	4	8	11	81	89	193

资料来源：根据教育部网站公布的《国务院学位委员会关于下达2019年动态调整撤销和增列的学位授权点名单的通知》中的相关数据整理所得。

表 3－37　2020 年全国动态调整撤销学位授权点省份分布情况

单位：个

省份	博士学位授权一级学科	博士学位授权二级学科	硕士专业学位授权类别	硕士学位授权一级学科	硕士学位授权二级学科	合计
上海	1	1	0	4	0	6
北京	0	0	1	4	2	7
吉林	0	0	3	2	0	5
四川	0	0	0	0	1	1
山东	0	0	3	5	1	9
山西	1	0	0	2	2	5
广东	0	0	0	1	2	3
广西	0	0	0	0	1	1
新疆	0	0	2	0	1	3
江苏	0	0	0	3	2	5
江西	0	0	0	0	3	3
河北	1	0	0	2	1	4
河南	0	0	0	2	0	2
浙江	0	0	2	0	3	5
湖北	0	0	1	0	0	1
湖南	0	1	3	2	1	7
甘肃	0	0	0	2	0	2
福建	0	0	1	1	0	2
贵州	0	0	0	0	1	1
辽宁	0	0	0	2	0	2
重庆	0	1	0	1	1	3
陕西	0	0	0	0	5	5
黑龙江	0	0	0	0	4	4
合计	3	3	16	33	31	86

资料来源：根据教育部网站公布的《国务院学位委员会关于下达 2020 年动态调整撤销和增列的学位授权点名单的通知》中的相关数据整理所得。

从学位授权单位分布来看，2019 年撤销的博士学位授权一级学科分布在浙江大学（1 个）、华南理工大学（1 个）、湖南师范大学（1 个）和扬州大学（1 个）；撤销的博士学位授权二级学科分布在南京大学（2 个）、东北师范大学（1 个）、华南师范大学（1 个）、厦门大学（1 个）、吉林大学（1 个）、山西大学（1 个）和辽宁工程技术大学（1 个）；撤销的硕士学位授权一级学科分布在四川大学（9 个）、厦门大学（6 个）、湖南师范大学（4 个）、浙江大学（3 个）、华南师范大学（3 个）、北方工业大学（3 个）、山西大学（2 个）、东南大学（2 个）、同济大学（2 个）、广西大学（2 个）、湖南大学（2 个）、成都中医药大学（2 个）等 52 个学位授予单位；撤销的硕士学位授权二级学科分布在山西大学（6 个）、吉林农业大学（5 个）、天津中医药大学（4 个）、天津大学（3 个）、东南大学（3 个）、吉林大学（3

个）、中国兵器科学研究院（3个）、天津科技大学（3个）、安徽工程大学（3个）等59个学位授予单位；撤销的硕士专业学位授权类别分布在东北林业大学（2个）、吉林大学（1个）、合肥工业大学（1个）、广西大学（1个）、成都中医药大学（1个）、中国医科大学（1个）、南昌大学（1个）、河北农业大学（1个）、湖南中医药大学（1个）和西安理工大学（1个）。2020年撤销的博士学位授权一级学科分布在复旦大学（1个）、山西医科大学（1个）和燕山大学（1个）；撤销的博士学位授权二级学科分布在复旦大学（1个）、重庆大学（1个）和湘潭大学（1个）；撤销的硕士学位授权一级学科分布在中国青年政治学院（4个）、山东大学（3个）、复旦大学（2个）、山西医科大学（2个）等24个学位授予单位；撤销的硕士学位授权二级学科分布在西安理工大学（3个）、黑龙江中医药大学（3个）、南昌大学（2个）、浙江工业大学（2个）等24个学位授予单位；撤销的硕士专业学位授权类别分布在东北师范大学（3个）、浙江大学（2个）、山东大学（2个）、湖南大学（2个）、中国青年政治学院（1个）等11个学位授予单位。

从学位授权点名称来看，2019年撤销的博士学位授权一级学科分别为中西医结合（1个）、海洋科学（1个）、生态学（1个）和网络空间安全（1个）；撤销的博士学位授权二级学科除应用化学为2个外，世界经济、地质工程、民族学、水文学及水资源、海洋地质和科学社会主义与国际共产主义运动均为1个；撤销的硕士学位授权一级学科分布在软件工程（6个）、艺术学理论（4个）、体育学（3个）、光学工程（3个）、建筑学（3个）、管理科学与工程（3个）、统计学（3个）、美术学（3个）、风景园林学（3个）等51个学科点；撤销的硕士学位授权二级学科分布在应用化学（4个）、物理电子学（4个）、计算机应用技术（4个）、世界史（3个）、信号与信息处理（3个）、农业经济管理（3个）、企业管理（2个）、地图学与地理信息系统（2个）、情报学（2个）等64个学科点；撤销的硕士专业学位授权类别分布在资产评估（2个）、中药学（1个）、药学（1个）、会计（1个）、兽医（1个）、国际商务（1个）、工程管理（1个）、教育（1个）、机械（1个）、金融（1个）等专业类别。

2020年撤销的博士学位授权一级学科分别为光学工程（1个）、生物学（1个）和软件工程（1个）；撤销的博士学位授权二级学科分别为流体力学（1个）、电路与系统（1个）和中共党史（1个）；撤销的硕士学位授权一级学科分布在软件工程（6个）、管理科学与工程（2个）、音乐与舞蹈学（2个）、光学工程（1个）等26个学科点；撤销的硕士学位授权二级学科分布在社会医学与卫生事业管理（2个）、高等教育学（2个）、中国古代文学（1个）等29个学科点；撤销的硕士专业学位授权类别分布在保险（3个）、资产评估（2个）、体育（1个）、出版（1个）、教育（1个）等13个专业类别。

3. 学位授权自主审核单位增列的学位授权点分析

2019年和2020年学位授权自主审核单位增列的学位授权点分别为46个和54个，其中学术学位授权点分别为35个和31个，占比分别为76.09%和57.41%；专业学位授权点分别为11个和23个，占比分别为23.91%和42.59%。从学位授权点层次和类型来看，2019年博士学位授权一级学科共增加23个，博士专业学位授权类别共增加6个，博士学位授权交叉学科共增加4个，硕士学位授权一级学科共增加7个，硕士专业学位授权类别共增加5个，硕士学位授权交叉学科增加1个；2020年博士学位授权一级学科共增加18个，博士专业学位授权类别增加了10个，博士学位授权交叉学科增加了7个，硕士学位授权一级学科增加了5个，硕士专业学位授权类别增加了13个，硕士学位授权交叉学科增加了1个（见表3-38）。

表 3－38　2019 和 2020 年学位授权自主审核单位增列的学位授权点统计

单位：个，%

新增学位授权点类型	2019		2020	
	数量	占比	数量	占比
博士学位授权一级学科	23	50.00	18	33.33
博士专业学位授权类别	6	13.04	10	18.52
硕士专业学位授权类别	5	10.87	8	14.81
博士学位授权交叉学科	4	8.70	7	12.96
硕士专业学位授权类别（目录外）	—	—	5	9.26
硕士学位授权一级学科	7	15.22	5	9.26
硕士学位授权交叉学科	1	2.17	1	1.85
合计	46	100.00	54	100.00

资料来源：根据教育部网站公布的相关数据整理所得。

从省份分布情况来看，2019 年学位授权自主审核单位增列的学位授权点主要集中在北京（12 个）、上海（7 个）、天津（6 个）、江苏（4 个）、湖北（4 个）等省份，从博士学位授权点增列数量来看，也主要集中在北京（9 个）、上海（4 个）、湖北（4 个）、江苏（3 个）、天津（2 个）等少数省份（见表 3－39）。2020 年学位授权自主审核单位增列的学位点主要集中在北京（16 个）、广东（8 个）、上海（7 个）等省份，从博士学位授权点增列数量来看，也主要集中在北京（10 个）、上海（4 个）、江苏（4 个）、广东（3 个）等东部省份（见表 3－40）。

表 3－39　2019 年学位授权自主审核单位增列的学位授权点省份分布情况

单位：个

省份	博士专业学位授权类别	博士学位授权一级学科	博士学位授权交叉学科	硕士专业学位授权类别	硕士学位授权一级学科	硕士学位授权交叉学科	合计
北京	1	8	0	2	1	0	12
上海	0	3	1	3	0	0	7
天津	1	1	0	0	3	1	6
江苏	1	2	0	0	1	0	4
浙江	1	0	0	0	0	0	1
安徽	0	1	0	0	0	0	1
福建	0	1	0	0	0	0	1
广东	0	2	0	0	0	0	2
山东	1	0	0	0	0	0	1
湖北	0	2	2	0	0	0	4
陕西	1	0	1	0	0	0	2
甘肃	0	1	0	0	2	0	3

续表

省份	博士专业学位授权类别	博士学位授权一级学科	博士学位授权交叉学科	硕士专业学位授权类别	硕士学位授权一级学科	硕士学位授权交叉学科	合计
黑龙江	0	1	0	0	0	0	1
重庆	0	1	0	0	0	0	1

资料来源：根据教育部网站公布的《国务院学位委员会关于下达2019年学位授权自主审核单位撤销和增列的学位授权点名单》中的相关数据整理所得。

表3－40　2020年学位授权自主审核单位增列的学位授权点省份分布情况

单位：个

省份	博士专业学位授权类别	博士学位授权一级学科	博士学位授权交叉学科	硕士专业学位授权类别	硕士学位授权一级学科	硕士学位授权交叉学科	合计
北京	2	4	4	6	0	0	16
上海	1	2	1	2	1	0	7
天津	1	1	0	0	0	1	3
江苏	2	2	0	0	0	0	4
安徽	0	0	1	0	0	0	1
福建	1	0	0	1	0	0	2
广东	0	3	0	1	4	0	8
湖北	1	0	0	0	0	0	1
湖南	1	0	1	0	0	0	2
陕西	0	2	0	0	0	0	2
甘肃	1	0	0	3	0	0	4
黑龙江	0	1	0	0	0	0	1
重庆	0	1	0	0	0	0	1
四川	0	2	0	0	0	0	2

资料来源：根据教育部网站公布的《国务院学位委员会关于下达2020年学位授权自主审核单位撤销和增列的学位授权点名单》中的相关数据整理所得。

4. 学位授权自主审核单位撤销的学位授权点分析

2019年和2020年学位授权自主审核单位撤销的学位授权点分别为3个和8个。从撤销的学位授权点类型来看，2019年撤销的3个学位授权点均为硕士学位授权二级学科，2020年撤销的学位授权点中包括3个硕士学位授权一级学科、4个硕士学位授权二级学科和1个硕士专业学位授权类别。从撤销学位授权点层次来看，均集中在硕士层次（见表3－41）。

表3－41　2019年和2020年学位授权自主审核单位撤销的学位授权点统计

序号	单位名称	撤销学位点代码	撤销学位点名称	撤销学位点类型	年份
1	中国人民大学	0711	系统科学	硕士学位授权一级学科	2020
2	清华大学	081601	大地测量学与测量工程	硕士学位授权二级学科	2020
3	北京航空航天大学	0710	生物学	硕士学位授权一级学科	2020
4	北京师范大学	0816	测绘科学与技术	硕士学位授权一级学科	2020

续表

序号	单位名称	撤销学位点代码	撤销学位点名称	撤销学位点类型	年份
5	北京师范大学	080501	材料物理与化学	硕士学位授权二级学科	2020
6	天津大学	0256	资产评估	硕士专业学位授权类别	2020
7	南京大学	070704	海洋地质	硕士学位授权二级学科	2020
8	南京大学	081501	水文学及水资源	硕士学位授权二级学科	2020
9	北京大学	040301	体育人文社会学	硕士学位授权二级学科	2019
10	厦门大学	040202	发展与教育心理学	硕士学位授权二级学科	2019
11	厦门大学	040304	民族传统体育学	硕士学位授权二级学科	2019

5. 学位授权审核增列的学位授权点分析

（1）学术学位授权点审核增列情况

2020 年，全国高校硕士学术学位授权点增设数量为 489 个，其中，硕士一级、硕士交叉学科学术学位授权点增设数量分别为 488 个、1 个。2020 年全国硕士一级学科学术学位授权点增设数量排名前 6 的省份依次为江苏、山东、四川、河南、广东、陕西，授权点数量依次为 45 个、40 个、34 个、30 个、25 个、20 个。6 个省份的硕士一级学科学术学位授权点增设数量总计 194 个，占全国增设数量的 39.75%。

2020 年，全国高校博士学术学位授权点增设数量为 311 个，其中，博士一级、博士交叉学科学术学位授权点增设数量依次为 304 个、7 个。2020 年全国博士一级学科学术学位授权点增设数量排名前 6 的省份依次为江苏、广东、浙江、上海、北京、陕西，增设授权点数量依次为 28 个、28 个、25 个、23 个、18 个、15 个，6 个省份的博士一级学科学术学位授权点增设数量共计 137 个，占全国增设数量的 45.06%（见表 3－42）。

表 3－42　2020 年各省份博士、硕士学术学位授权点增设数量

单位：个

省份	博士一级	博士交叉	硕士一级	硕士交叉	总计
北京	18	4	13	0	35
江苏	28	0	45	0	73
广东	28	0	25	0	53
四川	13	0	34	0	47
山东	6	0	40	0	46
浙江	25	0	17	0	42
河南	10	0	30	0	40
上海	23	1	13	0	37
陕西	15	0	20	0	35
湖北	10	0	20	0	30
湖南	9	1	19	0	29
安徽	10	1	14	0	25
江西	13	0	11	0	24

续表

省份	博士一级	博士交叉	硕士一级	硕士交叉	总计
内蒙古	9	0	15	0	24
云南	8	0	13	0	21
辽宁	4	0	16	0	20
新疆	2	0	17	0	19
福建	8	0	11	0	19
河北	6	0	13	0	19
重庆	8	0	9	0	17
广西	6	0	11	0	17
黑龙江	6	0	11	0	17
山西	6	0	11	0	17
青海	5	0	12	0	17
贵州	6	0	8	0	14
吉林	5	0	7	0	12
甘肃	2	0	10	0	12
西藏	1	0	11	0	12
天津	7	0	1	1	9
海南	4	0	5	0	9
宁夏	3	0	6	0	9

资料来源：根据教育部网站公布的《国务院学位委员会关于下达2020年审核增列的博士、硕士学位授权点名单的通知》中的相关数据整理所得。

（2）专业学位授权点审核增列情况

2020年，全国高校硕士专业学位授权点增设数量为1136个，增设数量排名前6的省份依次为江苏、山东、广东、河南、四川、浙江，授权点数量依次为80个、80个、75个、73个、63个、57个。6个省份硕士专业学位授权点数量总计428个，占全国增设数量的37.68%。

2020年全国高校博士专业学位授权点增设数量为103个，增设数量排名前6的省份依次为北京、江苏、广东、湖北、上海、陕西，增设授权点数量依次为12个、11个、7个、7个、6个、5个（见表3-43）。

表3-43　2020年各省份博士、硕士专业学位授权点增设数量

单位：个

省份	博士专业学位	硕士专业学位	总计
北京	12	55	67
江苏	11	80	91
山东	4	80	84
广东	7	75	82
河南	3	73	76
四川	3	63	66

续表

省份	博士专业学位	硕士专业学位	总计
浙江	3	57	60
湖北	7	49	56
上海	6	46	52
陕西	5	46	51
安徽	3	43	46
重庆	1	37	38
福建	5	32	37
云南	4	31	35
江西	4	28	32
新疆	2	29	31
河北	2	29	31
贵州	3	27	30
湖南	2	27	29
广西	3	26	29
黑龙江	1	26	27
甘肃	1	26	27
吉林	2	23	25
山西	3	18	21
内蒙古	0	21	21
西藏	0	21	21
辽宁	2	18	20
天津	3	13	16
青海	0	16	16
海南	1	13	14
宁夏	0	8	8

资料来源：根据教育部网站公布的《国务院学位委员会关于下达2020年审核增列的博士、硕士学位授权点名单的通知》中的相关数据整理所得。

第 4 章　国家改革政策

2020年是我国研究生教育历史进程中具有里程碑意义的一年。7月29日，全国研究生教育会议召开，这是新中国成立以来首次全国研究生教育会议，中共中央总书记、国家主席、中央军委主席习近平就研究生教育工作做出重要指示，中共中央政治局常委、国务院总理李克强做出批示。全国研究生教育大会后，国家密集出台了一系列政策文件，如2020年9月22日发布的《教育部 国家发展改革委 财政部关于加快新时代研究生教育改革发展的意见》（教研〔2020〕9号），2020年9月30日发布的《国务院学位委员会 教育部关于印发〈专业学位研究生教育发展方案（2020—2025）〉的通知》（学位〔2020〕20号），2020年9月29日发布的《教育部关于加强博士生导师岗位管理的若干意见》（教研〔2020〕11号），2020年9月28日发布的《国务院学位委员会 教育部关于进一步严格规范学位与研究生教育质量管理的若干意见》（学位〔2020〕19号），11月4日发布的《教育部关于印发〈研究生导师指导行为准则〉的通知》（教研〔2020〕12号）等，全面指引新时代研究生教育综合改革。本章主要从召开首次全国研究生教育会议、启动新一轮研究生教育综合改革、基于国家战略需求调整学科专业体系、全面推进研究生教育高质量发展、持续深化学位授权审核改革和评估工作、全面加强研究生导师队伍管理与培训、加快推进专业学位研究生教育高质量发展等七个方面总结2020年我国研究生教育改革政策。

4.1 召开首次全国研究生教育会议

当前，我国研究生教育正在经历从大到强的转变，国内经济社会发展面临转型升级、高质量发展的挑战，人民群众对研究生教育的需求也更加多样化；国际上大国竞争日益激烈，研究生教育的战略性、重要性更加凸显，迫切需要强化顶层设计、统筹规划、深化改革、提升质量。2020年，针对研究生教育工作，中共中央总书记、国家主席、中央军委主席习近平做出重要指示，中共中央政治局常委、国务院总理李克强做出批示。[①] 2020年7月29日，全国研究生教育会议在北京以视频会议形式召开。中共中央政治局委员、国务院副总理孙春兰出席会议并讲话。她表示，要深入学习贯彻习近平总书记关于研究生教育的重要指示精神，全面贯彻党的教育方针，落实立德树人根本任务，以提升研究生教育质量为核心，深化改革创新，推动内涵发展。把研究作为衡量研究生素质的基本指标，优化学科专业布局，注重分类培养、开放合作，培养具有研究和创新能力的高层次人才。加强导师队伍建设，针对不同学位类型完善教育评价体系，严格质量管理、校风学风，引导研究生教育高质量发展。[②] 北京大学、清华大学、华中科技大学、西安电子科技大学和江苏省负责同志在会上做了交流发言，其他研究生培养单位以视频会议的形式组织相关领导和教师参加。

这是新中国成立以来的首次全国研究生教育会议，深刻反映了我国研究生教育发展的大方向、大趋势、大格局，对统筹应对研究生教育面临的大变局，具有历史性、标志性意义，成为推动新时代研究生教育改革发展的根本遵循。全面落实立德树人根本任务、深化研究生教育改革创新、推进以质量提升为中心的内涵发展、努力培育适应新时代要求的高层次创新人才将成为未来一段时期内我国研究生教育领

① 《习近平对研究生教育工作作出重要指示》，中华人民共和国中央人民政府网站，http://www.gov.cn/xinwen/2020-07/29/content_5531011.htm。

② 《习近平对研究生教育工作作出重要指示》，中华人民共和国中央人民政府网站，http://www.gov.cn/xinwen/2020-07/29/content_5531011.htm。

域的核心任务。而培养造就大批德才兼备的高层次人才，要做到五个“必须”：必须坚持“四为”方针；必须瞄准科技前沿和关键领域，深入推进学科专业调整；必须提升导师队伍水平；必须完善人才培养体系；必须坚持党对研究生教育的全面领导。

全国研究生教育会议体现了党中央、国务院对研究生教育工作的高度重视以及对培养高层次人才的重视与渴求。此次会议的召开，引发了全国教育战线、主流媒体、专家学者的热烈反响与深刻讨论。①教育战线反响热烈。全国研究生教育会议召开后，教育战线迅速掀起学习贯彻习近平总书记重要指示精神的热潮。北京大学、清华大学、南京大学、复旦大学等高校就如何立足学科体系建设培养拔尖创新人才，从奖助体系改革激活研究生培养机制，完善弹性分流以促进高水平博士培养质量，多措并举构建导师队伍建设长效机制等方面分享了特色做法与经验。②媒体聚焦评论。光明日报、中国教育报等媒体就如何全方位打造一流的研究生导师队伍，大力推进中国特色社会主义学科专业体系建设，规范研究生培养全过程以推动研究生教育高质量发展等方面进行了热评。③专家深度解读。清华大学杨斌、北京理工大学王军政等就研究生教育培养过程改革问题等进行了探讨；清华大学刘惠琴、天津大学闫广芬、北京航空航天大学马永红等就专业学位研究生教育发展规划进行了解读。

4.2　启动新一轮研究生教育综合改革

近年来，我国研究生教育实现了历史性飞跃：1949 年我国研究生在学人数仅为 629 人，2020 年这一数字突破 300 万人。同时，我国研究生教育也面临一系列新问题新挑战，比如对研究生教育规律的认识还有不到位的现象；学科专业调整刚刚起步，对紧缺人才培养和“卡脖子”技术突破的支撑不够有力，学位授权改革有待持续深化；师德师风建设仍需加强；研究生培养机制还不完善等。[①] 新问题新挑战提出了新任务，为全面贯彻落实全国教育大会、全国研究生教育会议精神，促进研究生德智体美劳全面发展，切实提升研究生教育支撑引领经济社会发展能力，2020 年 9 月 22 日，《教育部 国家发展改革委 财政部关于加快新时代研究生教育改革发展的意见》（教研〔2020〕9 号）正式发布。该意见提出：到 2025 年，基本建成规模结构更加优化、体制机制更加完善、培养质量显著提升、服务需求贡献卓著、国际影响力不断扩大的高水平研究生教育体系；到 2035 年，初步建成具有中国特色的研究生教育强国。[②] 意见以立德树人、服务需求、提高质量、追求卓越为主线，以面向世界科技竞争最前沿、经济社会发展主战场、人民群众新需求、国家治理大战略为着力点，以坚持党的领导、坚持育人为本、坚持需求导向、坚持创新引领、坚持改革驱动为基本原则，从“总体要求”“加强思想政治工作，健全‘三全育人’机制”“对接高层次人才需求，优化规模结构”“深化体制机制改革，创新招生培养模式”“全面从严加强管理，提升培养质量”“切实加强组织领导，完善条件保障”六个方面提出了 28 条关键改革举措，以期推动研究

① 洪大用：《适应党和国家事业发展需要 着力培养德才兼备的高层次人才 加快推进新时代研究生教育高质量发展》，中华人民共和国教育部网站，http://www.moe.gov.cn/fbh/live/2020/52461/sfcl/202009/t20200922_489542.html。

② 《教育部 国家发展改革委 财政部关于加快新时代研究生教育改革发展的意见》，中华人民共和国教育部网站，http://www.moe.gov.cn/srcsite/A22/s7065/202009/t20200921_489271.html。

生教育高质量发展。①

为确保该意见落实并取得实效，相关部门采取一系列配套行动和措施：一方面，教育部研拟“十大专项行动”以重点推进。一是着眼于服务经济社会发展需求、优化学科设置和人才培养的行动，包括学科专业建设改革行动、交叉学科高质量发展行动、产教融合建设行动；二是着眼于战略支撑和高端引领的相关行动，包括一流学科培优行动、关键领域核心技术高层次人才培养行动；三是着眼于夯实基础、培育核心竞争力的相关行动，包括基础学科深化建设行动、博士生教育提质行动；四是着眼于固本培元、深化研究生培养体系建设的相关行动，包括导师指导能力提升行动、课程教材建设质量提升行动、质量提升和管理行动。② 另一方面，国家发展改革委、财政部等也推动实施相关措施。国家发展改革委社会发展司副司长蔡长华指出，发改委对研究生教育的支持方向将从“盖房子”向“强内涵”转变。③ 财政部科教和文化司副司长吕建平指出，2020 年，中央财政通过优化支出结构，安排增量资金支持硕士研究生扩招工作。后续将进一步完善研究生教育投入体系和培养成本分担机制，研究建立差异化生均拨款机制，加大对基础研究、关键核心技术领域研究生培养的支持力度，改革完善研究生资助体系，积极配合教育部大力推进研究生教育综合改革。④

《教育部 国家发展改革委 财政部关于加快新时代研究生教育改革发展的意见》突出了新时代发展研究生教育的紧迫性、关键性和重要性，明确了新时代研究生教育改革发展的指导思想、战略目标和改革举措，开启了新时代研究生教育发展新篇章。需要注意的是：研究生教育综合改革事关研究生教育整体发展水平的提升，涉及多部门、多层次，是一项复杂的系统工程，牵一发而动全身。因此，我国研究生教育综合改革深入推进的根本，还在于内外体制与整体治理环境的改善。一是明确不同主体在研究生教育综合改革中的权、责、利，建立多部门共同参与的协作机制。二是形成各部委联合发文的政策环境，让各部委切实参与研究生教育综合改革。三是加强配套制度和平台建设，保障研究生教育综合改革有效推进。四是加强对研究生教育综合改革本身的研究与评估。一方面要加强对研究生教育综合改革的理论研究。伴随着我国研究生教育综合改革的不断深化，深层次的体制机制改革、配套制度与平台建设等问题亟待解决，难度会越来越大，在无现成经验可供借鉴的情况下，尤其需要加强理论研究，以更好地指导改革实践。另一方面要加强研究生教育综合改革评价研究。除了要审视研究生教育综合改革政策本身的合理性与科学性，还要基于大样本实证分析研究生教育综合改革成效。

4.3 基于国家战略需求调整学科专业体系

当前，全球科技创新进入空前密集活跃期，在新一轮科技革命和产业变革重构全球创新版图、全球

① 《教育部 国家发展改革委 财政部关于加快新时代研究生教育改革发展的意见》，中华人民共和国教育部网站，http://www.moe.gov.cn/srcsite/A22/s7065/202009/t20200921_489271.html。

② 洪大用：《适应党和国家事业发展需要 着力培养德才兼备的高层次人才 加快推进新时代研究生教育高质量发展》，中华人民共和国教育部网站，http://www.moe.gov.cn/fbh/live/2020/52461/sfcl/202009/t20200922_489542.html。

③ 蔡长华：《服务新时代发展需要 建设研究生教育强国》，中华人民共和国教育部网站，http://www.moe.gov.cn/fbh/live/2020/52461/sfcl/202009/t20200922_489539.html。

④ 吕建平：《完善研究生教育投入机制 加快推进研究生教育改革发展》，中华人民共和国教育部网站，http://www.moe.gov.cn/fbh/live/2020/52461/sfcl/202009/t20200922_489538.html。

经济结构的大背景下，关键核心技术的攻关、突破与创新比以往任何时候都更为重要、更为迫切。因此，我国开始基于国家战略需求，精准扩大研究生招生规模，设置“交叉学科”门类，加快人工智能、公共卫生领域研究生培养，逐步调整学科专业体系。

4.3.1 精准扩大研究生招生规模

2020年研究生扩招18.9万人，其主要原因在于以下两点：第一，国家战略需要。《中共中央关于制定国民经济和社会发展第十四个五年规划和二〇三五年远景目标的建议》中指出：要深化人才发展体制机制改革，全方位培养、引进、用好人才，造就更多国际一流的科技领军人才和创新团队，培养具有国际竞争力的青年科技人才后备军。[①] 目前，多地开展的“人才争夺战”，也反映了各地区社会经济发展对人才的迫切需要。扩大研究生招生规模，精准提供更多高层次人才是研究生教育的重要使命。第二，新冠肺炎疫情导致本科毕业生就业形势严峻。受经济下行压力和疫情叠加影响，高校毕业生求职困难，就业形势复杂严峻。党中央、国务院高度重视高校毕业生就业工作：2020年2月25日，在国务院总理李克强主持召开的国务院常务会议上明确要“扩大硕士研究生招生”；2月28日，在国务院联防联控机制举行的新闻发布会上，教育部副部长翁铁慧表示，2020年硕士研究生招生规模将比2019年增加18.9万人，扩招比例约为23.5%，扩招对象主要集中于临床医学、人工智能等专业，以专业学位为主；2020年3月5日，《教育部关于应对新冠肺炎疫情做好2020届全国普通高等学校毕业生就业创业工作的通知》（教学〔2020〕2号）发布，指出要增加升学、深造机会，扩大硕士研究生招生规模，主要向国家战略和民生领域急需的临床医学、公共卫生与预防医学、集成电路、软件、新材料、先进制造、人工智能等相关学科和专业学位类别倾斜，向中西部和东北地区高校倾斜。[②]

此轮扩招是建立在国家战略需求和因新冠肺炎疫情所暴露的医药卫生人才等短缺的现实基础之上。伴随着研究生招生规模扩大，后续尤其需要关注以下两点问题。第一，保障培养不“注水”、学位不“贬值”。研究生扩招仅是研究生教育培养全过程的第一步，如何做好“有备而招”、保障扩招学生的教育质量等是未来几年我国研究生教育面临的挑战。比如研究生招生计划大幅度增长，给高校后勤、教学、科研、管理等方面带来了诸多压力，专业学位培养所需的实践基地、校外导师的数量和质量等有待加强，住宿条件、教学空间、硬件设备等多方面承载能力有待提升。未来我国研究生教育必须处理好规模和质量的关系，既要把好招生质量关，更要严控培养质量关，保障扩招后的研究生培养质量。第二，研究生就业工作需提前谋划、及早部署，相关部门需提前部署研究生就业工作。此次扩招在一定程度上缓解了2020届本科毕业生的就业问题，但也为3年后研究生就业带来了压力，相关部门和高校需对此早谋划、早部署。

4.3.2 针对性设置“交叉学科”门类

为健全新时代学科专业体系，进一步提升对科技创新重大突破和重大理论创新的支撑能力，在充分论证和广泛征求意见的基础上，2020年12月30日，《国务院学位委员会 教育部关于设置“交叉学科”

---

① 《中共中央关于制定国民经济和社会发展第十四个五年规划和二〇三五年远景目标的建议》，中华人民共和国中央人民政府网站，http://www.gov.cn/zhengce/2020-11/03/content_5556991.htm。

② 《教育部关于应对新冠肺炎疫情做好2020届全国普通高等学校毕业生就业创业工作的通知》，中华人民共和国教育部网站，http://www.moe.gov.cn/srcsite/A15/s3265/202003/t20200306_428194.html。

门类、“集成电路科学与工程”和“国家安全学”一级学科的通知》（学位〔2020〕30号）发布，提出设置“交叉学科”门类（门类代码为“14”），“集成电路科学与工程”和“国家安全学”作为下设一级学科。①

“交叉学科”门类下增设“集成电路科学与工程”和“国家安全学”一级学科，有其特定的背景与意义。第一，设立“集成电路科学与工程”一级学科是为了构建支撑集成电路产业高速发展的创新人才培养体系，从数量上和质量上培养出产业发展急需的创新型人才，为从根本上解决制约我国集成电路产业发展的“卡脖子”问题提供强有力的人才支撑。② 实际上，对于集成电路人才的培养，近年来政策举措不断出台。2020年8月发布的《国务院关于印发新时期促进集成电路产业和软件产业高质量发展的若干政策的通知》（国发〔2020〕8号）中专门强调加强集成电路和软件专业建设，加快推进集成电路一级学科设置，支持产教融合发展。③ 同时教育部也联合相关部门支持一批高校建设或筹建示范性微电子学院，打造集成电路人才培养特区；依托北京大学、清华大学、复旦大学、厦门大学布局国家集成电路产教融合创新平台项目，为高校和企业协同开展集成电路领域人才培养、科学研究、学科建设等提供综合性创新平台。第二，“国家安全学”一级学科的设立，既是贯彻落实总体国家安全观、构筑国家安全人才基础、夯实国家安全能力建设的战略举措，也是立足国情、顺应发展的必然选择，将为全面加强国家安全学学科研究和人才培养奠定制度基础。④

未来交叉学科的设置与发展要积极推进思想观念、体制机制、组织管理和师资队伍创新。一是明确交叉学科的内涵意蕴。交叉学科是对我国学科设置方式的重大突破，突破了传统上按照纵向的知识分类设置学科的原则，基于社会发展的重大问题设置学科，遵循的是社会需求逻辑而非单一的知识逻辑。同时，交叉学科不是多门学科知识的简单拼凑，而是多门学科依照内在逻辑关系而联结渗透形成的新学科。⑤ 二是加强交叉学科的组织平台建设。当前交叉学科的发展显然还面临传统院系组织架构的制约，亟待建立体现跨学科性、学科交叉与融合性的组织机构和平台作为发展支撑。唯有如此，基于学科交叉融合的教育与研究工作才能获得各类人力资源和经费、政策支持，才能将各类相关学科的师生聚集在一起，共同推动学科交叉融合下相关教育与研究工作的深入发展。三是构建适宜交叉学科发展的制度体系。如何科学评价交叉学科的人才培养和科研成果，如何突破传统的学科管理框架对交叉学科进行管理，上述问题都需要通过建立相应的制度体系来解决。四是形成稳定的、成规模的研究队伍。交叉学科的建设和发展需要稳定的研究阵地和研究队伍，如何有效地招聘、培育、评价、考核交叉学科的教师，是下一步工作的重点。五是形成交叉学科人才培养模式。要通过探索建立交叉学科人才培养模式，有效地帮助学生搭建合理的知识结构、拓宽学术视野、挖掘研究潜能，培养学生交叉科学思维能力以及未来从事交叉

---

① 《国务院学位委员会 教育部关于设置“交叉学科”门类、“集成电路科学与工程”和“国家安全学”一级学科的通知》，中华人民共和国教育部网站，http://www. moe. gov. cn/srcsite/A22/yjss_xwgl/xwgl_xwsy/202101/t20210113_509633. html。

② 《大力发展交叉学科 健全新时代高等教育学科专业体系》，中华人民共和国教育部网站，http://www. moe. gov. cn/jyb_xwfb/s271/202101/t20210113_509682. html。

③ 《国务院关于印发新时期促进集成电路产业和软件产业高质量发展若干政策的通知》，中华人民共和国中央人民政府网站，http://www. gov. cn/zhengce/content/2020 -08/04/content_5532370. htm。

④ 《大力发展交叉学科 健全新时代高等教育学科专业体系》，中华人民共和国教育部网站，http://www. moe. gov. cn/jyb_xwfb/s271/202101/t20210113_509682. html。

⑤ 李立国、李登：《设置交叉学科：打破科学割据，作彻底联合的努力》，光明日报（数字版），https://epaper. gmw. cn/gmrb/html/2021 -02/27/nw. D110000gmrb_20210227_1 -11. htm。

学科研究的素质。

4.3.3 加快人工智能、公共卫生领域研究生培养

（1）着力提升人工智能领域研究生培养水平

当前，我国人工智能领域相关学科建设和人才培养水平都有待提升，主要表现在高层次领军人才、创新团队和跨学科创新平台不足，学科建设缺乏深度交叉融合，基础理论、原创算法、高端芯片等方面突破较少，复合型人才培养导向性不强，高校和企业的产学研合作缺乏有效的激励机制等。在此背景下，2020 年 2 月 24 日，《教育部 国家发展改革委 财政部关于印发〈“双一流”建设高校促进学科融合 加快人工智能领域研究生培养的若干意见〉的通知》（教研〔2020〕4 号）发布，指出着力提升人工智能领域研究生培养水平，为我国抢占世界科技前沿、实现引领性原创成果的重大突破提供更加充分的人才支撑。[①] 该文件对培养人工智能领域研究生提出了一系列创新举措：一是健全以人工智能基础理论和产业发展需求为导向的学科专业结构动态调整机制；二是支持高校与人工智能领域骨干企业、产业化基地和地方政府设立人才联合培养项目；三是设立国家人工智能产教融合创新平台；四是健全学位质量保障机制；五是加强政策措施统筹协调，成立人工智能高层次人才培养专家委员会等。[②] 该意见着力在人工智能高层次人才培养的理念思路、推动策略和具体举措上做了进一步创新突破，激发了各地方与高校开设人工智能专业的热情。

人工智能是引领新一轮科技革命、产业变革、社会变革的战略性技术，对经济发展、社会进步、国际政治经济格局等方面有重大而深远的影响。未来我国人工智能领域研究生培养需要重视如下问题。第一，学科专业定位需明确。截至 2020 年底，第一批开设人工智能本科专业的 35 所高校中仅有 4 所设立了人工智能学院或一级学科，大多数高校还是依托计算机科学和技术学科培养人工智能领域的研究生。[③] 目前，高校人工智能领域未能获得独立的一级学科地位，人工智能学科专业群尚未形成。因此，要从学科专业定位上明确人工智能不仅仅是计算机科学的延伸，还是新的复杂科学孕育的产物。[④] 第二，优化课程内容。其中，加强实践课程、人工智能伦理教育课程以及前沿课程的建设是重点。第三，加强师资队伍建设。当前，拥有丰富人工智能理论与实践经验的高质量师资匮乏，亟待加强优质师资的培养和引进。

（2）加强现代公共卫生学科专业建设

党的十九大确立了实施“健康中国”的国家战略，明确了“全民健康”的目标任务。公共卫生以预防疾病、延长寿命、促进身心健康为使命，是“健康中国”战略的重要基石。但是，我国公共卫生学科专业发展缓慢，学科发展中“重实验轻人群”“重慢病轻急病”“重理论轻实践”的问题突出。[⑤] 如何放眼长远，补短强弱，加快推动我国高等教育变革，建设新时代公共卫生学科专业人才培养体系，已成为我国面临的十分紧迫而艰巨的任务。在此背景下，2020 年 7 月 10 日，教育部办公厅、国家卫生健康委办

---

① 《教育部 国家发展改革委 财政部印发〈关于“双一流”建设高校促进学科融合 加快人工智能领域研究生培养的若干意见〉的通知》，中华人民共和国教育部网站，http://www.moe.gov.cn/srcsite/A22/moe_826/202003/t20200303_426801.html。

② 《教育部 国家发展改革委 财政部印发〈关于“双一流”建设高校促进学科融合 加快人工智能领域研究生培养的若干意见〉的通知》，中华人民共和国教育部网站，http://www.moe.gov.cn/srcsite/A22/moe_826/202003/t20200303_426801.html。

③ 李君、陈万明、董莉：《“新工科”建设背景下人工智能领域研究生培养路径研究》，《学位与研究生教育》2021 年第 2 期。

④ 陈·巴特尔、苏明：《人工智能的学科定位与发展战略》，《国家教育行政学院学报》2019 年第 8 期。

⑤ 林蕙青：《加快高校公共卫生学科专业教育变革》，光明日报（数字版），https://epaper.gmw.cn/gmrb/html/2020-04/21/nw.D110000gmrb_20200421_1-15.htm。

公厅印发《关于实施高层次应用型公共卫生人才培养创新项目的通知》（教研厅函〔2020〕2 号），旨在探索和创新人才培养模式，发挥示范引领作用，推动形成医教（卫）协同的育人机制，完善具有中国特色的公共卫生人才培养体系和学位体系，培养一批具有较强学术背景、丰富专业知识和实践能力的高层次应用型公共卫生人才。[①] 该创新项目按照自愿申报、联合推荐、专家咨询、批准确认等程序遴选确定项目单位。11 月 18 日，教育部办公厅、国家卫生健康委办公厅印发《关于批准高层次应用型公共卫生人才培养创新项目立项单位的通知》（教研厅函〔2020〕6 号），批准北京大学、吉林大学、哈尔滨医科大学、复旦大学、南京医科大学、华中科技大学、中南大学、中山大学、四川大学、西安交通大学和中国疾病预防控制中心 11 个单位为高层次应用型公共卫生人才培养创新项目立项单位。[②] 2020 年 12 月 3 日，教育部研究生司和国家卫生健康委科教司在北京联合召开项目启动会，为高层次应用型公共卫生人才培养创新项目立项单位确定了四项基本任务：①强化公共卫生硕士专业学位（MPH）人才培养；②设立“医学 + MPH”等双学位项目，探索复合型公共卫生人才培养模式；③总结公共卫生博士（DrPH）试点经验，完善培养机制，为应用型公共卫生博士人才培养发挥示范、引领作用；④针对不同人群开展学位教育和专题培训，以提升公共卫生从业人员岗位胜任力和医院管理人员公共卫生知识水平。

现代公共卫生学科专业范畴和服务范围出现大跨度、大幅度拓展，不再囿于传统的生物医学，成为事关大国计、大民生的大学科、大专业。为应对人类健康新需求，国际上提出了“公共健康 3.0”的概念，强调健康因素的多元性、健康促进的社会性、健康服务的社区性，推动医疗卫生服务由传统的生物医学服务向着多方面综合化的健康服务升级跨越，向着全社会广泛参与支持人群健康的系统化服务升级跨越。我国公共卫生发展新定位契合了国际社会公共卫生发展新理念新趋势，未来发展过程中需重视以下几点。一是要以更高站位、更长远的眼光布局、建设和发展公共卫生学科专业。二是调整培养结构，构建现代公共卫生人才培养体系：着力调整层次结构，扩大研究生招生；着力调整类型结构，大力培养解决现场问题的应用型人才；加快构建公共卫生终身教育体系。三是要深化教学改革，塑造现代公共卫生专业教育教学体系：从改革核心知识技能课程体系、大力加强公共卫生实践教学、建立国家公共卫生学科专业认证制度几个方面入手，塑造现代公共卫生专业教育教学体系。四是要开放创新发展，培养复合型拔尖创新人才：面向医药卫生大系统、面向社会开放办学；促进学科间交叉融合创新发展；加强复合型拔尖创新人才培养。[③]

4.4 全面推进研究生教育高质量发展

质量是学位与研究生教育的生命线。为贯彻落实全国研究生教育会议精神，保障研究生教育高质量发展，2020 年，我国从质量管理、党建、招生、课程、条件设施等全过程入手，出台一系列改革政策，

---

① 《教育部办公厅 国家卫生健康委办公厅 关于实施高层次应用型公共卫生人才培养创新项目的通知》，医药学研究生教育信息网，http://www. medgrad. cn/site/content/1560. html。

② 《教育部 国家卫生健康委联合启动高层次应用型公共卫生人才培养创新项目》，中华人民共和国教育部网站，http://www. moe. gov. cn/jyb_ xwfb/gzdt_ gzdt/s5987/202012/t20201207_503915. html。

③ 林蕙青：《加快高校公共卫生学科专业教育变革》，光明日报（数字版），https://epaper. gmw. cn/gmrb/html/2020 - 04/21/nw. D110000gmrb_20200421_1 - 15. htm。

切实推进研究生教育高质量发展。

4.4.1 加强研究生教育全过程质量管理

为贯彻落实全国研究生教育会议精神，强化底线意识和质量意识，解决部分学位授予单位培养条件建设滞后、管理制度不健全、制度执行不严格、导师责任不明确等问题，促进研究生教育质量提高，2020 年 9 月 28 日颁布了《国务院学位委员会 教育部关于进一步严格规范学位与研究生教育质量管理的若干意见》（学位〔2020〕19 号），从强化落实学位授予单位质量保证主体责任、严格规范研究生考试招生工作、严抓培养全过程监控与质量保证、加强学位论文和学位授予管理、强化指导教师质量管控责任、健全处置学术不端有效机制、加强教育行政部门督导监管等方面全方位、全过程、多主体阐述了如何严格规范研究生教育质量管理，共计 8 个方面 29 条细化举措。①

该意见透露出如下信号。一是敢于让不合格的学生毕不了业。该文件对学位授予单位、导师、管理部门都提出了具体的责任要求。二是质量管理“全过程”。该文件强调学位授予单位要在研究生培养全过程的各个环节中规范和加强质量管理，从招生考试到学位授予、申辩申诉机制等都进行了具体规定。② 三是教育行政部门在“放管服”中持续加强质量监督管理。通过完善教育部、省级教育行政部门、学位授予单位三级质量监控体系和检查督导机制，把抓督查、抓执行贯穿于研究生教育管理全过程。

该意见的颁布体现出国家全方位、全过程、多主体规范研究生培养质量管理的决心。未来面临的最关键的问题在于如何保障该政策落实到位，如研究生培养单位是否有刀刃向内、敢于分流，清退不合格研究生，惩戒不合格导师以及失职学位授予单位等责任主体的勇气，建立更为深入细致的制度保障和强劲有力的执行机制。2020 年网络上曝光的“博士论文抄袭豆瓣文章”“两位硕士毕业论文雷同”等研究生培养失范现象，映射出研究生教育内部质量保障的虚化和“中梗阻”。研究生教育内部质量保障“中梗阻”意指我国高校为确保和提升研究生教育质量，在构建结构完整、体制化的制度体系过程中出现的保障举措落地难、保障成效低下的症候。③ 针对这种问题，未来尤其需要重视将质量管理政策从文本层面切实落实到行动层面，重视研究生教育质量管理政策的实践转化：一是政策实施前和实施过程中，要重视通过研讨、培训、座谈等，促进各高校及高校内部管理和院系层面形成对研究生教育质量管理政策及其实施行为的基本认知和共识；二是要考虑研究生教育质量管理政策在现实中的复杂性与丰富性，更多关注具体的学校甚至实验室、课堂教学中的实际管理行为。

4.4.2 严格规范研究生考试招生工作

2020 年全国硕士研究生招生考试报名 341 万人，相比 2019 年增加 51 万人。为贯彻落实党中央、国务院关于新型冠状病毒感染的肺炎疫情防控工作有关精神，把广大师生生命安全和身体健康放在第一位，统筹做好硕士研究生复试工作，除常规性的考试招生安排外，2020 年教育部从延期复试、做好复试期间疫情防控、复试形式改革等方面严格规范研究生考试招生工作。

---

① 《国务院学位委员会 教育部关于进一步严格规范学位与研究生教育质量管理的若干意见》，中华人民共和国教育部网站，http://www.moe.gov.cn/srcsite/A22/moe_826/202009/t20200928_492182.html。

② 《严格规范质量管理 强化落实质量监督》，中华人民共和国教育部网站，http://www.moe.gov.cn/jyb_xwfb/s271/202009/t20200928_492191.html。

③ 钟勇为、韩晓琴：《亟待加强研究生教育内部质量保障“中梗阻”研究》，《教育发展研究》2021 年第 13 期。

2020 年 2 月 3 日，教育部指导相关招生单位合理调整研究生招生工作安排，明确延期复试、为考生做好线上咨询服务等要求。2020 年 4 月至 5 月，教育部先后印发《教育部办公厅关于做好 2020 年全国硕士研究生复试工作的通知》（教学厅〔2020〕4 号）、《教育部办公厅关于做好 2020 年招收攻读博士学位研究生工作的通知》（教学厅函〔2020〕9 号），就硕士研究生复试工作方案制订、复试组织管理、考生咨询指导、招生单位组织领导以及博士研究生招生工作做出了细致、全面的部署。不仅如此，教育部相关部门还从以下三个方面做好研究生招生工作。一是强化工作交流培训。教育部先后举办 5 次全国复试工作交流培训，全国 31 个省份 800 多家招生单位累计培训超过 2000 人次。[①] 二是精心做好考生咨询服务。为回应考生关切，4 月 26 日至 30 日，专门组织举办了"研考招生复试网上咨询活动"。三是要求高校严格复试组织管理。如何确保远程网络复试等相关安排的安全性、公平性和科学性，成为研究生招录本身面对的一场大考。对于选择线上复试的高校，要求采取"一平台、两识别、三随机、四比对"[②] 等办法，确保公平公正。

总体上，教育部等相关部门有关研究生考试招生工作的系列部署，确保了我国研究生招生工作的安全性、公平性和科学性，做到了统筹兼顾、精准施策、严格管理。2020 年我国研究生考试招生工作平稳有序：研究生录取人数达 111.4 万人，较 2019 年增长近 20 万人，研究生招生考试工作平稳进行。

4.4.3 发布研究生核心课程指南

2020 年 9 月 22 日，国务院学位委员会办公室组织公开出版《学术学位研究生核心课程指南（试行）》和《专业学位研究生核心课程指南（试行）》，规范研究生课程设计和教学内容、教学方式，提高教学质量。两份课程指南按一级学科和专业学位类别编写，共 7 本，累计 1533 门课程，主要包括基础理论课和专业课，体现本学科、本专业类别的基础理论和专门知识，并与《一级学科博士、硕士学位基本要求》《学位授予和人才培养一级学科简介》《专业学位类别（领域）博士、硕士学位基本要求》相衔接。

研究生核心课程指南以研究生成长成才为中心，结合各一级学科以及专业学位类别课程教学和人才培养特点编写，为研究生课程设置、讲授和学习提供依据，为教育行政部门和研究生培养单位开展质量评估提供参考。[③] 学术学位研究生核心课程指南既考虑课程的基础性，又考虑课程的前沿性；专业学位研究生核心课程指南既考虑课程的前沿性，又考虑课程的实践性。课程指南的出版是保障研究生教育供给精准、硬件配套、软件提质、监管到位，确保质量型扩招方向不变、质量不下降的有效措施之一。不仅如此，在保证针对性、可执行性和指导性的同时，也为各培养单位发展特色留有空间。后续各高校需重视组织相关教师认真学习，将研究生核心课程指南作为优化研究生课程体系，规范课程设计和教学内容、教学方式以及开展质量评估的重要参考。

---

① 《教育部介绍各地开学复课及校园疫情防控、高校考试招生及毕业生就业等工作进展情况》，中华人民共和国中央人民政府网站，http://www.gov.cn/xinwen/2020-05/12/content_5511081.htm。

② 晋浩天：《高校考试招生就业如何有序开展》，光明日报（数字版），https://news.gmw.cn/2020-05/13/content_33825135.htm。

③ 《〈研究生核心课程指南（试行）〉出版发行》，中华人民共和国教育部网站，http://www.moe.gov.cn/jyb_xwfb/gzdt_gzdt/s5987/202009/t20200922_489842.html。

4.5 持续深化学位授权审核改革和评估工作

为深化学位授权审核改革，2020 年我国修订了《学位授权点合格评估办法》和《博士、硕士学位授权学科和专业学位授权类别动态调整办法》，有序开展学位授权审核工作，稳步推进学位授权点合格评估、专项评估、水平评估。

4.5.1 修订相关文件

（1）修订《学位授权点合格评估办法》

为贯彻落实《深化新时代教育评价改革总体方案》和全国研究生教育会议精神，进一步规范学位与研究生教育质量管理，完善学位授权点合格评估制度，经国务院学位委员会第三十六次会议审议批准，2020 年 11 月 11 日，《国务院学位委员会 教育部关于修订印发〈学位授权点合格评估办法〉的通知》（学位〔2020〕25 号）发布，这是对《学位授权点合格评估办法》中相关要求的深化和细化，更具指导性和可操作性。一是新版办法对学位授予单位自我评估基本程序提出了细化要求，强化学位授予单位质量保证主体责任，并将抽评比例由不低于被抽评范围的 20% 调整为不低于 30%，且规定抽评阶段，当期评估轮次内学位论文抽检存在问题较多的学位授权点必抽。二是明确学位授予单位自我评估为诊断式评估，应全面检查学位授权点办学条件和培养制度建设情况，认真查找影响质量的突出问题，在自我评估期间持续做好改进工作，凝练特色。三是对自我评估实施方案制订、报告编写、信息监测、专家评议、结果认定、材料上传、信息上报等做出细化规定。四是要求定期编写并发布本单位《研究生教育发展质量年度报告》和《学位授权点建设年度报告》，加强常态化的质量自查，发挥社会监督作用。① 总体上，该修订版注重实效，进一步明晰了学科评议组、专业学位教育指导委员会、省级学位委员会、各授权单位的权责关系，完善评估程序，加强结果运用与政策衔接，让合格评估成为“长牙齿”的一项制度②，引导高校聚焦重点、凝练特色、提升质量。

（2）修订《博士、硕士学位授权学科和专业学位授权类别动态调整办法》

为贯彻落实全国研究生教育会议精神，进一步加强与各项工作之间的协调衔接，完善学位授权点动态调整工作，深入推进学科专业结构调整，建设高质量研究生教育体系，在征求意见的基础上，2020 年 12 月 1 日，《国务院学位委员会关于修订印发〈博士、硕士学位授权学科和专业学位授权类别动态调整办法〉的通知》（学位〔2020〕29 号）发布，修订内容主要集中在：一是学位授权自主审核单位增列、撤销学位授权点全部纳入学位授权自主审核工作；二是省级学位委员会统筹，引导学位授予单位强化责任担当，坚持质量导向，优化本单位学位授权点结构；三是调整对工程硕士、博士授权领域的表述；四是完善对有关问题的处理机制，如撤销一级学科学位授权点后，其下自设二级学科点，以及因学风问题

① 《国务院学位委员会 教育部关于修订印发〈学位授权点合格评估办法〉的通知》，中华人民共和国教育部网站，http://www.moe.gov.cn/srcsite/A22/yjss_xwgl/moe_818/202101/t20210115_509951.html。

② 梁丹：《学位授权点合格评估“长牙齿”》，中国教育新闻网，http://www.jyb.cn/rmtzgjyb/202101/t20210116_390449.html。

撤销的学位授权点不参加动态调整工作等。[①]

4.5.2 有序开展学位授权审核工作

（1）学位授权点动态调整

2020 年 3 月 30 日，《国务院学位委员会关于下达 2019 年动态调整撤销和增列的学位授权点名单的通知》（学位〔2020〕3 号）发布，通知中提到，2019 年全国共有 25 个省份的 101 所高校或单位撤销 193 个学位授权点，其中撤销硕士学位点 181 个，博士学位点 12 个。在撤销学位授权点的同时，全国共有 27 个省份的 156 所高校或单位增列 231 个学位点，其中增列硕士学位点 213 个，博士学位点 18 个。

根据《国务院学位委员会关于下达 2019 年学位授权自主审核单位撤销和增列的学位授权点名单的通知》（学位〔2020〕4 号），2019 年学位授权自主审核高校增列 46 个学位授权点、撤销 3 个学位授权点。46 个新增学位授权点来自 26 所高校，3 个撤销学位授权点来自 2 所高校，其中，厦门大学撤销发展与教育心理学、民族传统体育学硕士学位授权二级学科；北京大学撤销体育人文社会学硕士学位授权二级学科。

（2）博士硕士学位授权审核工作

2020 年 9 月 30 日，《国务院学位委员会关于开展 2020 年博士硕士学位授权审核工作的通知》（学位〔2020〕22 号）发布，该通知指出要坚持服务需求、提高质量、特色引导、分类发展的原则开展博士硕士学位授权审核工作，并对学位授权审核工作指导思想、原则、要求、条件等做出了详细规定。[②] 为保障 2020 年博士硕士学位授权审核工作顺利开展，国务院学位委员会办公室于 2020 年 10 月 29 日发布《关于做好 2020 年博士硕士学位授权审核相关工作的通知》（学位办〔2020〕16 号），对相关工作提出三点要求：一是平稳推进学位授权审核工作；二是确保审核工作公平公正；三是严守审核工作纪律。[③] 2020 年新增博士硕士学位授权审核工作，尤其强调要紧密围绕国家战略和经济社会发展，统筹规划，科学布局，优先新增国家发展重点领域、空白领域和急需领域的一级学科和专业学位类别。新增硕士学位授予单位原则上只开展专业学位研究生教育，新增博士学位授权点向专业学位倾斜。

4.5.3 稳步推进学位授权点评估工作

（1）首轮周期性合格评估结果发布并启动新一轮合格评估工作

2020 年 4 月 13 日，《国务院学位委员会 教育部关于下达学位授权点合格评估结果及处理意见的通知》（学位〔2020〕7 号）发布，公布了 2014～2019 年学位授权点合格评估结果及处理意见。其中，2251 个学位授权点抽评结果为“合格”，8 个学位授权点抽评结果为“不合格”，33 个学位授权点抽评结果为“限期整改”。另外，撤销地球物理地球化学勘查研究所、鞍山热能研究院硕士学位授权。鞍山热能研究院的化学工艺、中国人民银行金融研究所的应用经济学 2 个硕士学位授权点未开展自我评估。山东大学

① 《国务院学位委员会修订印发〈博士硕士学位授权学科和专业学位授权类别动态调整办法〉》，中华人民共和国教育部网站，http://www.moe.gov.cn/jyb_xwfb/gzdt_gzdt/s5987/202012/t20201223_507065.html。

② 《国务院学位委员会关于开展 2020 年博士硕士学位授权审核工作的通知》，中华人民共和国教育部网站，http://www.moe.gov.cn/srcsite/A22/yjss_xwgl/moe_818/202009/t20200930_492604.html。

③ 《关于做好 2020 年博士硕士学位授权审核相关工作的通知》，中华人民共和国教育部网站，http://www.moe.gov.cn/srcsite/A22/yjss_xwgl/moe_818/202011/t20201105_498379.html。

的世界史、生态学、工程力学3个博士学位授权学科以及复旦大学的口腔临床医学和南京师范大学的世界史、控制理论与控制工程3个硕士学位授权学科自我评估结果为不合格。[①] 这是对现有学位授权点进行的全面“体检”，打破了学位授权点终身制，推动了学位授予单位建立自我评估制度，保证了学位与研究生教育基本质量。新一轮周期性合格评估启动。2020年11月11日，《国务院学位委员会 教育部关于开展2020—2025年学位授权点周期性合格评估工作的通知》（学位〔2020〕26号）发布，对2013年以前（含2013年）获得授权的学位授权点、2013～2015年获得授权且专项评估结果达到合格的学位授权点进行周期性合格评估，包括学位授予单位自我评估（2020—2024年）和教育行政部门抽评（2025年）两个阶段。[②]

（2）专项评估有序推进

2020年4月13日，《国务院学位委员会 教育部关于下达2019年学位授权点专项评估结果及处理意见的通知》（学位〔2020〕8号）发布，公布了2019年学位授权点专项评估结果及处理意见。此次参评的64个学位授权点，评估结果均为“合格”，可继续进行学位授权。[③] 当天，还颁布了《国务院学位委员会 教育部关于开展2020年学位授权点专项评估工作的通知》（学位〔2020〕9号），对2016年获得授权且未调整的学位授权点及按规定“限期整改”期满应进行复评的学位授权点进行专项评估，共342个学位授权点，包括博士学位授权学科58个，硕士学位授权学科168个，硕士专业学位授权类别116个。其中有8个学位授权点需参加复评。[④]

（3）全面启动专业学位水平评估

国务院教育督导委员会等相关部门在总结试点工作经验的基础上，经广泛调研、科学论证，决定全面启动全国专业学位水平评估工作，并于2020年11月23日印发《国务院教育督导委员会办公室关于印发〈全国专业学位水平评估实施方案〉的通知》（国教督办函〔2020〕61号），重点对金融等30个专业学位类别开展评估。评估的重点内容是以人才培养质量为核心，围绕“教、学、做”三个层面，构建教学质量、学习质量、职业发展质量三维评价体系。[⑤] 评估程序包括参评确认、信息采集、信息核查、专家评价、问卷调查、权重确定、结果形成与发布、持续改进等八个环节。此次评估是对我国专业学位研究生教育所进行的全面、整体水平的考察与诊断，对促进人才培养与行业需求衔接，进一步深化产教融合，推进专业学位研究生培养模式改革，健全专业学位评价体系，促进多元主体参与专业学位人才培养，助力高校特色发展，提升我国专业学位研究生教育水平和质量具有重要意义。

---

① 《国务院学位委员会 教育部关于下达学位授权点合格评估结果及处理意见的通知》，中华人民共和国教育部网站，http://www.moe.gov.cn/srcsite/A22/yjss_xwgl/moe_818/202004/t20200430_448835.html。

② 《国务院学位委员会 教育部关于开展2020—2025年学位授权点周期性合格评估工作的通知》，中华人民共和国教育部网站，http://www.moe.gov.cn/srcsite/A22/yjss_xwgl/moe_818/202101/t20210115_509952.html。

③ 《国务院学位委员会 教育部关于下达2019年学位授权点专项评估结果及处理意见的通知》，中华人民共和国教育部网站，http://www.moe.gov.cn/srcsite/A22/yjss_xwgl/moe_818/202004/t20200430_448836.html。

④ 《国务院学位委员会 教育部关于开展2020年学位授权点专项评估工作的通知》，中华人民共和国教育部网站，http://www.moe.gov.cn/srcsite/A22/yjss_xwgl/moe_818/202004/t20200430_448838.html。

⑤ 《国务院教育督导委员会办公室关于印发〈全国专业学位水平评估实施方案〉的通知》，中华人民共和国教育部网站，http://www.moe.gov.cn/srcsite/A11/s7057/202011/t20201126_501861.html。

4.6 全面加强研究生导师队伍管理与培训

研究生导师是研究生培养的第一责任人，肩负着为国家培养高层次创新人才的崇高使命。当前，我国研究生教育已迈入高质量发展的新时代，加快建设高水平研究生导师队伍，对建设研究生教育强国具有重要意义。2020 年，教育部先后颁布《关于加强博士生导师岗位管理的若干意见》《研究生导师指导行为准则》，以着力推动研究生导师队伍建设。

4.6.1 全面加强博士生导师岗位管理

为建设一流博士生导师队伍，激发导师的积极性、主动性、创造性，推动培养单位切实加强博士生导师岗位管理，教育部 2019 年着手启动《关于加强博士生导师岗位管理的若干意见》制定工作。经过深入调研、广泛征求意见、持续修改完善，2020 年 9 月 29 日，《教育部关于加强博士生导师岗位管理的若干意见》（教研〔2020〕11 号）正式发布，就加强博士生导师岗位管理提出 10 条具体措施：一是严格岗位政治要求；二是明确导师岗位权责；三是健全岗位选聘制度；四是加强岗位培训；五是健全考核评价体系；六是建立激励示范机制；七是健全导师变更制度；八是完善岗位退出程序；九是规范岗位设置管理；十是完善监督管理机制。[①] 该意见以问题为导向，突出动态调整，是未来一段时期内我国博士生导师岗位管理的指导性文件。

4.6.2 建立导师三级培训体系

无论是《关于加快新时代研究生教育改革发展的意见》，还是《关于加强博士生导师岗位管理的若干意见》，都提出要“建立国家典型示范、省级重点保障、培养单位全覆盖的三级导师培训体系”[②]。这意味着要构建新聘导师岗前培训、在岗导师定期培训、日常学习交流相结合的培训制度，加强对培训过程和培训效果的考核。新聘导师必须接受岗前培训，在岗导师每年至少参加一次培训。培养单位要制定科学的导师考核评价标准，完善考核评价办法，对导师履职情况进行综合评价。以年度考核为依托，加强教学过程评价，实行导师自评与同行评价、学生评价、管理人员评价相结合，建立科学合理的评价机制。[③]

为此，教育部统筹规划、研究生培养单位积极落实文件要求，纷纷举办研究生培训工作研讨班。如教育部学位管理与研究生教育司于 9 月 20 日至 23 日在北京举办了“研究生导师培训工作研讨班”，有关高校研究生院（部、处）负责人及省级学位委员会办公室主任共 150 人参加了培训，此次培训以立德树人、服务需求、提高质量、追求卓越为主线，学习研讨加强研究生导师队伍建设的思路举措和长效机制，

---

① 《教育部关于加强博士生导师岗位管理的若干意见》，中华人民共和国教育部网站，http://www.moe.gov.cn/srcsite/A22/s7065/202009/t20200927_491838.html。

② 《教育部关于加强博士生导师岗位管理的若干意见》，中华人民共和国教育部网站，http://www.moe.gov.cn/srcsite/A22/s7065/202009/t20200927_491838.html。

③ 《教育部关于加强博士生导师岗位管理的若干意见》，中华人民共和国教育部网站，http://www.moe.gov.cn/srcsite/A22/s7065/202009/t20200927_491838.html。

以及加强研究生导师岗位管理和培训的理论与实践问题，提升研究生导师育人能力和业务水平。① 中国学位与研究生教育学会多次举办导师研修班，并启动在线公益讲座，提供平台分享优秀导师指导经验。

4.6.3 发布《研究生导师指导行为准则》

上述导师管理与培训政策发布之后，2020 年 11 月 4 日，《教育部关于印发〈研究生导师指导行为准则〉的通知》（教研〔2020〕12 号）发布。该准则根据研究生教育特点，针对导师指导行为，从坚持正确思想引领、科学公正参与招生、精心尽力投入指导、正确履行指导职责、严格遵守学术规范、把关学位论文质量、严格经费使用管理、构建和谐师生关系等八个方面，② 对导师指导行为提出具体要求，明确基本规范。其基本特点是：既坚持对导师进行正面积极引导，又划定基本底线，明确导师指导行为“十不得”；既坚持宏观总体要求，着眼于研究生教育中的思想引导、培养过程、导学关系等重大问题，又重视微观具体规定，聚焦于考试命题、学术规范训练等关键细节；既坚决维护、尊重导师基本权利，又严格要求导师应履职尽责。总之，《研究生导师指导行为准则》最大的亮点就是“精准给药”③，提出了加强和改进导师指导工作的要求，完善导师指导行为基本规范，同时划出严格的行为底线，引导教师自警自律，促进导学关系健康发展，为不断提升研究生培养质量提供制度保障。

有关研究生导师的系列文件，是未来一段时期内研究生导师队伍管理和建设的重要指导。以此为引领，我国研究生导师队伍建设后续的工作重点是推进研究生导师专业化发展，既涉及国家层面制定完善的研究生导师专业化发展的制度政策，也涉及高校层面对导师专业化发展的目标、内容、路径、平台、保障与激励措施等的规划落实，还包括导师自身的实践性反思。从国家层面来看，在出台专门的研究生导师专业化发展政策加以规范和引导的同时，还要加强典型引领，及时总结各地、各培养单位的创新做法和典型经验，多渠道宣传推广，加强经验交流、互学互鉴，共同提升研究生导师队伍水平，可考虑设置导师指导的荣誉激励机制，以“成功指导研究生”作为导师人生价值与自我实现的最高追求，激励研究生导师持续不断提升自身专业化水平。从培养单位层面来看，培养单位应为导师专业化发展确定理想标准，也要回应导师专业化成长的实际需求，积极协调和组织教师发展中心、导师服务中心、学部/院、系以及图书馆、技术中心等各部门的资源，为导师的专业化发展活动给予各方面的支持。从导师层面来看，既要重视同事之间的协作交流，也要重视个人的反思性实践。

4.7 加快推进专业学位研究生教育高质量发展

专业学位研究生教育是培养高层次应用型专门人才的主渠道。随着我国经济社会发展和产业转型升级，行业企业对高层次应用型人才的需求更加旺盛，专业学位研究生教育发展受到社会关注。为了加快推进新时代专业学位研究生教育高质量发展，加强专业学位研究生实践创新能力培养，我国发布了《国务院学位委员会 教育部关于印发〈专业学位研究生教育发展方案（2020—2025）〉的通知》（学位〔2020〕

① 《中国学位与研究生教育大事记（2020 年）》，《学位与研究生教育》2021 年第 6 期。

② 《教育部关于印发〈研究生导师指导行为准则〉的通知》，中华人民共和国教育部网站，http://www.moe.gov.cn/srcsite/A22/s7065/202011/t20201111_499442.html。

③ 高耀：《全面引导研究生导师自警自律》，中国教育报（数字版），http://www.jyb.cn/rmtzgjyb/202011/t20201117_374071.html。

20 号），启动了“国家产教融合研究生联合培养基地”建设计划。

4.7.1 发布《专业学位研究生教育发展方案（2020—2025）》

根据《中国教育现代化 2035》和《加快推进教育现代化实施方案（2018—2022 年）》，2020 年 9 月 30 日，《国务院学位委员会 教育部关于印发〈专业学位研究生教育发展方案（2020—2025）〉的通知》（学位〔2020〕20 号）发布。该方案的主要思路是主动服务需求、坚持问题导向、全面提高质量。方案共分六个部分：“成就与挑战”“发展与目标”“着力优化硕士专业学位研究生教育结构”“加快发展博士专业学位研究生教育”“大力提升专业学位研究生教育质量”“组织实施”。该方案还在充分吸收近 30 年发展经验的基础上，聚焦问题提出五大改革措施：一是按需规划规模结构布局；二是建立健全产教融合育人机制；三是推动专业学位与职业资格衔接；四是完善专业学位研究生教育评价机制；五是充分发挥行业企业作用。①

4.7.2 推进产教融合基地建设

产教融合实训基地建设不仅是实践教学的基础，也是培育适应产业转型升级和实现高质量发展需要的高素质、高技能人才的根本要求和有效途径。产教融合实训基地建设将激发行业龙头企业更加积极地发挥建设性作用，主动寻求与教育主管单位、行业协会以及相关院校等的合作，最大限度地解决数字化人才培养和供给不足与产业人才需求之间的矛盾，让人才供给侧与需求侧、教育链与产业链之间的有机衔接更为有效。为此，教育部、国家发展和改革委员会联合打造国家产教融合研究生联合培养基地，带动国家、地方、学校三级基地建设；推进专业学位研究生培养模式改革，鼓励各地各培养单位设立“产业（行业）导师”，推动行业企业全方位参与人才培养；完善产教融合联合培养质量评价机制，加强人才培养与行业企业用人需求对接，提升研究生实践创新能力。②

相关媒体就《专业学位研究生教育发展方案（2020—2025）》中提出的要求和传递出的信息展开热议，如《光明日报》聚焦“专业博士扩招：数量和质量如何保证并驾齐驱?”这一问题采访数位学者，学者们均指出“专业博士与学术博士水平相当但本质不同”“专业博士的建设面临的关键问题是寻找一条避免与学术博士同质化发展的路径，即如何加强实践性”“专业博士教育发展迎来了一个重大的机遇期，但仍然面临同质化问题，并且随着规模增长，培养条件的优化更为紧迫，产教融合基地和双导师队伍的建设以及教育评价机制改革都必须尽快推进”。③ 总体上，专业学位研究生教育的发展，除了改革培养模式，注重在课程体系、教学模式、实践教学、学位论文等各个环节加强实践性之外，还亟待解决如下问题。一是加强政府部门之间的协调，推动专业学位与职业资格紧密衔接。专业学位作为具有职业背景的一种学位，必须以职业需求为导向，以实践能力培养为重点，以产学结合为途径，这就意味着亟待建立培养与就业联动新机制。二是提高产业界对人才培养的积极性。国家试点建设的产教融合型城市要

---

① 《国务院学位委员会 教育部关于印发〈专业学位研究生教育发展方案（2020—2025）〉的通知》，中华人民共和国教育部网站，http://www.moe.gov.cn/srcsite/A22/moe_826/202009/t20200930_492590.html。

② 《适应党和国家事业发展需要 着力培养德才兼备的高层次人才 加快推进新时代研究生教育高质量发展》，中华人民共和国教育部网站，http://www.moe.gov.cn/fbh/live/2020/52461/sfcl/202009/t20200922_489542.html。

③ 陈鹏：《专业博士扩招，数量和质量如何保证“并驾齐驱”》，光明日报（数字版），https://news.gmw.cn/2020-10/21/content_34289085.htm。

积极支持参与专业学位研究生教育的行业企业，按规定优先认证为产教融合型企业，享受“金融＋财政＋土地＋信用”的组合式激励政策等，以此提升产业、行业参与专业学位研究生教育的积极性、主动性。[①] 三是加快产教融合基地与各类保障制度建设。当前，产教融合的动力机制、激励机制、制度保障机制、管理机制、运行机制等尚不完善，各类实践基地、平台、资源保障等还很欠缺，亟待加强建设。其中尤其需要政府在产教融合中发挥好政策制定、财政支持、统筹规划、协调引导等职能，充分发挥产业、行业力量，促进教育链、人才链与产业链、创新链紧密衔接。

① 《专业学位研究生教育迈向新征程》，中国教育报（电子版），https://news.ruc.edu.cn/archives/291927。

第 5 章　省校改革实践

为深入学习贯彻落实全国研究生教育会议及习近平总书记关于研究生教育工作的重要指示精神，落实立德树人根本任务，提高研究生教育人才培养能力，确保人才培养质量和学位授予质量，办好人民满意的研究生教育，根据教育部、国家发改委、财政部联合印发的《关于加快新时代研究生教育改革发展的意见》要求，各省份和培养单位立足研究生教育实际，就进一步加强研究生教育质量保障体系建设提出建设性意见，并在落实研究生教育综合改革、提升“三全育人”水平、夯实导师队伍建设、优化人才培养模式、深化研究生教育评价改革、完善服务支撑体系等方面开展一系列改革与实践。

5.1 落实研究生教育综合改革

为深入贯彻全国研究生教育会议精神，全面落实习近平总书记关于研究生教育工作的重要指示精神，促进研究生德智体美劳全面发展，提升研究生教育支撑引领经济社会发展能力，根据《关于加快新时代研究生教育改革发展的意见》，各省份和研究生培养单位结合实际情况出台相应政策文件，系统化推进研究生教育改革，并以服务经济社会发展需求为目标，深化新时代研究生教育改革创新。

5.1.1 明确改革目标与建设任务

研究生教育改革目标与建设任务是研究生教育发展的基础，为研究生教育发展提供方向性指引。《关于加快新时代研究生教育改革发展的意见》指出，研究生教育的总体目标是“到 2025 年，基本建成规模结构更加优化、体制机制更加完善、培养质量显著提升、服务需求贡献卓著、国际影响力不断扩大的高水平研究生教育体系。到 2035 年，初步建成具有中国特色的研究生教育强国”①。为实现这一总体目标，地方政府和培养单位纷纷制定符合自身实际发展的改革目标与建设任务。

四川省教育厅、四川省发展和改革委员会、四川省财政厅联合出台《关于加快新时代四川省研究生教育改革发展的实施意见》提出，“到 2025 年，基本建成规模中西部领先、结构更加优化、体系机制更加完善、培养质量显著提升、服务需求和支撑引领高质量发展贡献卓著、国际国内影响力不断扩大，更加适应国家和区域发展需要的高质量研究生教育体系，成为国家重要的研究生培养基地”②。天津市教委、天津市发展和改革委员会、天津市财政局联合出台《关于加快新时代研究生教育改革发展的实施意见》，提出“到 2025 年，建成与天津经济社会发展需求相适应、规模结构更具优势、培养模式更显特色、体制机制更加完善、整体水平不断提升的更高质量的研究生教育体系，培养出一大批基础知识扎实、学术素养深厚、创新与实践能力突出的拔尖创新人才”③。

各院校也进行了积极探索，在总结学校实施研究生教育改革工作的基础上，编制学校的研究生教育改革方案。如 2020 年 10 月 27 ~ 28 日，西安电子科技大学召开研究生工作会议暨研究生教育综合改革启

---

① 《教育部 国家发展改革委 财政部关于加快新时代研究生教育改革发展的意见》，中华人民共和国教育部网站，http://www.moe.gov.cn/srcsite/A22/s7065/202009/t20200921_489271.html。

② 《四川省教育厅 四川省发展和改革委员会 四川省财政厅关于加快新时代四川省研究生教育改革发展的实施意见》，四川省教育厅网站，http://edu.sc.gov.cn/scedu/c101518/2020/9/30/cfd8fbf91e7e4d93b3649b4e852a81d0.shtml。

③ 《市教委 市发展改革委 市财政局关于加快新时代研究生教育改革发展的实施意见》，天津市教育委员会网站，http://jy.tj.gov.cn/ZWGK_52172/zcwj/sjwwj/202101/t20210113_5322031.html。

动会，研究部署一流研究生教育体系改革方略，就《研究生教育综合改革方案（征求意见稿）》进行了解读。该方案明确了“以提高质量为目标，以机制改革为抓手，构建一流研究生教育体系”的改革任务，并提出六项任务举措和八大专项计划。① 11 月 27 日，河海大学召开的研究生教育会议上介绍了《河海大学研究生教育改革发展行动计划》，指出下一阶段学校将建立完善五大体系（研究生思政工作体系、学科专业体系、导师育人能力提升体系、多元招生体系、质量保障体系），大力推进“八大工程”，着力培养具有“中国灵魂、全球视野、河海特质”的德才兼备的高层次人才。② 12 月 18 日，上海大学举行研究生教育大会，发布了《上海大学一流研究生教育实施方案》（征求意见稿），系统总结分析了学校研究生教育工作的经验与面临的新机遇和新挑战，配套制定了涵盖思政、学位学科、导师队伍、生源质量、课程建设等五个方面的文件。③

5.1.2　系统推进研究生教育改革

为增强研究生教育综合改革的系统性与协同性，整合不同项目的优势和资源，各省份印发相关方案，开展专项行动，启动一流研究生教育引领项目。与此同时，各省份统筹项目建设，推动研究生教育与“双一流”建设互促并进，为研究生教育发展提供质量和资源保障。

江苏省印发《江苏省研究生教育质量提升工程（2021—2025 年）实施方案》，指出“到 2025 年，形成规模结构更加科学、体制机制更加完善、资源配置更加合理的江苏省研究生教育体系，基本建成国内领先、具有江苏特色的研究生教育强省”的目标，还将启动研究生思想政治教育提质增效推进计划、研究生科学道德与学术规范教育计划、研究生导师指导能力提升计划等八个专项行动计划和三个保障措施。④

各高校认真总结研究生教育改革发展的经验和问题，系统推进研究生教育改革。如自 2020 年 9 月 1 日起，清华大学启动“研究生教育研讨月”，组织召开了 156 场讨论会、20 次专题研讨，梳理出 200 余条意见建议。围绕这些问题，清华大学校长邱勇提出十个方面的思考和认识，包括要高度重视研究生教育对于培养高层次人才的重要意义、深化对研究生教育规律的认识、坚决破除“五唯”，营造浓厚的学术文化氛围等。⑤ 西北农林科技大学制订《西北农林科技大学研究生教育综合改革实施方案（2020—2025）》，提出分阶段制定目标，并明确了加强思想政治教育、优化学科专业布局、深化招生考试制度改革、创新人才分类培养、严格培养过程管理、提升导师队伍水平等十个方面的主要任务，统筹推进研究生教育发展。⑥

5.1.3　主动服务经济社会发展需求

为贯彻落实全国教育大会精神，统筹高校资源和学科资源，围绕产业链、创新链配置学科链、人才

---

① 《〈研究生教育综合改革方案〉解读》，西安电子科技大学研究生院网站，https://gr. xidian. edu. cn/info/1081/9763. htm。

② 《深化教育改革 提升培养质量——学校召开研究生教育会议》，河海大学研究生院网站，https://gs. hhu. edu. cn/2020/1130/c3614a216000/page. htm。

③ 《上海大学研究生教育大会召开》，上海大学信息公开网，https://xxgk. shu. edu. cn/info/1642/10341. htm。

④ 《关于印发〈江苏省研究生教育质量提升工程（2021—2025 年）实施方案〉的通知》，江苏省教育厅网站，http://jyt. jiangsu. gov. cn/art/2020/12/17/art_58320_9597983. html。

⑤ 《清华大学举行研究生教育改革发展大会》，清华大学网站，https://www. tsinghua. edu. cn/info/1176/28955. htm。

⑥ 《西北农林科技大学研究生教育综合改革实施方案（2020—2025）》，西北农林科技大学研究生院网站，https://yjshy. nwsuaf. edu. cn/docs/2020 - 11/43b51e5f47ba4f7d92acd0e890957b78. pdf。

链，增强学科间的交叉融合，促进学科建设与行业产业协调融通，健全完善需求导向的人才培养模式，形成更加开放、卓有成效的学科建设机制，整体提升学科的科技创新能力、人才培养能力和社会服务能力，稳步发展质量更高、影响力更大、竞争力更强的一流研究生教育，相关省份分别启动特色、顶尖学科建设工作，以更好地服务经济社会发展需求。

2020 年 7 月，天津市发布《关于启动天津市高校服务产业特色学科群建设计划的通知》，提出“创新‘学科 + 产业’的学科建设模式，以五年为一个建设周期，以服务国家重大战略和天津市重大需求为目标，以问题和需求为导向，以协同创新为纽带，建设一批跨学校、跨学院、跨学科、跨产业的服务产业学科群，对接经济社会主战场和科技发展前沿，瞄准产业结构调整和中华优秀传统文化传承需求”①。2020 年 10 月，江苏省教育厅发布《关于推动江苏高水平大学建设高校服务集成电路产业高质量发展的意见》，要求对电子科学与技术、信息与通信工程、软件工程等密切相关学科申请博士硕士学位授权给予倾斜，鼓励并支持有条件的高校设置集成电路交叉学科，并在招生计划安排上予以积极支持。②

在高校层面，建立专门高校，设立专业项目，服务社会经济发展需求。2020 年 10 月，由南京江北新区联合企业和高校共同成立的、被称作“芯片大学”的南京集成电路大学揭牌成立，开启了我国集成电路产业人才培养的专业化、系统化之路。该校根据当地产业发展需要而建，基于企业需求进行招生，由国内外行业专家和具有较高学术水平的高校教师授课，旨在培养具备实践能力和专业技能的产业人才，为我国自主研发芯片提供强有力的支持。③ 清华大学按照“高端定位、清华特色、中国视角”的设置标准，从 2015 年开始，面向国家重大发展战略、行业产业建设及未来人才需求，论证设立了电子信息创新创业、能源互联网等 38 个具有清华风格和时代特征的特色专业学位培养项目。④

5.2 提升“三全育人”水平

研究生思想政治教育是研究生培养过程中的重要工作内容，是培养高层次创新型人才的基础性工作。为帮助研究生塑造正确的世界观、人生观、价值观，帮助研究生树立正确的政治思想，培养研究生形成高尚品德和健全人格，各高校积极落实《高等学校课程思政建设指导纲要》《新时代学校思想政治理论课改革创新实施方案》等文件要求，⑤ 不断推进课程思政改革，提高研究生党建工作水平，优化育人载体，将思政与科研相结合，努力将思想政治引领工作落到实处。

---

① 《关于启动天津市高校服务产业特色学科群建设计划的通知》，中国教育网天津站，https://www.eol.cn/tianjin/tjwj/202008/t20200828_2001556.shtml。

② 《省教育厅积极推动江苏高水平大学服务集成电路产业高质量发展》，江苏省教育厅网站，http://doe.jiangsu.gov.cn/art/2020/11/4/art_58370_9557986.html。

③ 郑晋鸣：《南京集成电路大学揭牌》，光明日报（数字版），https://epaper.gmw.cn/gmrb/html/2020-10/23/nw.D110000gmrb_20201023_1-08.htm。

④ 《清华大学：深化产教融合 创新研究生培养》，中国教育网新闻中心，https://www.eol.cn/news/dongtai/202012/t20201209_2054256.shtml。

⑤ 《教育部关于印发〈高等学校课程思政建设指导纲要〉的通知》，中华人民共和国教育部网站，http://www.moe.gov.cn/srcsite/A08/s7056/202006/t20200603_462437.html；《中共中央宣传部 教育部关于印发〈新时代学校思想政治理论课改革创新实施方案〉的通知》，中华人民共和国中央人民政府网站，http://www.gov.cn/zhengce/zhengceku/2021-01/01/content_5576046.htm。

5.2.1 推进课程思政改革

《高等学校课程思政建设指导纲要》明确指出“高校要有针对性地修订人才培养方案，切实落实高等职业学校专业教学标准、本科专业类教学质量国家标准和一级学科、专业学位类别（领域）博士硕士学位基本要求，构建科学合理的课程思政教学体系”①。《关于加快新时代研究生教育改革发展的意见》中指出“加强研究生课程思政，建成一批课程思政示范高校，推出一批课程思政示范课程，选树一批课程思政教学名师和团队，建设一批课程思政教学研究示范中心”②。为贯彻落实上级文件要求，研究生培养单位须加强研究生思想政治教育，全面推进课程思政改革，将研究生思想政治教育贯穿研究生培养的各环节。

创新体制机制，推进协同育人。课程思政重在协同育人。③ 为进一步增强课程思政效果，各级各类单位立足自身实际，创新体制机制，充分调动各类人员，发挥不同类型课程的育人效果，进一步推进协同育人。如河北省开展高校网络思想政治教育优秀工作案例评选，要求案例贴近实际，紧密联系新时代高校网络思想政治工作实际，特别是青年师生思想实际，紧扣活动主题，系统总结疫情防控期间针对热点、难点、重点问题或突发、典型事例等，利用易班或新媒体网络进行释疑解惑，总结在深度辅导过程中所形成的好经验、好做法。④ 同济大学经济管理系则形成了“系部统筹—教研室联动—教师落实”的三级联动机制。系主任和党总支书记作为课程思政建设领导小组的组长，部署课程思政建设的总体目标、要求、步骤和内容；各教研室根据课程的内容和特色，将思政元素融入专业课程的教育教学；各专业任课教师挖掘所任课程中的思政元素，规范课程思政建设的内容及学时。⑤ 浙江大学建立了“党委统一领导、党政齐抓共管、各部门紧密配合、马克思主义学院深度参与、各学院具体落实推进”的校院二级联动工作体系，加强对课程思政建设工作的组织领导和统筹协调。⑥ 东北师范大学构建了课程思政、导学思政和日常思政“三位一体”的研究生思想政治工作体系。依托学校思想政治教育研究院，设立课程思政项目；政工干部队伍讲思政课、专业教师担任日常思政项目负责人，打通第一课堂和第二课堂；建立导师与辅导员信息交流机制，提升导师与辅导员合力育人效果。⑦

完善课程大纲，打造精品课程思政示范课程。高校教师的 80% 是专业教师，课程的 80% 是专业课程，学生学习时间的 80% 用于专业学习，专业课程教学是课程思政最主要的依托，⑧ 因此要充分发挥课程教学“主渠道”作用，将课程思政渗透在专业课学习中。宁夏回族自治区教育工委、教育厅于 2020 年

---

① 《教育部关于印发〈高等学校课程思政建设指导纲要〉的通知》，中华人民共和国教育部网站，http://www.gov.cn/zhengce/zhengceku/2020-06/06/content_5517606.html。

② 《教育部 国家发展改革委 财政部关于加快新时代研究生教育改革发展的意见》，中华人民共和国教育部网站，http://www.moe.gov.cn/srcsite/A22/s7065/202009/t20200921_489271.html。

③ 丁义浩：《课程思政重在协同育人》，《光明日报》2021 年 3 月 29 日。

④ 《关于开展网络思想政治教育优秀工作案例征集评选的通知》，河北师范大学网站，http://www.hebtu.edu.cn/a/2020/09/16/A3284699F6AA4A099D1CF99E4F80471F.htm。

⑤ 《一线新风丨绘就育人同心圆 奏响课程思政“交响乐”》，同济大学浙江学院网站，https://www.tjzj.edu.cn/index.php/info/20198.html。

⑥ 《浙江大学多措并举推进课程思政建设——“推进高校课程思政建设”系列之三》，中华人民共和国教育部网站，http://www.moe.gov.cn/jyb_sjzl/s3165/202012/t20201225_507514.html。

⑦ 资料来源为东北师范大学提供的内部资料。

⑧ 《教育部高等教育司负责人就〈高等学校课程思政建设指导纲要〉答记者问》，中华人民共和国中央人民政府网站，http://www.gov.cn/zhengce/2020-06/06/content_5517612.htm。

11月出台《关于深入推进全区高等学校课程思政建设的实施意见》，明确提出构建学校、院（系）、专业三级课程思政教学体系，并要求各学科专业有针对性地修订人才培养方案和课程大纲，将课程思政教学目标渗透到教学设计中，重点打造500门左右自治区线上、线下、线上线下混合式和社会实践课程思政教学示范课程。① 精品课程具有示范带动效应，基于此，贵州大学于2020年7月9日发布《贵州大学推进研究生课程思政建设工作方案》，要求在教学目标中增加“课程思政”的目标，并依据该目标设置教学环节。此外，计划以一流学科为试点，推出一批在全校具有引领作用、育人效果显著的精品专业课程。② 华北电力大学修订研究生培养方案并创新工作举措，将《研究生科学道德与学术规范》设为所有专业必修课程。此外，还设立20个课程思政理论研究项目、20个特色工作项目，不断推动“课程思政示范课”建设，形成专业学习和思政教育紧密结合、同向同行的育人格局。③ 北京化工大学充分发挥课堂主渠道在学校思想政治工作中的作用，使各类课程与思想政治理论课同向同行，将知识传授与价值引领贯彻教育教学全过程，提升“课程思政”育人实效，开展研究生“课程思政”示范课程和优秀教学案例评选。④ 东北师范大学依托学校思想政治教育研究院，设立课程思政项目，由思政专业的专家学者指导各学科教师挖掘思政要素。⑤

关注课程思政质量，建立健全课程思政评价体系。南京大学为提升研究生课程思政建设质量，组织开展了研究生课程思政教学名师和优秀教学团队培育项目，旨在培育一批在研究生课程思政建设方面育人成效突出、获得研究生和校内外同行认可，起到示范引领作用的优秀教师或团队。通过参加课程思政建设工作坊或相关研讨，总结并推广课程思政教育教学改革典型经验和特色做法。⑥ 华中师范大学采取多元化的评价方式，将课程思政作为考核的重要条件，评选“研究生课程思政精品示范课程”，建设研究生“学术与职业素养”公共课平台，树立“课程思政优秀教师”典型。⑦ 浙江大学将课程思政建设作为学院（系）“双一流”建设、年度教学工作评价和领导班子任期目标责任制考核的重要指标，同时纳入学院（系）党建和思想政治工作考核评估体系。将“恪守教师职业道德”和“坚持社会主义核心价值观”列为听课评课的首要指标，并将评估结果作为教师年度业绩考核、绩效分配的重要依据，把牢课程思政“质量关”。⑧

---

① 《自治区教育工委 自治区教育厅印发〈关于深入推进全区高等学校课程思政建设的实施意见〉的通知》，宁夏回族自治区教育厅网站，http://jyt. nx. gov. cn/zwgk/zfxxgkml/zdgkwj/202104/t20210407_2702410. html。

② 《关于印发〈贵州大学推进研究生课程思政建设工作方案〉的通知》，贵州大学研究生院网站，http://gs. gzu. edu. cn/_t1216/2020/1013/c11841a141219/page. htm。

③ 《华北电力大学聚焦“双一流”建设 大力推进卓越研究生教育》，中华人民共和国教育部网站，http://www. moe. gov. cn/jyb_xwfb/s6192/s133/s158/202009/t20200908_486388. html。

④ 《北京化工大学关于开展研究生“课程思政”示范课程和优秀教学案例评选工作的通知》，北京化工大学研究生院网站，https://graduate. buct. edu. cn/2020/0921/c1397a131732/pagem. htm。

⑤ 资料来源为东北师范大学提供的内部资料。

⑥ 《关于组织开展2020年度研究生课程思政教学名师和团队培育项目的通知》，南京大学研究生院网站，https://grawww. nju. edu. cn/67/a9/c916a485289/page. htm。

⑦ 《华中师范大学“四个维度”加强研究生思想政治工作》，中华人民共和国教育部网站，http://www. moe. gov. cn/jyb_xwfb/s6192/s133/s201/202011/t20201117_500342. html。

⑧ 《浙江大学多措并举推进课程思政建设——“推进高校课程思政建设”系列之三》，中华人民共和国教育部网站，http://www. moe. gov. cn/jyb_sjzl/s3165/202012/t20201225_507514. html。

5.2.2 提高研究生党建工作水平

加强研究生党建工作是落实全国高校思想政治工作会议、全国研究生教育会议精神的必然要求，对于提高研究生教育质量和政治素质，增强高校党组织的凝聚力和战斗力，具有极为重要的战略意义。各高校贯彻落实党中央对高校思想政治工作的新要求，全面从严治党，进一步提升研究生党组织和党员队伍整体水平，努力建设一支政治立场坚定、文化素质较高的研究生党员队伍。

完善制度规定，推动党建工作常态化、有效化。北京化工大学为推动研究生基层党建实现全面从严治党合格、贯彻落实党中央治国理政新理念新思想新战略合格、共产党员行为和作风合格、改革发展稳定的各项工作合格的目标要求，推进研究生党建工作组织化、制度化、具体化，根据《普通高等学校学生党建工作标准》，制定《中共北京化工大学委员会关于加强和改进研究生党建工作的实施意见》。① 华中科技大学则持续推进“党旗领航工程”，加强研究生党建工作。此外，组建了研究生红色理论学讲团，深入全校 495 个研究生党支部开展常态化理论宣讲，在学中讲、在讲中学，充分发挥朋辈群体自我教育优势。充分利用抗疫素材，持续开展“红色楷模”系列创建活动，以评促建，推动全校研究生党建工作创新发展。②

坚持党建引领，创新党建模式。各高校进一步强化党支部战斗堡垒作用，实现党建进公寓、党建进实验室等，并依托宣讲团、新媒体等渠道，加强党建活动宣传。如贵州大学创新开展研究生宿舍党建，深入推动开展“一栋楼一个总支，一层楼一个支部”的宿舍党建工作，促进研究生党员在研究生宿舍区域发挥积极作用，继续开展文明寝室、党员示范寝等先进集体创建和评选工作，促进研究生党员在宿舍区亮身份、作表率、比贡献。③ 清华大学重视党建与思政工作，尤其注重推动二级院系基层党支部充分发挥战斗堡垒作用，从新生入学之初便深入开展思想政治教育和理论学习。比如抗疫期间，清华大学五道口金融学院一博士生全日制党支部和非全日制党支部开展共建，线上联系河北省灵寿县某村党支部合作开展系列活动，鼓励同学们深入乡村、了解基层。④ 浙江大学开展“一个学院、一个思政特色品牌”建设活动，实施“健心计划”研究生思想政治工作质量提升工程，举办思政微课大赛和“疫情之下的思政课”大学生优秀作品线上展示竞赛活动，营造思政育人的良好氛围。⑤ 东北师范大学推出“东师研究生”微信公众号，搭建研究生思政工作新载体，架起与学生“点对点”互动交流平台，围绕思想引领、安全教育、典型宣传等维度策划推送宣传文章，受众覆盖了 95% 以上的在校生。⑥

5.2.3 优化育人载体

研究生思政工作要想取得实效，必须契合研究生的成长发展需要，持续优化育人载体。除课程思政

---

① 《中共北京化工大学委员会关于加强和改进研究生党建工作的实施意见》，北京化工大学研究生院网站，https://graduate. buct. edu. cn/2020/1019/c9910a133905/page. htm。

② 《华中科技大学多措并举 扎实推进研究生培养工作——“推进研究生教育高质量发展”系列之五》，中华人民共和国教育部网站，http://www. moe. gov. cn/jyb_ sjzl/s3165/202012/t20201218_ 506372. html。

③ 《牢记嘱托 培养中华民族脊梁——全面加强研究生思想政治工作》，中华人民共和国教育部网站，http://www. moe. gov. cn/jyb_ xwfb/xw_ zt/moe_ 357/jyzt_ 2020n/2020_ zt15/huiyi/jiaoliu/shumian/202008/t20200813_ 477878. html。

④ 《党建思政，引领研究生树立正确择业观就业观》，2020 年 11 月。该文件为清华大学五道口金融学院提供的内部材料。

⑤ 《浙江大学多措并举推进课程思政建设——“推进高校课程思政建设”系列之三》，中华人民共和国教育部网站，http://www. moe. gov. cn/jyb_ sjzl/s3165/202012/t20201225_ 507514. html。

⑥ 资料来源为东北师范大学提供的内部资料。

外，目前各高校也重点建设思政课程，并充分利用第二课堂开展思想政治教育。

创新教学模式，推动思想政治课程内涵式发展。中国人民大学发挥学科优势，做强马克思主义教学研究，以马克思主义理论统领研究生学科建设，打破学科壁垒，坚持从不同背景、不同学科深化对马克思主义特别是习近平新时代中国特色社会主义思想的教育教学和研究宣传，推动马克思主义政治学、经济学、法学、历史学、社会学等特色课程体系建设，着力实现学科深度融合和创新。① 电子科技大学为落实立德树人根本任务，围绕“培养什么样的人、如何培养人以及为谁培养人”的根本问题，充分发挥课堂教学主渠道育人作用，为进一步加强学校研究生“课程思政”建设，发布《关于进一步加强研究生“课程思政”建设的通知》。② 南京信息工程大学着力打造“思政课程精品课”，要求创新教学方法、教学组织模式、管理模式、考核模式，努力建成科学、实用、吸引力强的研究生思想政治理论精品课程，切实发挥好思想政治理论课作为思想政治教育主渠道、主平台的育人作用。③ 井冈山大学积极探索符合新时代要求的研究生思想政治理论课“三维立体”教学新模式。教学目标对标新时代党和国家发展新要求，提升研究生的理论素养，坚定其理想信念，帮助其洞悉社会现实；教学内容以马克思主义为底色，夯实理论基础，以井冈山精神为特色，以社会热点为亮色；教学方法以专题讲座式教学为主、小组研讨式教学为辅，适时开展体验式教学。④

挖掘思政元素，建设多样化育人平台。除思政课程外，各地充分挖掘其他思政教育元素，利用特色项目、实践项目、学校文化、地区文化，建设多样化的育人平台，将思想政治教育融入研究生教育各个方面。如中国人民大学一方面开展理想信念和红色基因教育，进行学科史、学人录等编纂，开设专题校史展、红色家书展、老一辈教育家办学治校事迹展等，发挥校史育人功能；另一方面鼓励研究生在科研选题、就业创业等方面回应时代需要、响应国家号召，将论文写在祖国大地上，把功名刻在民族复兴中。⑤ 对外经济贸易大学发布《关于在研究生网络教学、科研指导中进一步做好思政引领工作的通知》，指出“思政教育要占领网络教育主阵地，要以构建全员、全过程、全方位育人格局为目标，坚持‘立德树人’为根本任务，充分挖掘蕴含在专业课程中的德育元素，促进思政教育与专业教育有效融合”⑥。贵州大学将社会实践纳入研究生劳动教育范畴，继续开展“博士村长”乡村振兴计划，号召和引领广大青年学子积极投身于脱贫攻坚，投身于伟大乡村振兴战略行动中，以实际行动锤炼忠诚担当的政治品格。⑦ 华中师范大学继承发扬“红色基因”，着力打造独具特色和影响力的思政工作精品，构建“一院一品，矩阵联动”的工作局面，打造思政活动项目品牌，建设研究生科学道德与学风建设基地、样板党支部建

① 《中国人民大学紧扣立德树人 传承红色基因积极深化研究生教育综合改革》，中华人民共和国教育部网站，http://www.moe.gov.cn/jyb_sjzl/s3165/202002/t20200210_419828.html。

② 《关于进一步加强研究生“课程思政”建设的通知》，电子科技大学研究生院网站，https://gr.uestc.edu.cn/tongzhi/119/8861。

③ 《关于开展2020年研究生“课程思政示范课”与“思政课程精品课”建设项目的通知》，南京信息工程大学研究生院网站，https://yjs.nuist.edu.cn/info/1021/3741.htm。

④ 曾建平、罗红平、尹观海：《研究生思想政治理论课“三维立体”教学模式研究——以井冈山大学社会工作硕士为例》，《井冈山大学学报》（社会科学版）2020年第2期。

⑤ 《中国人民大学紧扣立德树人 传承红色基因积极深化研究生教育综合改革》，中华人民共和国教育部网站，http://www.moe.gov.cn/jyb_sjzl/s3165/202002/t20200210_419828.html。

⑥ 《关于在研究生网络教学、科研指导中进一步做好思政引领工作的通知》，对外经济贸易大学研究生院网站，http://yjsy.uibe.edu.cn/cms/infoSingleArticle.do?articleId=5893&columnId=2154。

⑦ 《牢记嘱托 培养中华民族脊梁——全面加强研究生思想政治工作》，中华人民共和国教育部网站，http://www.moe.gov.cn/jyb_xwfb/xw_zt/moe_357/jyzt_2020n/2020_zt15/huiyi/jiaoliu/shumian/202008/t20200813_477878.html。

设基地等，切实发挥品牌项目的育人作用。[①] 东北师范大学从导师和研究生两个维度挖掘、选树和宣传立德树人、成长成才先进典型，开展“我导师的育人故事”主题征文暨“我心中的好导师”评选，“东师研究生年度人物”评选，挖掘先进典型，通过多渠道、全方位的宣传表彰、巡回演讲等方式，充分发挥优秀研究生的朋辈示范引领作用。[②]

5.3 夯实导师队伍建设

研究生导师是研究生培养的第一责任人，肩负着为国家培养高层次创新人才的重要使命，研究生导师队伍对研究生教育质量和研究生教育发展起到重要作用。各省份和高校深入贯彻习近平总书记重要指示、李克强总理重要批示精神，通过强化导师立德树人责任、优化导师评聘与管理、提升导师指导能力与水平等举措持续加强研究生导师队伍建设，不断提升导师育人水平。

5.3.1 强化导师立德树人责任

为落实《教育部关于全面落实研究生导师立德树人职责的意见》《新时代高校教师职业行为十项准则》《研究生导师指导行为准则》中对研究生导师立德修身、严谨治学、潜心育人等方面的要求，全面落实研究生导师立德树人职责，各省份和高校结合研究生导师队伍建设实际，积极落实，扎实开展。

出台文件与规定，明确导师立德树人责任。多所高校出台研究生导师管理办法等文件，建立健全规章制度，将研究生导师立德树人职责放在研究生教育的重要位置。如西南大学党委研究生工作部、研究生院于 2020 年 3 月 11 日印发《关于制定加强研究生导师立德树人职责实施细则的通知》，要求各二级研究生培养单位成立专门工作组，负责制定本单位实施细则，要求细则重点围绕导师个人政治素质、道德情操、业务能力、行为准则以及对研究生进行思想政治引导、品德教化等，对本单位研究生导师立德树人职责做出全方位的规定。[③] 华北电力大学于 2020 年 7 月 16 日印发《华北电力大学博士生导师遴选及招生资格确认办法》，规定博士生导师应坚持立德树人，模范遵守教师职业道德规范，爱岗敬业；谨遵学术规范，恪守学术道德，自觉维护公平正义和风清气正的学术环境，[④] 此举从制度层面将博士生导师立德树人的要求放在优先地位。广西大学于 2020 年 9 月出台《广西大学研究生导师管理办法（2020 年修订）》，明确提出研究生导师需要具备政治素质过硬、师德师风高尚、业务素质精湛的基本素质，并明确研究生导师的基本职责包括提升研究生思想政治素质、指导研究生恪守学术道德规范、增强研究生社会责任感、注重对研究生的人文关怀等几个方面。[⑤]

将师德纳入评价激励机制，坚定导师育人初心。许多高校通过制定导师行为负面清单、对违反师德

---

① 《华中师范大学“四个维度”加强研究生思想政治工作》，中华人民共和国教育部网站，http://www.moe.gov.cn/jyb_xwfb/s6192/s133/s201/202011/t20201117_500342.html。

② 资料来源为东北师范大学提供的内部资料。

③ 《关于制定加强研究生导师立德树人职责实施细则的通知》，西南大学研究生院网站，http://pgs.swu.edu.cn/info/1012/1083.htm。

④ 《关于印发〈华北电力大学博士生导师遴选及招生资格确认办法〉的通知》，https://view.officeapps.live.com/op/view.aspx?src=https%3A%2F%2Fyjsy.ncepu.edu.cn%2Fdocs%2F%2F2021-03%2F63ff3dd5456d4c359d6be9fe0fbedeed.doc&wdOrigin=BROWSELINK。

⑤ 《广西大学研究生导师管理办法（2020 年修订）》，广西大学研究生院网站，https://yjsc.gxu.edu.cn/info/1215/2164.htm。

师风行为的导师“一票否决”、健全研究生导师的激励机制等举措，提升研究生导师的思想政治素质。如广西大学在《广西大学研究生导师管理办法（2020 年修订）》中列出了 8 条研究生导师行为负面清单，明确指出八个“不准”，并将研究生导师立德树人效果作为调整招生资格和相关学术任职资格的依据。暨南大学要求落实导师责任制，对违反师德师风行为的教师实行“一票否决”，并提出要持续优化导师队伍结构，加强实施研究生导师队伍的退出与激励机制。①华中师范大学党委书记、校长带领研究生导师代表到云南“寻根”考察，通过走访校友，寻根西迁办学地，勉励广大导师坚定育人初心，培养具有研究和创新能力的高层次人才。②

5.3.2 优化导师评聘与管理

导师是研究生培养的主要依靠力量，推进研究生教育高质量发展，必须依靠过硬的导师队伍。根据教育部出台的《关于加强博士生导师岗位管理的若干意见》《研究生导师指导行为准则》等文件，各省份和研究生培养单位结合实际，出台了相关政策，旨在提升导师队伍整体素质。

明确研究生导师岗位职责和工作规范。四川省教育厅、省发展改革委、财政厅联合出台《关于加快新时代四川省研究生教育改革发展的实施意见》，指出“切实加强导师岗位管理，将政治表现、师德师风、学术水平、指导精力投入等纳入导师评价考核体系，支持导师严格学业管理；全面加强学术道德教育和学风建设，将科学精神、学术诚信、学术（职业）规范和伦理道德作为导师培训和研究生培养的重要内容”③。《浙江省教育厅办公室转发教育部关于印发〈研究生导师指导行为准则〉的通知》中要求：一是完善导师管理制度，各培养单位要科学制定导师遴选标准，既要坚持学术标准，更要重视教书育人，要将导师立德树人职责履行情况作为导师招生资格审核的重要依据；二是强化监督问责机制，对违反规定的导师，培养单位要依规采取约谈、限招、停招直至取消导师资格等处理措施。④

修订导师聘用办法。华南理工大学进一步修订《华南理工大学研究生导师年度招生资格审核办法》，完善了以研究生培养质量为导向的导师岗位考核制度。2020 年研究生导师招生资格审核工作按照学术型博士生导师、工程类博士生导师、学术型硕士生导师、专业学位硕士生导师进行分类审核，审核结果包括正常招生、减少招生指标、暂停招生、取消导师资格，进一步打破导师“终身制”。⑤中国地质大学（北京）为适应研究生教育发展需要，加强研究生指导教师队伍建设，进一步规范研究生副导师聘请和管理工作，提高研究生培养质量，制定了《中国地质大学（北京）研究生副导师聘用管理办法》。⑥

---

① 《暨南大学〈研究生教育发展质量年度报告 2020〉》，暨南大学研究生院网站，https://gs. jnu. edu. cn/2021/0324/c4118a604859/page. htm。

② 《华中师范大学深入推进研究生导师队伍建设》，中华人民共和国教育部网站，http://www. moe. gov. cn/jyb_ xwfb/s6192/s133/s201/202011/t20201105_498331. html。

③ 《教育厅、省发改委、财政厅联合发文加快新时代我省研究生教育改革发展》，四川省教育厅网站，http://edu. sc. gov. cn/scedu/c100494/2020/10/13/7f6d25b5507648e3aca3546440084369. shtml。

④ 《浙江省教育厅办公室转发教育部关于印发〈研究生导师指导行为准则〉的通知》，浙江省教育厅网站，http://jyt. zj. gov. cn/art/2020/11/19/art_1228998760_58916468. html。

⑤ 《打破“终身制”努力推进一流研究生导师队伍建设》，华南理工大学新闻网，http://news. scut. edu. cn/2020/0810/c41a42613/page. htm。

⑥ 《中国地质大学（北京）研究生副导师聘用管理办法》，中国地质大学研究生院网站，https://www1. cugb. edu. cn/gdetail. action? id = 28766。

5.3.3 提升导师指导能力与水平

为切实提高研究生指导教师队伍水平，帮助研究生指导教师更好履行岗位职责，提高研究生培养质量，各省份和高校积极开展导师培训工作。

江苏省将启动“研究生导师指导能力提升计划”，大力选树优秀导师典型，每两年开展一次江苏省“十佳导师”和“十佳导师团队”评选，充分发挥优秀导师和优秀导师团队的示范引领作用。此外，健全培训体系，建立省教育厅、省研究生教育指导委员会、研究生培养单位、院系四级导师培训体系。① 东南大学为加强研究生指导教师队伍建设，大力提升指导能力，夯实育人责任，制定了《东南大学研究生指导教师培训管理办法（试行）》，并将培训情况作为下一年度导师招生资格审核的重要依据。② 复旦大学上海医学院以提升导师指导能力为目标，启动“联合培养博士生导师短期访学”“青年研究生导师国外访学”“青年研究生导师国内高级访学”等项目。上海大学开展四期“研究型挑战性教学系列培训”，采用“小班化教学、互动研讨、实战演练”方式，丰富导师的教学理念，增强实战技能。北京大学在全校范围内推行新聘教学科研岗位的教师直接确认导师资格，选拔有潜力的青年教师加入导师队伍，并组织举办“新聘任博士生导师论坛”，推出“导师指导能力提升计划”，完善培训制度，提升培养能力。③

5.4 优化人才培养模式

2020 年，我国研究生教育发展进入了新时代，正在经历从大到强的转变。国内经济社会发展面临转型升级、高质量发展的挑战，对研究生教育提出了更高的要求。④ 因此，研究生教育改革在新时代背景下显得尤为重要，而研究生培养体制机制改革是研究生教育改革的重点。《国家中长期教育改革和发展规划纲要（2010—2020 年）》明确指出：“深化教育体制改革，关键是更新教育观念，核心是改革人才培养体制，目的是提高人才培养水平。”⑤

在 2020 年研究生教育改革中，各省份和培养单位根据其特点对研究生人才培养体制机制改革进行了积极探索，包括持续优化人才培养方案、深入推进分类培养、创新人才培养模式、规范革新课程内容与方法等。

5.4.1 持续优化人才培养方案

研究生培养方案作为指导研究生培养工作的纲领性文件，是研究生培养质量的有力保证，也是教育

---

① 《关于印发〈江苏省研究生教育质量提升工程（2021—2025 年）实施方案〉的通知》，江苏省教育厅网站，http://jyt.jiangsu.gov.cn/art/2020/12/17/art_58320_9597983.html。

② 《关于印发〈东南大学研究生指导教师培训管理办法（试行）〉的通知》，东南大学网站，https://www.seu.edu.cn/2020/0331/c17765a322577/page.htm。

③ 《北京大学扎实做好研究生拔尖创新人才培养工作——“推进研究生教育高质量发展”系列之一》，中华人民共和国教育部网站，http://www.moe.gov.cn/jyb_sjzl/s3165/202011/t20201130_502531.html。

④ 《适应党和国家事业发展需要 着力培养德才兼备的高层次人才 加快推进新时代研究生教育高质量发展》，中华人民共和国教育部网站，http://www.moe.gov.cn/fbh/live/2020/52461/sfcl/202009/t20200922_489542.html。

⑤ 《国家中长期教育改革和发展规划纲要（2010—2020 年）》，中华人民共和国教育部网站，http://www.moe.gov.cn/srcsite/A01/s7048/201007/t20100729_171904.html。

行政部门开展质量评估和监督的重要依据。[①] 为贯彻国家教育方针，落实全国研究生教育会议精神，各研究生培养单位开始按照学校实际情况修订研究生培养方案。

为进一步规范研究生培养与管理，提升研究生教育内涵质量，适应经济社会发展对高层次人才需求的新要求和新变化，华中师范大学对现行版硕士研究生培养方案进行了全面修订和完善。[②] 为适应新时代下工程人才培养需求、建设创新型国家和人力资源强国的需要，提高工程类专业学位研究生人才培养质量，中国地质大学（武汉）制订了工程类硕士专业学位研究生培养方案[③]。华东师范大学为推进分类培养，修订了《硕士专业学位研究生培养工作规定》和《博士研究生培养工作规定》。[④] 电子科技大学出台《关于修订学术学位研究生培养方案的指导性意见》，旨在修订形成目标清晰、定位准确、特色鲜明、可行性强的学术学位研究生培养方案[⑤]。为贯彻国家教育方针，落实全国研究生教育会议精神，保障专业学位研究生培养质量，河海大学发布了《河海大学 2020 版专业学位研究生培养方案》。[⑥] 这些高校在人才培养方案和课程体系建设方面所做的积极探索，为其他高校培养方案的制订与修订提供了参考和借鉴。

5.4.2 深入推进分类培养

2013 年，《关于深化研究生教育改革的意见》出台，明确提出推进分类培养模式改革。[⑦] 随后《关于深入推进专业学位研究生培养模式改革的意见》出台，提出以职业需求为导向，以实践能力培养为重点，以产学结合为途径，鼓励培养单位结合区域经济社会发展特点和自身优势，制订各具特色的培养方案。[⑧] 在此背景下，各大高校开始积极探索研究生学术学位、专业学位的分类培养模式改革。

2020 年 9 月 25 日，国务院学位委员会、教育部印发《专业学位研究生教育发展方案（2020—2025)》，对专业学位研究生培养工作做出进一步规定，要求推进研究生分类培养。[⑨] 随后，辽宁省印发了《关于深化新时代研究生教育改革创新 推进高质量发展的意见》[⑩]，实施学术学位研究生知识创新项目资助计划，完善科教融合育人机制。实施专业学位研究生实践创新项目资助计划，完善产教融合育人机制，强化企业（行业）导师实践指导，大力开展研究生联合培养基地建设。

强化实践基地建设，为分类培养提供有力支撑。各省份启动产教融合研究生联合培养示范基地立项建设工作。山东省教育厅发布《关于公布山东省产教融合研究生联合培养示范基地立项建设名单的通

---

① 梁超等：《人工智能专业研究生培养方案修订：问题、原因与对策》，《计算机教育》2022 年第 1 期。

② 《关于修订 2020 版硕士研究生培养方案的通知》，华中师范大学研究生院网站，http://gs. ccnu. edu. cn/info/1037/5814. htm。

③ 《中国地质大学（武汉）关于制定工程类硕士专业学位研究生培养方案工作的通知》，中国地质大学研究生院网站，https://graduate. cug. edu. cn/info/1214/8599. htm。

④ 《华东师范大学积极推进研究生教育创新改革》，上海教育网，http://edu. sh. gov. cn/xwzx_ bsxw/20200701/35f4a504971c467996e109c8ab1f6a9f. html。

⑤ 《关于修订学术学位研究生培养方案的指导性意见》，电子科技大学研究生院网站，https://gr. uestc. edu. cn/attached/papers/36/202009/20200901171014_19707. pdf。

⑥ 《河海大学 2020 版专业学位研究生培养方案》，河海大学研究生院网站，https://gs. hhu. edu. cn/2020/0921/c3542a212602/page. htm。

⑦ 《教育部 国家发展改革委 财政部关于深化研究生教育改革的意见》，中华人民共和国教育部网站，http://www. moe. gov. cn/srcsite/A22/s7065/201304/t20130419_154118. html。

⑧ 《教育部 人力资源社会保障部关于深入推进专业学位研究生培养模式改革的意见》，中华人民共和国中央人民政府网站，http://www. gov. cn/gzdt/2013 - 11/26/content_2534878. htm。

⑨ 《国务院学位委员会 教育部关于印发〈专业学位研究生教育发展方案（2020—2025)〉的通知》，中华人民共和国教育部网站，http://www. moe. gov. cn/srcsite/A22/moe_826/202009/t20200930_492590. html。

⑩ 《辽宁省教育厅 辽宁省发展和改革委员会 辽宁省财政厅关于深化新时代研究生教育改革创新 推进高质量发展的意见》，东北财经大学研究生院网站，https://graduate. dufe. edu. cn/content_26396. html。

知》，确定立项建设 46 个山东省产教融合研究生联合培养示范基地，其中山东大学获批 3 项，中国海洋大学、中国石油大学（华东）、山东农业大学、山东科技大学、青岛大学、山东财经大学以及山东第一医科大学等各获批 2 项。[①] 浙江省教育厅办公室、浙江省经信厅办公室转发《教育部办公厅 工业和信息化部办公厅关于印发〈现代产业学院建设指南（试行）〉的通知》，要求“鼓励校企共建课程、共建师资、共建教材，共建协同创新中心、技术合作中心、研究生联合培养基地、创新创业基地等平台”[②]。许多院校也在进一步探索产教融合的新领域和新形式。浙江大学主动对接产业人才需求，设立 18 个工程专业学位研究生卓越培养项目，探索订单式人才培养模式改革，推进工程师学院等产教融合“特区”建设。同时，还为电子信息工程类专业学位硕士开设必修课程“人工智能算法与系统”，构建起科教融合和产教协同的育人新模式。[③] 华中师范大学与华为携手共建“智能基座”产教融合协同育人基地，双方基于前期的良好合作，在鲲鹏、昇腾和华为云领域进一步深化教学合作，共同培养高素质的拔尖创新人才。[④] 清华大学与华为合作开办“道元班”。除课程学习外，专业实践与学位论文撰写均在华为进行，接受企业导师和校内导师的双导师指导，选题来源于企业亟待解决的前沿实际问题。[⑤]

各研究生培养单位积极探索研究生分类培养模式改革，不断提升研究生培养质量。复旦大学出台《复旦大学研究生教育博英计划行动方案（2020—2022 年）》，明确提出深化研究生培养模式改革，完善研究生教育的分层分类培养体系。[⑥] 许多高校进一步明确专业学位研究生和学术学位研究生的分类培养模式。如中国传媒大学取消了硕士生发表学术论文与学位资格挂钩的陈规，要求学硕生参加论文写作训练计划，提升论文写作能力，鼓励学术发表；要求专硕生在学期间参与实践基地活动、校企合作课题、专业创作项目和创新创业项目等，提升专业实践能力；建立分级、分类评审体系，实行学术型、专业型导师分类评审等。[⑦] 中国农业大学在 2020 年要求学术型研究生以提升知识创新能力为目标，专业学位研究生以强化实践创新能力为目标，着力培养创新型人才。[⑧] 也有高校按照不同学科与专业进一步加强分类培养。如北京大学在 2020 年 3 月以“学科领域相近、便于互通互鉴、利于交流合作”为原则，正式组建了经济管理类、法律社会类、公共管理类等三个专业学位分会；在 9 月设立“前沿工程博士专业学位”项目，启动在电子信息、机械、材料与化工三个工程类专业学位类别招收非全日制攻读博士专业学位研究生。[⑨] 南开大学于 12 月召开研究生教育工作会议，拟出台《南开大学研究生教育质量提升行动计划》，

---

① 《关于公布山东省产教融合研究生联合培养示范基地立项建设名单的通知》，山东省教育厅网站，http://edu.shandong.gov.cn/art/2020/9/30/art_124276_10023160.html。

② 《浙江省教育厅办公室 浙江省经信厅办公室转发教育部办公厅 工业和信息化部办公厅关于印发〈现代产业学院建设指南（试行）〉的通知》，浙江省教育厅网站，http://jyt.zj.gov.cn/art/2020/11/13/art_1228998760_58916384.html。

③ 《浙江大学打造“AI + X”科教融合和产教协同的研究生教学实践新模式》，浙江大学求是新闻网，http://www.news.zju.edu.cn/2020/0927/c24343a2199916/page.htm。

④ 《华中师范大学与华为携手共建“智能基座”产教融合协同育人基地》，华中师范大学计算机学院网站，http://cs.ccnu.edu.cn/info/1004/3126.htm。

⑤ 《清华大学：深化产教融合 创新研究生培养》，中国教育网新闻中心，https://www.eol.cn/news/dongtai/202012/t20201209_2054256.shtml。

⑥ 《复旦大学研究生教育博英行动计划方案（2020—2022 年）》，复旦大学信息公开网，http://xxgk.fudan.edu.cn/d1/5a/c12546a250202/page.htm。

⑦ 《中国传媒大学推出研究生教育重大改革举措》，中国传媒大学白杨网，http://www.cuc.edu.cn/2020/0805/c1383a172244/page.htm。

⑧ 《中农大研究生教育，不平凡的 2020 年》，中国农业大学网站，http://news.cau.edu.cn/art/2021/1/9/art_10867_728321.html。

⑨ 《2020 年北京大学研究生院重点工作回顾》，北京大学新闻网，https://news.pku.edu.cn/xwzh/e29520cc70264ab1a526188c6a6c565d.htm。

“行动计划”总体要求中着重强调要强化学位点分类建设机制，建立基础学科、应用学科、交叉学科分类发展新机制，科学设置学位论文分类质量评价。[①]

加强案例教学，培养研究生实践能力。作为一种启发式教学方法，案例教学能增强教学内容的针对性、广泛性和实用性，是促进教学与实践有机融合的重要途径。清华大学临床医学院借鉴哈佛大学医学院 CBCL（以案例为基础的整合式教学模式）教学法原理和理念，采用翻转课堂等方法，设计了 CBCL 临床思维培训课程。2020 年，CBCL 临床思维培训课程通过线上方式进行教学，采用雨课堂、腾讯会议等平台实现实时互动讨论，取得了良好的培训效果，并获得了住院医师规培生和临床医学专业型研究生的广泛认可。[②] 浙江大学、南京大学等高校分别开展线上或线下研究生优质教学案例征集和评定工作，丰富优质案例库。[③] 江西农业大学根据 MPA 的特点进行案例教学和游戏教学（开设管理游戏的课程），突破了以老师主动、学生被动和老师讲、学生听为特征的传统教学。[④] 为了更好地提升研究生临床思维能力，江西中医药大学岐黄国医书院汇集伤寒学、温病学、金匮学三大临床基础性课程的共性本质内涵，开设“经典辨证论治程式通论”课程，采用理论讲授与案例实训相配合的教学方法，使学生进一步系统学习中医疾病的诊断观、中医辨证的目标，以及病证分类的框架和相关的鉴别方法。[⑤]

5.4.3 建立“本—研”贯通培养模式

研究生培养模式的创新既是人才培养体制改革的重要组成部分，也是拔尖创新人才培养需要探索的核心内容。在新冠肺炎疫情的冲击下，2020 年全国研究生教育会议召开后，各省份和高校认真学习上级要求，结合实际，主动从不同方面探索对人才培养模式的创新。

为提高研究生培养质量，各省份启动研究生教育创新计划项目或“一流研究生教育引领计划”项目。如湖南省教育厅发布《关于申报 2020 年湖南省研究生教育创新工程和专业能力提升工程项目的通知》[⑥]和《关于公布 2020 年湖南省研究生教育创新工程和专业能力提升工程项目立项的通知》[⑦]，经各研究生培养单位申报、专家审核确认，最终同意立项支持国防科技大学等高校承办 2020 年湖南省研究生教育创新工程和专业能力提升工程系列项目。江苏省发布《关于做好 2020 年江苏省研究生科研创新实践活动项目推荐工作的通知》指出，2020 年继续开展江苏省研究生科研创新实践大赛、研究生暑期学校和研究生学术创新论坛等研究生科研创新实践活动。[⑧] 海南省教育厅计划在 2020 年对 60 项博士类课题、400 项硕

---

① 《酝酿出台“南开 30 条”全面提升研究生教育培养质量》，南开大学新闻网，http://news.nankai.edu.cn/ywsd/system/2020/12/26/030043582.shtml。

② 《远程开展教学，线上临床培训》，清华大学医学院网站，https://www.med.tsinghua.edu.cn/info/1062/3031.htm。

③ 《关于开展 2020 年专业学位研究生教育优秀教学案例认定的通知》，浙江大学建筑工程学院网站，http://www.ccea.zju.edu.cn/2020/0426/c18406a2090911/page.htm；《关于征集南京大学专业学位研究生精品共享教学案例》，南京大学研究生院网站，https://grawww.nju.edu.cn/67/a1/c936a485281/page.htm。

④ 陈美球等：《立足校情的 MPA 全面质量保障体系的构建及其应用——基于对江西农业大学一项省级教学成果的案例研究》，此文件为内部材料。

⑤ 刘英锋：《打造经典辨证论治程式通论课程，培育学生中医临床思维能力》，此文件为内部材料。

⑥ 《关于申报 2020 年湖南省研究生教育创新工程和专业能力提升工程项目的通知》，湖南省教育厅网站，http://jyt.hunan.gov.cn/jyt/sjyt/xxgk/tzgg/202004/t20200424_1004655.html。

⑦ 《关于公布 2020 年湖南省研究生教育创新工程和专业能力提升工程项目立项的通知》，湖南省教育厅网站，http://jyt.hunan.gov.cn/jyt/sjyt/xxgk/tzgg/202007/t20200717_1016342.html。

⑧ 《关于公布 2020 年江苏省研究生科研创新实践活动项目的通知》，江苏省教育厅网站，http://jyt.jiangsu.gov.cn/art/2020/7/1/art_58320_9275758.html。

士类课题予以立项，每个博士类立项课题给予5000元资助，硕士类立项课题给予2000元资助。[①] 辽宁省教育厅计划在2020年遴选77个研究生创新项目予以重点支持，其中包括辽宁省研究生创新与学术交流中心18个、辽宁省专业学位研究生联合培养示范基地59个。[②]

建立“本—研”贯通培养模式，培养拔尖创新型人才。“本—研”贯通培养模式是以培养拔尖创新人才为目标，贯通本科生、研究生培养过程，整合优质教育资源，优化人才培养体系，探索本科生教育与研究生教育有效衔接的一体化培养模式。2020年，天津大学启动实施新一轮研究生培养方案，出台《本研贯通人才培养实施意见》，实现本研纵向跨层次选课、横向跨学科选课，成绩统一管理、学分互认及学业信息共享。[③] 中南大学以构建创新资源平台和创新人才培养模式为重点，融合课程教学、学术交流、科学研究，建立研究生创新能力培养体系。在创新人才培养模式上，一是建立“本—博”贯通拔尖创新高层次人才培养模式，二是与行业联合开展行业特色人才培养计划。[④]

5.4.4 规范革新课程内容与方法

课程学习是保障研究生培养质量的必备环节，在研究生成长成才中具有全面性、综合性和基础性作用。为学习贯彻全国研究生教育会议精神，落实《研究生核心课程指南（试行）》[⑤] 等相关文件要求，各省份出台深化研究生课程改革的实施意见，各高校通过革新教学方法、规范研究生课程教学、开发优质教育资源、打造校企合作研发课程等方式保障研究生教育质量。

加强教材建设，打造精品示范课程。浙江省为进一步深化研究生教育教学改革，加快推动现代信息技术与教育教学深度融合，打造精品示范课程，推动优质资源共享，促进全省研究生教育质量整体提升，出台了《关于开展2020年优秀研究生课程申报立项建设和2019年立项建设课程验收工作的通知》。[⑥] 山东省2020年研究生教育质量提升计划和创新计划拟立项建设研究生教育优质课程220项，专业学位研究生教学案例库220项；拟确定优秀博士学位论文150篇，优秀硕士学位论文500篇，研究生优秀成果奖500项。[⑦] 辽宁省教育厅、辽宁省发展和改革委员会、辽宁省财政厅联合发布《关于深化新时代研究生教育改革创新 推进高质量发展的意见》，要求加强课程教材建设，每年评选省级优秀教材20部左右、示范课程30门左右，推进培养单位完善课程设置、教学内容审批机制，优化课程体系，加强教材建设，创新教学方式，打造精品示范课程。[⑧] 天津市教委发布《关于深化学术学位研究生课程改革的实施意见》，包

---

① 《海南省教育厅关于公布2020年海南省研究生创新科研课题立项结果的通知》，海南省教育厅网站，http://edu.hainan.gov.cn/edu/0400/202012/45c3c3495cd6414e8eb3ffa830e86677.shtml。

② 《辽宁省教育厅关于公布2020年辽宁省研究生创新项目的通知》，辽宁省教育厅网站，http://jyt.ln.gov.cn/zwgk/zxtz/202010/t20201020_3991547.html。

③ 《天津大学积极构建研究生拔尖创新人才培养体系》，中华人民共和国教育部网站，http://www.moe.gov.cn/jyb_sjzl/s3165/202002/t20200217_421839.html。

④ 《解读中南大学“54321”研究生教育体系》，中南大学新闻网，http://news.csu.edu.cn/info/1576/147224.htm。

⑤ 《〈研究生核心课程指南（试行）〉出版发行》，中华人民共和国教育部网站，http://www.moe.gov.cn/jyb_xwfb/gzdt_gzdt/s5987/202009/t20200922_489842.html。

⑥ 《浙江省教育厅办公室关于开展2020年优秀研究生课程申报立项建设和2019年立项建设课程验收工作的通知》，宁波大学网站，http://graduate.nbu.edu.cn/info/1049/15683.htm。

⑦ 《山东省2020年研究生教育质量提升计划和创新计划有关项目评审结果公示》，山东省教育厅网站，http://edu.shandong.gov.cn/art/2020/12/23/art_11982_10203688.html。

⑧ 《辽宁省教育厅 辽宁省发展和改革委员会 辽宁省财政厅关于深化新时代研究生教育改革创新 推进高质量发展的意见》，辽宁省教育厅网站，http://jyt.ln.gov.cn/zwgk/jywj/jytwj/202012/t20201225_4056571.html。

括统筹推进课程育人、持续优化课程体系、改进课程教学方法、提升课程教学质量、强化课程条件保障五个方面 15 条改革措施。[①]

加强课程教学检查，提升教育教学质量。河北师范大学于 2019 年末成立研究生教育质量督导团，12 名专家在 2020 年疫情防控期间通过走进线上课堂、线上指导论文开题和线上交流等形式，积极展开教学质量和论文质量等培养环节的督导工作，保证研究生线上教学质量。[②] 南开大学为进一步规范研究生的课程教学，检查研究生课程教学计划的安排与落实，强化对各培养环节的检查与监督，保障研究生教育质量，修订了《关于加强研究生课程教学检查和质量评估工作的规定》，制定了《南开大学研究生课程考核与成绩管理规定（2020）》。[③]

汇聚多方合力，开发优质教育资源。北京邮电大学与华为技术有限公司合作成立“北邮—华为学院”，计划采用双方遴选师资、联合设计课程、共同授课的模式，三年建设 100 门体现产业和技术最新发展的本科高新课、研究生产教融合示范课，全力打造示范性工程科技领军人才培养基地。[④] 中央财经大学为进一步提升研究生培养质量，引进国外先进的教育理念和优秀的教育资源，不断拓宽研究生的国际化视野，加快学校研究生教育国际化进程，基于北京市高等学校国内外联合研究生培养基地项目，制定了《中央财经大学研究生科研联合培养项目资助管理办法》。[⑤] 中国地质大学（北京）为提高研究生培养质量和学位论文质量，设立“中国地质大学（北京）研究生名师讲堂”项目。[⑥]

5.5 深化研究生教育评价改革

教育评价是教育改革发展的指挥棒，事关教育发展的方向。为贯彻落实习近平总书记在全国教育大会、教育文化卫生体育领域专家代表座谈会上的重要指示，以及习近平总书记关于教育的重要论述中的精神，落实《深化新时代教育评价改革总体方案》《关于规范高等学校 SCI 论文相关指标使用 树立正确评价导向的若干意见》《关于加快新时代研究生教育改革发展的意见》的要求和目标，地方政府和高校在建立科学合理的多元化学术评价体系、加强研究生培养过程管理、严控学位论文质量等方面进行了诸多有益尝试。

5.5.1 建立科学合理的多元化学术评价体系

学术评价体系是衡量学术质量的主要标准，科学的学术评价标准和完善的学术评价体系是配置学术

① 《市教委关于深化学术学位研究生课程改革的实施意见》，天津市教育委员会网站，http://jy.tj.gov.cn/ZWGK_52172/zcwj/sjwwj/202101/t20210113_5321999.html。

② 《我校研究生教育质量督导团召开新学期工作会议》，河北师范大学研究生院网站，http://yjsy.hebtu.edu.cn/a/2020/09/22/A497F3A831954F6AA6BC27827AE3DD76.html。

③ 《关于加强研究生课程教学检查和质量评估工作的规定（2020 年 9 月修订）》，南开大学研究生院网站，https://graduate.nankai.edu.cn/2020/1026/c99a312705/page.htm；《南开大学研究生课程考核与成绩管理规定（2020）》，南开大学研究生院网站，https://graduate.nankai.edu.cn/2020/1203/c99a323163/page.htm。

④ 《“北邮—华为学院”正式揭牌成立》，北京邮电大学网站，https://www.bupt.edu.cn/info/1079/82387.htm。

⑤ 《关于印发〈中央财经大学研究生科研联合培养项目资助管理办法〉的通知》，中央财经大学研究生院网站，http://gs.cufe.edu.cn/info/1022/7738.htm。

⑥ 《中国地质大学（北京）研究生名师讲堂项目管理办法》，中国地质大学研究生院网站，https://www1.cugb.edu.cn/gdetail.action?id=28765。

资源、维护学术生态、塑造学术文化、提升学术水平的基础和前提。为落实教育部、科技部《关于规范高等学校 SCI 论文相关指标使用 树立正确评价导向的若干意见》和科技部《关于破除科技评价中“唯论文”不良导向的若干措施（试行）》[①] 的精神和要求，各高校积极探索建立科学合理的学术评价体系。

部分高校在建立科学、合理、规范的学术评价体系方面展开积极探索。一是改革学位评定要求。如清华大学以修订研究生学位评定标准为突破口，推动建立新的学位评定标准体系，着力克服研究生培养中的“五唯”倾向。2020 年 3 月，清华大学相继发布《清华大学研究生申请学位创新成果标准规定》《关于进一步加强研究生学位论文质量全过程管理的意见》，破除对发表 SCI 论文数量、高影响因子论文数量等相关指标的过度追求，更加关注对相关学术领域的实际贡献，并提出保障和提升研究生学位论文质量的要求和举措。[②] 西安电子科技大学针对不同层次、不同类别、不同形式的研究生，确定不同的学位成果形式，明确学术论文、软件、硬件、专利、行业标准、产品等均可认定为学位成果，构建“思想政治 + 专业知识 + 专业实践 + 创新能力 + 职业素养 + 学位成果”的全方位评价体系。西安电子科技大学还建立了多元评优评奖制度，突破依据学术论文的“优秀学位论文”评选制度，开展“优秀学位获得者”评选，注重对学生的全面评价。[③] 华南理工大学积极破除“唯 SCI”倾向，以强化质量为导向，推动各学科细化制定符合培养目标的研究生毕业条件和学位授予条件，探索多种形式的学术成果。改革学位论文抽检方式，以随机抽检为主，重点抽检为辅。强化对重大异议学位论文的跟踪处理，加大对“存在问题学位论文”的处理力度。[④] 二是创新教师评聘机制。作为江西省高等教育战线的排头兵，南昌大学抢抓机遇、主动作为。2020 年，南昌大学进一步优化职称评聘机制，拓宽职称晋升通道，设立特别评审推荐委员会，同时推行代表性成果评价，破除“唯论文”“唯项目”等倾向，特别评审推荐通道正高晋升占比 22.7%，副高晋升占比 18.3%，让一批优秀的青年教师脱颖而出。[⑤]

5.5.2 加强研究生培养过程管理

建章立制，明确研究生培养各环节要求。四川大学发布《关于启动博士研究生四年学制改革试点的通知》，决定从 2021 年起进行学制改革，将部分学科的博士研究生学制调整为四年。[⑥] 中国地质大学（北京）制定《博士研究生转为硕士研究生管理办法》。西北工业大学全面开展 2020 ~ 2021 学年研究生教育教学督导工作，从课程思政督导、研究生导师立德树人履行职责自评自督、课程教学督导、论文开题评议督导、论文中期检查后评估督导五个方面提出具体工作要求，要求各培养单位进一步强化质量保障意识，落实监督责任，把抓督查、抓执行贯穿质量管理全过程，切实发挥关键节点考核筛查作用。[⑦] 北

---

① 《关于破除科技评价中“唯论文”不良导向的若干措施（试行）》，中国科学院网站，http://www.cas.cn/zcjd/202002/t20200223_4735451.shtml。

② 《清华大学完善高层次人才培养体系 推进研究生教育内涵式发展——“推进研究生教育高质量发展”系列之二》，中华人民共和国教育部网站，http://www.moe.gov.cn/jyb_sjzl/s3165/202012/t20201207_503910.html。

③ 《西安电子科技大学提升质量内涵 打造特色研究生教育之路“推进研究生教育高质量发展”系列之四》，中华人民共和国教育部网站，http://www.moe.gov.cn/jyb_sjzl/s3165/202012/t20201216_505809.html。

④ 资料来源于华南理工大学内部文件。

⑤ 《周创兵：聚焦新时代教育评价改革 探索建立特色教育评价体系》，“江西省教育厅”微信公众号，https://mp.weixin.qq.com/s/Kx7rSq1mtUPUMcnYXipkng。

⑥ 《关于启动博士研究生四年学制改革试点的通知》，四川大学研究生院网站，https://gs.scu.edu.cn/info/1024/4903.htm。

⑦ 《关于开展 2020—2021 学年研究生教育教学督导工作的通知》，西北工业大学研究生院网站，http://gs.nwpu.edu.cn/info/2141/13602.htm。

京大学制定《北京大学关于加强博士研究生培养过程管理的意见》，组织院系根据学科特点制定和修订博士生学科综合考试实施办法、开题报告实施办法，对现有培养方案进行自查，完成对所有在校博士生培养环节的检查，强化研究生培养过程管理。[①]

资格考试作为博士生培养过程中的重要一环，对于提升博士生的质量有着重要的意义，提高研究生中期考核或博士生资格考试的科学性和有效性，有利于切实发挥其在研究生培养过程中的筛选作用。华中农业大学生命科学技术学院积极重构博士生资格考试模式，确定以研究生的开题报告撰写作为笔试答卷，以开题报告口头答辩作为口试方式；笔试成绩不及格则会失去硕士转博资格，研究生期间不再接收其转博申请。[②] 以开题报告书的撰写作为笔试成绩，有助于促使研究生变被动为主动，通过阅读文献、独立思考、多方论证等选择高质量的研究课题，更能促进师生学术共同体的形成与发展。中国传媒大学充分吸纳国内外高水平大学经验，全面提升研究生的研究能力和学术水平。建立博士候选人资格考试制度，明确考试时长、内容和要求。博士候选人资格考试时间为 1 天半，其中笔试时间为 1 天，博士候选人资格考试有 3 次机会，3 次均不及格者，终止培养或实施分流。[③]

建立健全研究生教育质量常态监控机制。西安电子科技大学建立了研究生教育质量分析大数据平台，构建全过程质量跟踪体系，围绕党建工作、导学关系、就业趋向、网络思政、心理健康和校园满意度六个维度设置关键数据观测点，全过程、全方位采集研究生招生、培养、学位授予等环节数据。根据采集的数据定期发布《研究生教育质量报告》，研究教育规律，查找问题短板，促进研究生教育质量提升和内涵发展。[④] 为保障 MPA 教育质量，江西农业大学在立足校情、明确办学定位的基础上构建了 MPA 全面质量保障体系，对招生“入口”和毕业“出口”进行严格管控，还对这两个端口中间的每一个重要环节进行规范，使 MPA 培养有了全过程的监管。[⑤] 暨南大学、广西大学、中山大学等高校也发布了 2020 年《研究生教育发展质量年度报告》。[⑥] 中国海洋大学、南京财经大学等高校贯彻落实研究生教育督导制度，召开研究生教育督导工作会议，建立健全研究生教育质量常态监控机制，主动接受社会各界的监督和指导。[⑦]

5.5.3 严控学位论文质量

学位论文既是研究生科研创新能力的客观载体，也是衡量研究生学术水平和研究能力的重要标志。针对近年来学术论文抄袭、买卖、代写等学术不端行为，同时根据教育部相关文件要求，各高校积极开展研究生学位论文作假行为全面排查工作。2020 年 10 月，新疆农业大学发布了《关于开展新疆农业大学研究生学位论文作假行为全面排查工作的通知》，成立新疆农业大学研究生学位论文作假行为全面排查

① 《推动新时代研究生教育创新发展——北大各院系以多种形式探索研究生教育质量提升举措》，北京大学新闻网，https://news. pku. edu. cn/xwzh/eeb1d5a6d9c7467eb2b8b60a93d298d1. htm。

② 《生科院探索改革博士生资格考试制度》，华中农业大学研究生院网站，http://yjs. hzau. edu. cn/info/1184/4881. htm。

③ 《中国传媒大学推出研究生教育重大改革举措》，中国传媒大学白杨网，http://www. cuc. edu. cn/2020/0805/c1383a172244/page. htm。

④ 《西安电子科技大学提升质量内涵 打造特色研究生教育之路——“推进研究生教育高质量发展”系列之四》，西安电子科技大学新闻网，https://news. xidian. edu. cn/info/2106/212245. htm。

⑤ 陈美球等：《立足校情的 MPA 全面质量保障体系的构建及其应用——基于对江西农业大学一项省级教学成果》，此文件为内部资料。

⑥ 《暨南大学〈研究生教育发展质量年度报告 2020〉》，暨南大学研究生院网站，https://gs. jnu. edu. cn/2021/0324/c4118a604859/page. htm；《研究生教育发展质量年度报告（2020 年）》，广西大学研究生院网站，https://yjsc. gxu. edu. cn/info/1214/2630. htm；《中山大学 2020 年研究生教育发展质量年度报告》，中山大学研究生院网站，http://graduate. sysu. edu. cn/article/457。

⑦ 《中国海洋大学召开研究生教育督导工作会议》，中国海洋大学网站，http://news. ouc. edu. cn/2020/0409/c309a99838/page. htm；《我校召开学位与研究生教育督导工作会议》，南京财经大学网站，http://pgjf. nufe. edu. cn/info/1037/2204. htm。

工作领导小组，具体负责学院排查工作的组织实施和监督检查。专项排查内容包括研究生学位论文是否存在抄袭、买卖、代写、数据伪造等造假行为，对论文开题、中期考核、重复率检测、论文评阅、答辩等培养环节执行的规范性和材料的完备性进行复核。① 除了新疆农业大学，西北农林科技大学、华南理工大学、西南交通大学等高校均通过研究生院官网发布了《关于开展研究生学位论文作假行为全面排查工作的通知》。②

2020 年 9 月 25 日，国务院学位委员会、教育部发布《关于进一步严格规范学位与研究生教育质量管理的若干意见》，着重提到了加强学位论文和学位授予管理问题。③ 中国传媒大学注重过程评价，规范学位论文工作要求，加强过程监督。实行研究生学术进度学期汇报制度，博士生每学期汇报个人研读文献、学位论文进展、科研成果，并规定了硕士生和博士生的学位论文工作时间与答辩时间下限。改革以制定科学合理的毕业标准为导向，全面提升研究生学术水平。④ 根据教育部要求，上海交通大学全面开展学位论文自我抽检，将论文抽检质量与导师招生资格、学院招生指标及学位点建设和评估相挂钩⑤。江南大学也开展了一系列特色实践：对博士学位论文实行全盲审；鼓励学院对硕士学位论文进行全盲审；对送审结果偏差的学科实施警告、整顿或减少招生计划；对抽查存在问题的论文，实行学位质量问责制度；实施博士研究生预答辩和硕士研究生学院分组答辩制度。这些举措有效提升了研究生论文质量，江南大学在国务院学位办博士学位论文抽检中连续九年合格率达 100% 。⑥

5.6 完善服务支撑体系

完善的服务支撑体系对于研究生教育高质量发展具有重要意义。完善的资助体系和就业服务体系有助于研究生在学期间安心学习、科研，可以解除其后顾之忧。信息化建设有助于增强研究生学习生活的便利性，还可以提升研究生教育管理的能力和水平。

5.6.1 改革完善资助体系

研究生资助资金是中央财政安排的用于落实高等教育资助政策的资金，包括国家奖学金、学业奖学金、国家助学金等，旨在激励研究生勤奋学习、潜心科研、勇于创新、积极进取。为落实《关于加快新时代研究生教育改革发展的意见》和《关于进一步加强和规范教育收费管理的意见》等文件要求，各高校结合实际，改革完善资助体系，建立健全奖助学金制度，建立有效的分阶段、分类型、分层次的博士

① 《关于开展新疆农业大学研究生学位论文作假行为全面排查工作的通知》，新疆农业大学研究生院网站，http://yjsc. xjau. edu. cn/2020/1016/c2830a72019/page. htm。

② 《教育部通报三起论文抄袭事件 倒查近 5 年硕博士学位论文作假行为》，中国教育在线网，https://www. eol. cn/yuqing/guancha/202010/t20201009_2020200. shtml。

③ 《国务院学位委员会 教育部关于进一步严格规范学位与研究生教育质量管理的若干意见》，中华人民共和国教育部网站，http://www. moe. gov. cn/srcsite/A22/moe_826/202009/t20200928_492182. html。

④ 《中国传媒大学推出研究生教育重大改革举措》，中国社会科学网，http://www. cssn. cn/zx/bwyc/202008/t20200805_5166400. shtml。

⑤ 《教育部网站报道上海交大研究生培养工作》，上海交通大学新闻学术网，https://news. sjtu. edu. cn/jdyw/20200827/129633. html。

⑥ 《江南大学严把“四道关”不断提升研究生培养质量》，中华人民共和国教育部网站，http://www. moe. gov. cn/jyb_xwfb/s6192/s133/s185/202012/t20201203_503053. html。

研究生激励与保障机制。

提高奖助学金金额，扩大资助范围。为保障研究生的生活，让研究生无经济负担地完成学业，诸多高校纷纷提高资助标准，扩大资助范围。南京大学于2020年7月13日印发《南京大学博士研究生助学金学业奖学金改革暂行办法》，明确博士研究生助学金由国家助学金、学校助学金和导师助研费三部分构成。其中，理工医科博士生每月助学金不低于3250元，应用文科博士生每月助学金不低于2550元。此外，设立学业奖学金用于激励博士研究生潜心科研，博士资格考核优秀的进入“英才计划”资助范围。[①] 2020年，中南大学修订并发布《中南大学研究生奖助学金管理办法》，修订后的管理办法扩大资助范围，如校长拔尖奖学金不仅仅限于博士研究生，超过基本学制但未超过最长学习年限的在读硕士研究生（非定向）也可以申请。[②]

突出奖助学金的激励原则，激发研究生科研创新活力。奖助学金不仅有为研究生提供生活保障的功能，还具有激励的作用。上海交通大学机械与动力工程学院于2020年7月10日举行首届优秀博士毕业生发展奖学金院系评审会，该奖学金旨在培养和造就一批具有国际视野、科学精神、创新能力，勇于担当的学术人才，进一步推动全校博士毕业生高水平学术就业。[③] 大连大学于2020年9月30日发布《大连大学研究生收费及奖、助学金办法（2021级起施行）》，为体现研究生优秀奖学金的激励作用，研究生优秀奖学金实行一年一评，并进行动态管理。第二学年、第三学年优秀奖学金的评定由其所在学院或学科负责，主要依据其入学后的学习成绩、科研工作和综合表现进行评定。[④] 中南大学修订《中南大学研究生奖助学金管理办法》，突出绩效考核与能力评价的奖助和激励原则，依据各学科特点制定奖学金标准，激发研究生的科研创新活力。[⑤]

5.6.2 多措并举保障毕业生就业

党的十九届五中全会强调，强化就业优先政策，千方百计稳定和扩大就业，完善重点群体就业支持体系。2020年3月4日，教育部印发《关于应对新冠肺炎疫情做好2020届全国普通高校毕业生就业创业工作的通知》，对做好2020届高校毕业生就业创业工作提出了明确的、具体的要求。为响应国家号召，各省份结合自身实际情况，分别出台了相关文件。在新冠肺炎疫情和经济下行的压力下，高校毕业生就业形势严峻。为全力贯彻落实习近平总书记关于高校毕业生“顺利毕业，尽早就业”指示的精神，各高校创新工作方式方法，克服就业工作的各种困难挑战，多措并举抓好毕业生就业工作。

各省份普遍构建了毕业生、高校、企事业单位三位一体就业服务模式，全面了解就业状态，积极开展指导服务，拓宽毕业生就业渠道，进一步做好毕业生就业创业工作。如宁夏回族自治区教育厅、自治区人力资源和社会保障厅发布《关于应对疫情做好高校毕业生就业指导服务工作的通知》，该通知提出广泛组织网上招聘、在线办理就业手续、积极开展指导服务、全面推行学历网络认证、密切关注就业动态

---

① 《关于印发〈南京大学博士研究生助学金学业奖学金改革暂行办法〉的通知》，南京大学研究生院网站，https://grawww.nju.edu.cn/49/c4/c930a543172/page.htm。

② 《构建新时代人才培养体系，培养拔尖创新人才》，中南大学新闻网，http://news.csu.edu.cn/info/1576/147233.htm。

③ 《机械动力学院举行2020年度研究生奖学金评审委员会会议暨首届优秀博士毕业生发展奖学金院系评审会》，上海交通大学新闻学术网，https://news.sjtu.edu.cn/zhxw/20200711/127695.html。

④ 《大连大学研究生收费及奖、助学金办法（2021级起施行）》，大连大学研究生院网站，http://yjs.dlu.edu.cn/info/1041/2342.htm。

⑤ 《构建新时代人才培养体系，培养拔尖创新人才》，中南大学新闻网，http://news.csu.edu.cn/info/1576/147233.htm。

五条应对策略。[①] 北京市教育委员会在转发教育部《关于应对新冠肺炎疫情做好 2020 届全国普通高校毕业生就业创业工作文件的通知》时补充和强调“用好特殊时期就业政策、做好非全日制研究生就业工作、做好毕业生户档在校保留两年工作、理性看待就业统计工作变化、进一步做好大学生创业工作”[②]。天津市教委先后印发《关于加强疫情防控期间有关就业工作的通知》《关于应对新冠肺炎疫情做好 2020 届全国普通高等学校毕业生就业创业工作的通知》，从加强高校就业工作组织领导、拓宽毕业生就业深造渠道、充分利用网络开展就业服务、全面提升网上就业服务能力、完善就业指导课程体系、做好重点群体就业帮扶等方面，出台支持毕业生就业创业工作的针对性举措。[③]

各高校也采取诸多措施来推进研究生就业创业。第一，协调多方力量，畅通研究生就业渠道。宁夏大学积极与用人单位沟通联系，依托校园网络招聘平台，举办春季、夏季大型网络双选及农科类、外语类、经管类等小型专场线上招聘会 10 余场，累计参会单位 700 余家，提供就业岗位 1.2 万余个。充分发挥校友资源，在做好疫情防控要求下，邀请 60 余家校友企业参加校园招聘会，不断拓宽毕业生就业渠道。[④] 华中科技大学继续发挥校园市场的主渠道作用，本着“点面结合、校院分级”的工作方针，坚持“引进来”“走出去”协同共进的工作策略，紧紧围绕主导行业、重点领域、战略性新兴产业，搭建起校企合作平台，畅通就业渠道。[⑤] 第二，构建“互联网 +”模式，搭建招聘培训平台。华中科技大学通过“互联网 + 招聘”的方式，搭建多元有效的就业平台，通过网络直播间，开展“直播带岗”活动，扩大招聘信息覆盖范围；构建“互联网 + 培训”模式，开通大学生职业测评与规划平台，推出就业指导视频课；组建校院两级就业工作师资队伍，开展线上职业咨询和就业指导，真正做到求职指导的全面化、专业化、针对化和精细化。[⑥] 第三，坚持分类施策，强化服务指导。针对不同学科类型、家庭类型的学生，高校采取针对性举措，实现精准管理、精准施策。如华中师范大学完善了建档立卡家庭、少数民族、身体残疾等毕业生的基础数据库，针对就业困难学生群体实行“一人一策”动态管理和校院两级台账信息同步共享，并主动对接企业，做好群体推荐、定向推荐和重点推荐工作。累计收集 600 余名就业困难学生的求职简历，分别向用人单位推荐 1500 余次学生简历，人均获得 2 ~ 3 次推荐机会。[⑦] 宁夏大学则实施校领导包学院、学院领导包系（专业）、导师包所带研究生、系（部）主任和专业负责人包班级、就业指导教师包学生的“五包”就业工作机制，协同多方力量共同促进毕业生尽早就业。针对不同学生群体需求进行精准指导，开展考研、公务员、“三支一扶”、特岗教师招考以及职场礼仪、面试技巧等专题辅导，参与学生 2000 余人次。[⑧]

---

① 《宁夏积极应对疫情期间高校毕业生就业确保“就业服务不打烊、线上招聘不停歇”》，“搜狐城市 - 银川”搜狐号，https://www.sohu.com/a/371923640_120229638。

② 《北京市教育委员会转发教育部关于应对新冠肺炎疫情做好 2020 届全国普通高校毕业生就业创业工作文件的通知》，北京市教育委员会网站，http://jw.beijing.gov.cn/xxgk/zfxxgkml/zfgkzcwj/zwgzdt/202004/t20200402_1783812.html。

③ 《天津市积极推进高校毕业生就业工作》，中华人民共和国教育部网站，http://www.moe.gov.cn/jyb_xwfb/s6192/s222/moe_1733/202005/t20200515_454647.html。

④ 《宁夏大学多措并举抓好毕业生就业工作》，中华人民共和国教育部网站，http://www.moe.gov.cn/jyb_xwfb/s6192/s222/moe_1762/202008/t20200806_476940.html。

⑤ 《华中科技大学 2020 届研究生就业质量报告》，研线网，http://www.yanxian.org/html/jyxx/36621.html。

⑥ 《华中科技大学 2020 届研究生就业质量报告》，研线网，http://www.yanxian.org/html/jyxx/36621.html。

⑦ 《【疫情防控】央视新闻频道报道我校疫情期间促进就业举措》，华中师范大学党委学生工作部就业处网站，http://zjc.ccnu.edu.cn/info/1064/4013.htm。

⑧ 《宁夏大学多措并举抓好毕业生就业工作》，中国研究生招生信息网，https://yz.chsi.com.cn/kyzx/kydt/202008/2020080719554198 12.html。

第 6 章　比较与借鉴

为更好地定位我国研究生教育发展状况，本章通过对十个国家若干重要指标进行跟踪分析，客观呈现国际研究生教育的发展情况。同时，为进一步呈现国外研究生教育改革动态，本章对2020年国外研究生教育的相关动态新闻及研究文献进行了系统梳理。此外，为表征国外研究生教育发展进程中的重点、难点以及应对策略，本章也选取了部分2020年国外重要组织、协会发布的报告进行了编译。报告内容包括研究生招生、学习体验、就业情况以及研究生教育改革与发展。

6.1　重要指标的跨国比较

本节选取了美国、加拿大、英国、澳大利亚、德国、法国、日本、韩国、俄罗斯、印度和中国，重点观测这些国家研究生教育的规模、类型、结构、经费投入等数据，全面透视各国研究生教育的发展状况。

6.1.1　研究生教育规模

千人注册研究生数即注册研究生数（我国为在学研究生数，单位：人）除以当年全国人口数（单位：千人）所得的数值，它是反映一国研究生教育相对规模的重要指标。如表6－1所示，当今世界各国中，澳大利亚的研究生教育相对规模最大，且在近年实现快速发展，2019年的千人注册研究生数达到19.19人，相比2014年增幅在20%左右；美国、法国的研究生教育相对规模较大且发展较为稳定，千人注册研究生数始终保持在9人以上；英国千人注册研究生数保持在8人以上；德国的研究生教育相对规模逐年扩大，其千人注册研究生数由2014年的6.73人增长至2020年的8.28人。在亚洲国家中，韩国的研究生教育相对规模较大，千人注册研究生数稳定在6人以上；日本则保持在2人左右。俄罗斯的研究生教育相对规模较小，其千人注册研究生数保持在1人以下；印度人口基数庞大，但相对于中国，其研究生教育的相对规模较大，千人注册研究生数稳定在3人以上。近年来，我国研究生教育规模逐步扩大，千人注册研究生数保持较快增长，2019年已超过日本，并在2020年达到2.11人，比2014年增长了约50%。

表6－1　不同国家千人注册研究生数（2014～2020年）

单位：人

国别	2014	2015	2016	2017	2018	2019	2020
美国	9.14	9.16	9.19	9.20	9.29	9.36	—
英国	8.42	8.26	8.09	8.35	8.52	8.76	—
澳大利亚	15.99	16.22	16.6	17.39	18.29	19.19	—
德国	6.73	7.15	7.45	7.65	7.78	7.92	8.28
法国	9.47	9.4	9.41	9.42	9.51	9.51	9.46
日本	1.98	1.96	1.97	1.98	2.01	2.02	2.02
韩国	6.56	6.59	6.49	6.34	6.24	6.20	6.19
俄罗斯	0.86	0.78	0.69	0.65	0.64	0.59	—

续表

国别	2014	2015	2016	2017	2018	2019	2020
印度	—	3.12	3.16	3.22	3.14	3.32	—
中国	1.35	1.39	1.44	1.9	1.96	2.05	2.11

注：(1)“—”表示数据未公布，下同。

资料来源：①人口数据：世界银行数据库 ②注册研究生数来源于：美国教育统计中心；加拿大大学教师联合会（限于数据可得性，加拿大千人注册研究生数是以全时当量的研究生数计算）；英国高等教育统计署；德国联邦统计局；法国教育部；日本文部科学省；澳大利亚统计局；韩国教育统计中心；俄罗斯联邦统计局；印度教育部；《中国统计年鉴》。

25～64岁人口中具有研究生教育学历的人数占比可以相对直观地反映各国的研究生教育相对规模。如图6－1所示，在25～64岁的人口中，英国、美国、德国与法国具有研究生学历的人数占比大体相当，比例均在13%～15%；在加拿大，这一比例为11.14%；在澳大利亚25～64岁的人口中，10.49%的人口拥有研究生学历；在印度25～64岁的人口中，3.37%的人口拥有研究生学历；中国与其他9个国家相比差距较大，在25～64岁的人口中，只有0.9%的人口拥有研究生学历。

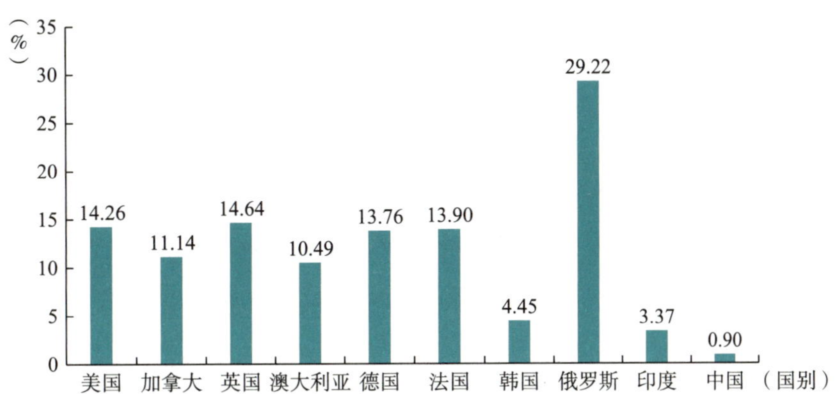

图6－1 25～64岁人口中具有研究生学历的人数占比

资料来源：①中国数据为2019年数据，来源于《中国人口与就业统计年鉴（2019）》，其指标名为“就业人口中具有研究生学历的人数比例”；②其他各国数据为2020年数据，来源于经济合作与发展组织（OECD）数据库；③OECD数据库中具有研究生学历的人数占比等数据在不断更新修正。

6.1.2 层次结构

层次结构是指不同教育层次（如本科、硕士和博士）的学生构成状态及比例关系。本报告主要通过学位授予情况来呈现一国研究生教育的层次结构。

从学位授予数上看，除德国、美国外，近年来各国博士学位授予数占学位授予总数的比例均小于6%①；西方国家博士学位授予数占比大多高于亚洲国家；中国博士学位授予数占比最低，仅为1.35%。各国硕士学位授予数占学位授予总数的比例大多在10%～30%，其中英国、德国、法国的硕士学位授予数占比较高，在30%以上；日本硕士学位授予数占比最低，仅为11.13%；中国硕士学位授予数占比为13.33%，在所比国家中仅高于日本。除德国和法国外，各国学士学位授予数占学位授予总数的比例均在

① 美国博士学位的统计口径中包括职业型（Professional Practice）博士，即原第一职业学位（First Professional Degree，FPD），若仅计入研究型（Research Scholarship）博士，则博士学位占比约为当前数值的一半。

60%以上，如图6－2所示。

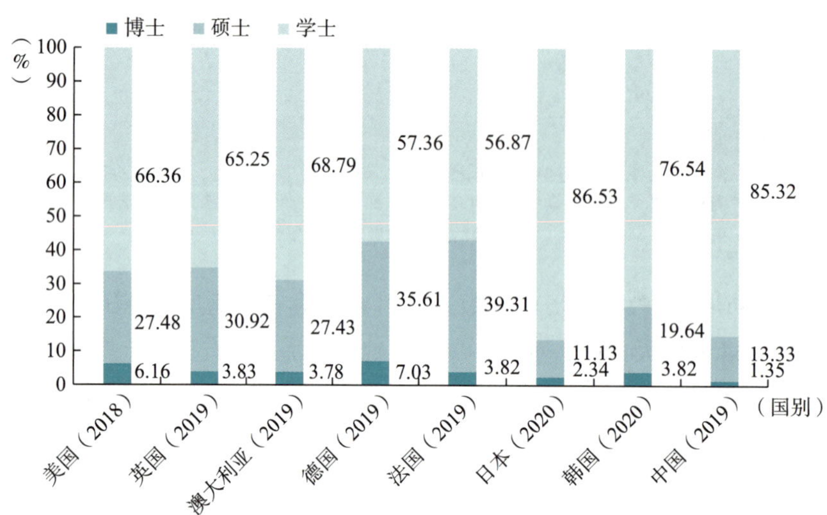

图6－2 各国高等教育学位授予数比例

注：①数据来源同表6－1；②美国博士学位的统计口径包括职业型（Professional Practice）博士，即原第一职业学位（First Profession Degree，FPD）；③英国、澳大利亚的统计口径中仅包括学位性质的研究生；④日本近几年学位授予数未公布，均以毕业生数替代，且不包括职业学位课程（Professional Degree Course），本科毕业生包括大学和短期大学的毕业生。

从学士、硕士学位授予数比值来看，2015～2020年，西方国家的学士、硕士学位授予数比值均小于3。而亚洲国家比值较高，日本的本硕学位授予数之比最高，近年的比值持续在7以上。中国近年学士学位与硕士学位授予数的比值仅次于日本，位列第二，且比值保持在6以上，远高于其他西方国家。这说明我国硕士研究生教育规模相对较小，如表6－2所示。

表6－2 各国授予的学士学位与硕士学位之比（2015～2020年）

年份	美国	英国	澳大利亚	德国	法国	日本	韩国	中国
2015	2.5	2.41	2.34	3.05	1.40	7.91	3.95	6.33
2016	2.44	2.43	2.29	2.92	1.40	7.88	4.11	6.50
2017	2.48	2.46	2.14	2.86	1.43	7.98	4.01	6.62
2018	2.42	2.28	1.91	2.82	1.44	7.91	3.94	6.45
2019	—	2.11	1.78	2.78	1.49	7.83	3.91	6.40
2020	—	—	—	2.67	—	7.78	3.90	—

注：①数据来源同表6－1；②英国、澳大利亚的统计口径中仅包括学位性质的研究生；③日本近几年学位授予数未公布，均以毕业生数替代，且统计口径不包括职业学位课程（Professional Degree Course），本科毕业生包括大学和短期大学的毕业生。

除了美国、日本和德国以外，其他国家近年的硕博学位授予数之比均大于5。若美国的硕士和博士统计口径均不纳入第一职业学位（First Professional Degree，FPD），其硕博学位授予数之比也在10左右。自2015年以来，美国与日本的硕博学位授予数之比没有发生明显变化；英国2019年该比例上升至8.07；德国、澳大利亚、法国的硕博学位授予数之比均呈现整体上升趋势，其中德国硕博学位授予数之比从2015年的4.31增长到2020年的5.35；澳大利亚的硕博学位授予数之比从2015年的8.94增长到2019年的11.57；法国硕博学位授予数之比由2015年的9.05增长到2019年的10.00；中国的硕博学位授予数之比近年始终保持在 10 左右，如表 6－3 所示。

表 6－3　各国授予的硕士学位与博士学位之比（2015～2020 年）

年份	美国	英国	澳大利亚	德国	法国	日本	韩国	中国
2015	4.25	7.35	8.94	4.31	9.05	4.55	6.24	10.89
2016	4.42	7.21	8.78	4.59	9.90	4.50	5.87	10.78
2017	4.41	7.11	9.36	4.78	10.10	4.55	5.84	10.36
2018	4.46	7.38	11.48	4.89	10.08	4.56	5.65	10.19
2019	—	8.07	11.57	4.94	10.00	4.70	5.37	9.87
2020	—		—	5.35	—	4.76	5.15	10.11

注：①数据来源同表 6－1；②美国博士学位的统计口径包括职业型（Professional Practice）博士，即原第一职业学位（FPD）；③英国、澳大利亚的统计口径仅包括学位性质的研究生；④日本近几年学位授予数未公布，均以毕业生数替代，且不包括职业学位课程（Professional Degree Course）的毕业生，本科毕业生包括大学和短期大学的毕业生。

6.1.3　类型结构

类型结构是指各国研究生教育系统中学术学位研究生与非学术学位研究生的构成状况，可用二者在学研究生数的比值加以呈现。但由于外国研究生教育类型结构的分类方法并非与我国“学术学位—专业学位”的二分法对应，故本节二分的处理口径以及数据信息仅供参考。

表 6－4 各国学术学位与非学术学位的在学研究生人数之比显示：2015～2020 年，英国、澳大利亚和法国的学术学位在学研究生人数始终比非学术学位在学研究生人数少；日本学术学位在学研究生人数始终占比最高，其学术学位与非学术学位在学研究生人数之比保持在 12 以上；德国学术学位在学研究生人数始终是非学术学位在学研究生人数的 3 倍左右，并呈逐年下降趋势；中国近年的非学术学位在学研究生人数不断增加，学术学位与非学术学位的在校研究生人数之比由 2015 年的 1.18 下降到 2020 年的 0.75，其中非学术学位在学研究生主要集中于硕士层次。

表 6－4　各国学术学位与非学术学位的在学研究生人数之比（2015～2020 年）

年份	英国	澳大利亚	德国	法国	日本	韩国	中国
2015	0.27	0.26	3.60	0.28	14.01	1.15	1.18
2016	0.27	0.25	3.44	0.30	14.01	1.13	1.09
2017	0.26	0.23	3.26	0.28	14.12	1.12	1.05
2018	0.25	0.21	3.10	0.34	14.35	1.11	0.99
2019	0.24	0.19	2.97	0.55	13.42	1.08	0.95
2020	—	—	2.70	—	12.48	—	0.75

注：①数据来源同表 6－1。②英国和澳大利亚的学术学位研究生包括学术型硕士（Master by Research）和学术型博士（Doctor by Research），非学术学位研究生包括授课型硕士（Master by Coursework）和授课型博士（Doctor by Coursework）、攻读证书（Certificate）的研究生和攻读文凭（Diploma）的研究生。③日本学术学位研究生包括硕士研究生和博士研究生，非学术学位研究生是指专职学位（Professional Degree Course）研究生。④德国的学术学位研究生包括博士研究生（Promotionen）和综合性大学（Universitäter）条目下的硕士研究生，非学术学位研究生包括应用科技大学（Fachhochschule）和教师资格考试（Lehramtsprüfung）条目下的硕士研究生。⑤法国自 2005 年起实行“LMD”（Licence-Master-Doctorat）新学制，硕士研究生入学时一般并不区分类型，而是在硕士一年级课程结束后才自主选择攻读以就业为目标的职业型硕士（Master Professionnel），或以从事研究为目标的研究型硕士（Masters Recherche）等不同类型的硕士学位，因此采用硕士层次的学位授予数代替在学研究生数计算。其中未进行类型区分的硕士（Masters indifférenciés）和博士（Doctorats）未纳入分析。③因法国数据的可得性，在统计时，以研究生学位授予数替代在学研究生人数。

6.1.4 在学研究生中留学生的比例

在学研究生中留学生的比例是反映高等教育国际化程度的重要指标。西方国家在学博士研究生中留学生的比例多在20%以上，英国近五年的数据均超过了40%，这得益于“博洛尼亚进程”对欧盟地区及英国学生流动的促进作用，以及各国实施的积极的留学生吸引政策。加拿大、德国、韩国、俄罗斯和中国的在学博士研究生中留学生比例大体呈增长态势。截至2019年，法国、澳大利亚和加拿大在学博士研究生中留学生的比例在30%以上；日本在学博士研究生中留学生比例2017~2019年也在稳步增长，2019年达到20.17%。相较而言，德国、韩国在学博士研究生中留学生比例较低，但也有比较显著的增长趋势。中国和俄罗斯在学博士研究生中留学生的比例最低，但从2015年起呈逐年增长态势，如表6-5所示。

表6-5　各国在学博士研究生中国际学生（或外国学生）所占比例（2014~2019年）

单位：%

年份	美国	加拿大	英国	澳大利亚	德国	法国	日本	韩国	俄罗斯	中国
2014	34.70	28.86	42.48	33.54	7.41	39.86	19.07	8.16	4.87	3.90
2015	37.78	29.91	42.95	33.79	9.12	40.05	18.17	8.72	4.53	4.40
2016	39.98	31.77	43.16	33.90	9.39	39.54	18.17	9.27	5.47	5.30
2017	25.91	33.36	42.08	32.49	9.68	39.69	17.77	9.84	6.77	—
2018	25.21	35.02	41.49	34.29	11.93	38.23	18.82	11.39	7.50	6.60
2019	24.78	33.96	41.15	35.69	12.19	37.93	20.17	14.20	8.64	—

注：OECD区分国际学生（International Students）和外国学生（Foreign Students），外国学生是指非本国公民的学生，国际学生是指以学习为目的的离开来源国而前往另一个国家的学生。俄罗斯、韩国和法国留学生统计口径为外国学生，其他国家的统计口径为国际学生。

资料来源：①中国数据来源于教育部网站，历年全国来华留学生数据统计；②其他国家来源于OECD数据库。

在硕士层次，英国和澳大利亚2014~2019年的国际学生占比非常高——英国的留学生占比近年始终高于30%，澳大利亚的留学生占比由2014年的40.22%增长到2019年的56.32%；美国、加拿大、德国、法国各年留学生占比均在9%~20%；日本、韩国和中国的留学生占比历年均未超过10%，其中中国在学硕士研究生中国际学生占比最少，仅在2%~3%，如表6-6所示。

表6-6　各国在学硕士研究生中国际学生（或外国学生）所占比例（2014~2019年）

单位：%

年份	美国	加拿大	英国	澳大利亚	德国	法国	日本	韩国	俄罗斯	中国
2014	8.80	11.31	36.92	40.22	12.23	13.47	7.64	6.16	6.37	2.34
2015	9.50	13.59	36.91	42.58	12.85	13.31	6.80	6.41	11.24	2.47
2016	10.14	17.77	36.14	46.27	13.36	13.31	7.07	6.80	17.01	2.8
2017	12.85	16.20	33.91	47.73	13.76	13.98	8.35	7.58	6.61	—
2018	12.69	17.11	34.58	53.38	15.61	12.11	8.99	8.82	6.08	2.54
2019	12.57	18.51	35.79	56.32	16.40	12.84	9.73	9.89	6.65	—

注：OECD区分国际学生（International Students）和外国学生（Foreign Students），外国学生是指非本国公民的学生，国际学生是指以学习为目的的离开来源国而前往另一个国家的学生。俄罗斯、韩国和法国留学生统计口径为外国学生，其他国家的统计口径为国际学生。

资料来源：①中国数据来源于教育部网站，历年全国来华留学生数据统计；②其他国家来源于OECD数据库。

6.1.5 在学博士研究生生均高等教育部门研究与试验发展经费

在学博士研究生生均高等教育部门研究与试验发展（R&D）经费即一国高等教育部门的 R&D 经费数除以一国在学的博士研究生数获得的数值，它能够反映博士研究生培养的支撑条件。

从在学博士研究生生均高等教育部门 R&D 经费来看，我国的支撑条件虽呈逐年增强趋势（2019 年已达到 10.05 万美元），但距多数发达国家仍有较大差距；从同年数据来看，韩国的在学博士研究生生均高等教育部门 R&D 经费与我国相似，均在 10 万美元左右；英国与澳大利亚则略高于我国，近年数据均在 11 万美元至 15 万美元之间；加拿大、法国与德国的在学博士研究生生均高等教育部门 R&D 经费近两年均在 20 万美元以上；日本的在学博士研究生生均高等教育部门 R&D 经费最高，2019 年达到了 27.12 万美元，这与日本在学博士研究生人数较少有关，详情见表 6 – 7。

表 6 – 7 各国高等教育部门 R&D 经费与在学博士研究生生均高等教育部门 R&D 经费统计情况（2014 ~ 2019 年）

项目		国家	2014	2015	2016	2017	2018	2019
高等教育部门研究与试验发展经费（单位：百万美元）	（1）	美国	62352	64621	67774	71108	74897	78717
		加拿大	10478.3	10612.6	11441.2	11827.9	12592.6	12577.4
		英国	11294.4	11564.8	11668.8	11938.6	12786.2	13140.7
		澳大利亚	6984.6	6479.6	7500.9	7603.8	8257	—
		德国	19416.8	19719.5	22092.1	23204.5	24976.2	25816.3
		法国	13402.3	13549.9	13074.9	13589.6	14039.1	14715.2
		日本	21326.7	20690.3	19741.3	20015.6	19973.5	20259.1
		韩国	6614.4	6995.9	7382.2	7658	8144	8487.1
		中国	23894.1	25798.7	26881	30258.6	34487.7	42652.1
在学博士研究生人数（单位：万人）	（2）	加拿大	—	5.19	5.03	5.22	—	—
		英国	—	9.85	10.01	10.04	10.2	10.13
		澳大利亚	5.65	5.78	5.83	5.84	5.89	5.90
		德国	11.14	11.04	11.03	10.99	10.93	—
		法国	6.07	5.97	5.83	5.79	5.68	5.51
		日本	7.37	7.39	7.39	7.39	7.44	7.47
		韩国	7	7.26	7.42	7.43	7.48	—
		中国	31.27	32.67	34.2	36.2	38.95	42.42
高等教育部门研究与试验发展经费/在学博士研究生人数（单位：万美元/人）	（1）/（2）	加拿大	20.19	20.45	22.75	22.66	24.12	24.09
		英国	11.47	11.74	11.66	11.89	12.54	12.97
		澳大利亚	12.36	11.21	12.87	13.02	14.02	13.99
		德国	17.43	17.86	20.03	21.11	22.85	23.62
		法国	22.08	22.70	22.43	23.47	24.72	26.71
		日本	28.94	28.00	26.71	27.08	26.85	27.12

续表

项目		国家	2014	2015	2016	2017	2018	2019
高等教育部门研究与试验发展经费/在学博士研究生人数（单位：万美元/人）	（1）/（2）	韩国	9.45	9.64	9.95	10.31	10.89	11.35
		中国	7.64	7.90	7.86	8.36	8.85	10.05

注：①各国高等教育部门研究与试验发展经费计算口径为全社会的研究与试验发展经费支出（Gross Domestic Expenditure on R&D, GERD），且按购买力评价指数换算成美元，②高等教育部门的研究与试验发展经费由总经费与高等教育部门所占经费比例相乘得到；③OECD 数据库的经费数据在不断修正；④在学博士生生均高等教育部门 R&D 经费计算说明：限于数据可得性，若缺失各国博士生数或 R&D 经费数之一，则引用上一年相应数据进行计算，如英国 2014 年博士生生均高等教育部门 R&D 经费由其 2014 年高等教育部门 R&D 经费除以其 2015 年在学博士研究生人数所得。

资料来源：①各国高等教育部门研究与试验发展经费来源于 OECD 数据库；②高等教育部门所占经费比例来源于 OECD 数据库；③各国在学博士研究生数据库来源同表 6-1。

6.1.6 具有研究生学历人口的就业率及其薪资相对水平

具有研究生学历人口的就业率能够反映研究生阶段的教育对经济社会发展所需人才的贡献程度。从各国 25~64 岁本硕博人群的就业率可以看出，除澳大利亚和俄罗斯外，其他各国硕士研究生学历就业者比本科学历就业者的就业率高，其中韩国本硕就业率差距最大。除俄罗斯外，各国博士研究生学历就业者的就业率均高于硕士研究生和本科学历就业者，其中澳大利亚博士研究生就业者的就业率高达 92.8%，远高于本科学历就业者的就业率（82.5%）（见表 6-8）。总体来看，研究生学历在就业市场上比本科学历更具优势，这也在一定程度上反映了经济社会发展需要高学历人才的贡献。

表 6-8　各国 25~64 岁本硕博人群的就业率

单位：%

国别	本科	硕士	博士
美国	81.7	84.9	89.5
加拿大	80.5	83.4	—
英国	87.0	87.5	92.7
澳大利亚	82.5	82.1	92.8
德国	87.6	89.5	93.1
法国	83.6	87.9	90.5
日本	88.8	—	—
韩国	76.3	84.7	—
印度	61.0	—	64.2
俄罗斯	88.2	86.8	63.0

注：印度数据为 2019 年数据；俄罗斯数据为 2018 年数据；其余国家数据均为 2020 年数据。

资料来源：OECD 数据库。

学历提升带来的薪资收入增加是影响研究生教育需求的重要因素。由表 6-9 可知，在 25~64 岁的就业人群中，各国拥有硕士或博士研究生学历就业人群的薪资普遍高于仅拥有本科学历的就业人群。法国、美国、韩国三国的研究生学历薪酬优势较为明显，其拥有研究生学历和本科学历者薪资之比均超过

1.30，而德国和英国近年来研究生学历较本科学历的薪酬优势较低，其薪资之比保持在1.10至1.20之间。

表6-9 25~64岁就业人群中拥有研究生学历和本科学历薪酬比

单位：%

年份	美国	加拿大	英国	澳大利亚	德国	法国	韩国
2014	1.39	1.29	1.16	—	1.16	1.48	1.32
2015	1.40	1.29	1.20	1.25	1.17	1.49	1.31
2016	1.38	1.22	1.16	1.13	1.11	1.48	1.33
2017	1.41	1.25	1.16	—	1.12	1.39	1.30
2018	1.36	1.26	1.19	1.16	1.14	—	1.33
2019	1.44	—	1.17	1.13	1.14	—	1.34

资料来源：OECD数据库。

6.1.7 学科声誉

本节选取了ARWU、QS、THE、U.S.News的学科排名作为学科国际声誉的参考，通过对美国、中国、英国、德国、澳大利亚、加拿大、法国、韩国、日本等国家的数据进行比较来展现各国研究生教育的发展情况。

从2018~2020年各国的ARWU学科排名（500强）数量统计情况可以看出，美国2018年至2020年的500强学科总数均处于领先地位；中国、英国2018年至2020年均有1000个以上的500强学科，2019年均达到了2000个以上；德国、澳大利亚、加拿大、法国2018年至2020年的500强学科总数皆超过了500个，其中德国与澳大利亚近年在1000个左右；日本与韩国的500强学科较少，近年均在300~600个（见表6-10）。

表6-10 2018~2020年各国ARWU学科排名（500强）数量统计情况

单位：个

国别	2018					2019					2020				
	1~50	51~100	101~200	201~500	总计	1~50	51~100	101~200	201~500	总计	1~50	51~100	101~200	201~500	总计
美国	1151	761	1167	1582	4661	1126	763	1250	3688	6827	1052	701	1116	1646	4515
加拿大	115	122	259	297	793	113	128	262	664	1167	93	117	226	327	763
英国	257	227	463	540	1487	244	243	491	1191	2169	236	201	460	586	1483
澳大利亚	145	150	248	281	824	154	158	291	702	1305	125	162	235	302	824
德国	59	153	320	513	1045	62	138	298	785	1283	61	125	269	520	975
法国	56	88	178	321	643	60	91	187	523	861	61	83	170	305	619
日本	37	38	97	216	388	27	30	100	317	474	19	32	61	222	334
韩国	41	60	127	307	535	40	47	112	308	507	37	57	101	260	455
中国	317	321	556	977	2171	300	290	520	1658	2768	354	279	475	985	2093

在2018~2020年各国的QS学科排名（500强）数量统计情况中，美国和英国的入选学科数稳定在

2000 个和 1000 个以上；澳大利亚、德国的入选学科数保持在 600 多个；日本、韩国的入选学科数三年均有 300 多个；法国的入选学科数从 200 多个增长到 300 多个；中国的入选学科数则从 900 多个下降到 600 多个（见表 6 - 11）。

表 6 - 11　2018 ~ 2020 年各国 QS 学科排名（500 强）数量统计情况

单位：个

国别	2018					2019					2020				
	1 ~ 50	51 ~ 100	101 ~ 200	201 ~ 500	总计	1 ~ 50	51 ~ 100	101 ~ 200	201 ~ 500	总计	1 ~ 50	51 ~ 100	101 ~ 200	201 ~ 500	总计
美国	806	490	659	630	2585	777	480	642	777	2676	756	444	647	780	2627
加拿大	137	88	175	142	542	146	77	166	163	552	143	72	149	174	538
英国	360	249	384	258	1251	357	238	370	280	1245	323	234	333	303	1193
澳大利亚	210	146	159	139	654	201	141	169	154	665	181	142	184	163	670
德国	80	116	200	210	606	96	121	188	235	640	81	107	181	231	600
法国	26	43	76	133	278	41	53	109	149	352	42	49	103	169	363
日本	76	61	108	114	359	79	55	121	125	380	67	69	110	131	377
韩国	56	70	94	120	340	57	72	75	140	344	57	81	80	137	355
中国	202	145	250	341	938	106	136	173	257	672	111	119	186	279	695

在 2018 ~ 2020 年各国的 THE 学科排名（500 强）数量统计情况中，美国百强学科总数最多，其 500 强学科数从 2018 年的 752 个增长到 2020 年的 1142 个；英国连续三年百强学科数量超过 100 个，其 500 强学科数在 2020 年达到 611 个；2020 年澳大利亚、德国、加拿大的 500 强学科数均在 300 个左右；中国 500 强学科数在 2019 年有上升趋势，但在 2020 年下降至 233 个；法国、日本、韩国的 500 强学科数则保持在 100 个左右（见表 6 - 12）。

表 6 - 12　2018 ~ 2020 年各国 THE 学科排名（500 强）数量统计情况

单位：个

国别	2018					2019					2020				
	1 ~ 50	51 ~ 100	101 ~ 200	201 ~ 500	总计	1 ~ 50	51 ~ 100	101 ~ 200	201 ~ 500	总计	1 ~ 50	51 ~ 100	101 ~ 200	201 ~ 500	总计
美国	224	131	146	251	752	261	138	254	591	1219	235	132	240	535	1142
加拿大	30	19	30	68	147	32	15	46	151	241	35	16	60	176	287
英国	71	91	106	124	392	73	82	169	304	624	72	71	171	297	611
澳大利亚	24	35	44	84	187	29	51	69	156	305	25	51	85	172	333
德国	32	35	63	51	181	27	39	80	124	268	28	41	74	147	290
法国	3	10	23	56	92	9	14	26	95	144	11	14	34	112	171
韩国	6	8	20	37	71	14	21	31	39	105	6	15	21	44	86
日本	10	7	10	60	87	10	8	11	63	91	10	9	12	61	92
中国	36	29	41	93	199	33	37	63	177	303	23	16	44	150	233

在 2018 ~ 2020 年各国的 U. S. News 学科排名（500 强）数量统计情况中，美国全球前 500 强学科数

最多，2020 年接近 2000 个；英国的百强学科数仅次于美国，位居世界第二，其 500 强学科数位居世界第三；加拿大与法国的 500 强学科数量几乎相当；德国的 500 强学科数在 500 个左右，澳大利亚则在 300 个左右；日本、韩国的 500 强学科数均在 200 个左右；中国的全球 500 强学科数在三年中增加了 100 多个，在 2020 年达到 800 个，总量仅次于美国，位居全球第二（见表 6－13）。

表 6－13　2018～2020 年各国 U. S. News 学科排名（500 强）数量统计情况

单位：个

国别	2018					2019					2020				
	1～50	51～100	101～200	201～500	总计	1～50	51～100	101～200	201～500	总计	1～50	51～100	101～200	201～500	总计
美国	476	294	471	473	1714	485	303	471	603	1862	490	298	488	692	1968
加拿大	41	41	98	90	270	28	41	84	138	291	40	46	81	148	315
英国	116	101	171	124	512	108	98	182	185	573	116	91	193	205	605
澳大利亚	55	57	85	86	283	61	61	93	120	335	60	65	104	114	343
德国	32	69	185	157	443	29	72	184	202	487	26	68	185	227	506
法国	29	46	109	84	268	38	63	118	129	348	21	37	90	162	310
日本	16	22	50	91	179	16	24	55	115	210	13	27	45	114	199
韩国	14	17	49	111	191	13	35	53	97	198	11	19	33	114	177
中国	91	92	175	319	677	79	81	160	309	629	105	91	181	423	800

6.2　国外重要报告编译

尽管欧美大学的研究生教育面临一系列的问题，但是在困境之中依然可以看到不少大学转变思维模式，积极做出改变，并寻找新的发展路径以提高研究生培养质量。及时了解欧美大学在研究生培养方面的动态能够为我国研究生培养提供一定的经验借鉴，因此本节精选了国外重要的教育组织在 2020 年发布的 4 份相关报告并对其进行了编译，包括：美国国家科学基金会（National Science Foundation，NSF）、美国国立卫生研究院（National Institutes of Health，NIH）、美国教育部（U. S. Department of Education）与美国国家人文基金会（National Endowment for the Humanities，NEH）发布的《2019 年美国博士学位调查》（*Doctorate Recipients from U. S. Universities* 2019），英国高等教育政策研究院（Higher Education Policy Institute，HEPI）发布的《博士生生活：英国学生的经验》（*PhD Life：The UK Student Experience*），美国研究生院理事会（Council of Graduate Schools，CGS）与杰德基金会（The Jed Foundation，JED）联合发布的《支持研究生心理健康与福祉——对研究生群体的循证建议》（*Supporting Graduate Student Mental Health and Well-being：Evidence-informed Recommendations for the Graduate Community*）以及澳大利亚国家高等教育学生平等中心（National Centre for Student Equity in Higher Education，NCSEHE）发布的《澳大利亚研究生教育的公平性：扩大的是差距还是参与度》（*Equity in Postgraduate Education in Australia：Widening Participation or Widening the Gap*？）。

6.2.1 美国国家科学基金会：科学与工程领域博士学位获得者持续攀升

近年来，数据驱动模式成为美国公共政策制定的基石，高等教育领域同样如此。作为世界公认的高等教育强国，无论是国家级的战略制定还是院校层面的发展规划，美国都高度重视数据所发挥的重要作用。其中一个典型的例子就是发轫于1957年的全美准博士普查（Survey of Earned Doctorates，SED），该调查收录了美国获得博士学位的学生的普查数据（尤其是科学与工程领域）。根据调查结果所形成的60余份年度报告呼吁人们关注博士生教育的发展趋势，同时也为美国博士研究生政策的制定与完善提供了重要参考。2020年12月，美国国家科学基金会发布了《2019年美国博士学位调查》，对1958～2019年博士学位的授予情况进行了分析与比较。

（1）研究型博士学位获得者不断增多

整体来看，尽管60多年间夹杂着缓慢成长甚至是数量下降的情况，但是美国高校授予的研究型博士学位数量以平均每年3.2%的增长率显示出强劲有力的上升趋势，截至2019年已经增加到55703人，整体的变化情况如图6－3所示。

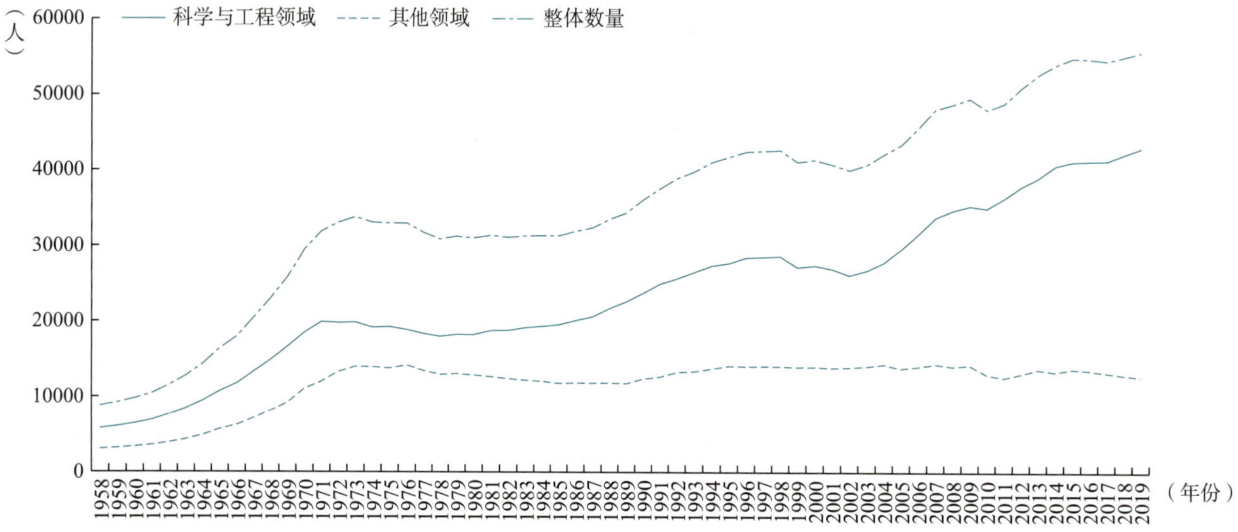

图6－3 1958～2019年美国授予的研究型博士学位数量

由于该项调查关注的是博士生的总量，因此统计的数据中不仅包括美国本土学生，还涉及大量的临时签证持有者。20年间（2000年到2019年）获得科学与工程（Science & Engineering）博士学位的临时签证持有者的人数增长了99%，获得相关博士学位的临时签证持有者的占比在2007年达到顶峰（41%），在2010年至2017年稳定在36%左右，在2019年略有上浮，增加到38%。相比之下，尽管美国本土学生基数较大，但是获得科学与工程博士学位的本土学生的数量经历了相对缓慢的增长，2000～2019年的增长率为42%，2010年到2019年的增长率则为20%。整体变化情况如图6－4所示。

通过比较可以发现，获得科学与工程博士学位的非美国国籍的博士生人数高度集中在少数几个国家。在过去的十年中，来自9个国家的留学生占据了所有获得美国科学与工程博士学位留学生的70%，其中排名前三的国家分别是中国、印度和韩国（见图6－5）。

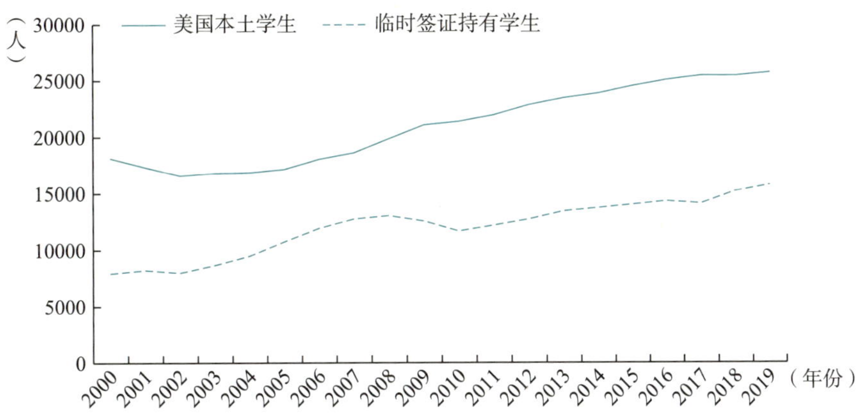

图 6-4　2000~2019 年不同国籍学生获得美国科学与工程博士学位的人数

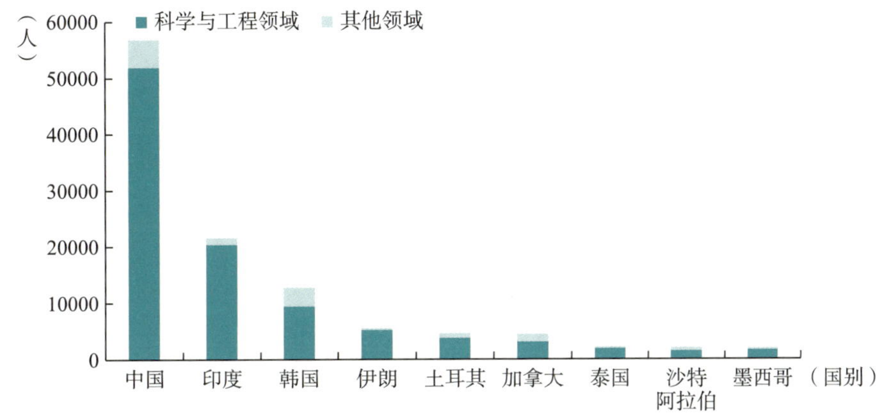

图 6-5　2010~2019 年获得美国科学与工程博士学位的外国学生较多的国家

（2）科学和工程领域研究型博士学位获得者占多数

比较来看，科学和工程领域的研究型博士学位获得者的人数超过了其他领域的博士学位获得者的人数，并且差距越来越大，其占博士学位获得者总人数的比例已经从 1979 年的 58% 攀升至 2019 年的 77%，而 2019 年授予的非科学与工程类博士学位的数量甚至略低于 1979 年。

在过去的 20 年里，每一个科学与工程领域相关学科的博士学位获得者的人数和所占比例都有所增长。心理学和社会科学领域博士学位获得者的人数虽然增加了，但是其在博士学位获得者总人数中所占的比例却有所下降。获得工程学博士学位的人数所占比例的增长幅度最大，从 2000 年的 13% 增加到 2019 年的 19%。整体占比如图 6-6 所示。

在过去的 20 年中，教育领域的博士学位授予数量有所下降，而人文和艺术领域博士学位授予数量有所增加，占 2019 年博士学位授予总数的 9%。其他领域（如商业管理和通信）的博士学位授予数量有所增加，但其占比没有发生太大变化。整体占比如图 6-7 所示。

2019 年，在 35274 名获得博士学位的美国公民或是永久居民中，69% 是白人，10% 是亚裔，8% 是西班牙裔或拉丁裔，7% 是黑人或非洲裔美国人，而不同的种族所获得的博士学位的类型也有所差别。亚裔在生命科学、物理和地球科学、数学和计算机科学以及工程学领域获得的博士学位数占博士学位授予总数的比例高于其他少数族裔群体；在教育和其他非科学与工程领域，黑人或非洲裔美国人博士学位获得者是最多的；在心理学和社会科学以及人文和艺术领域，西班牙裔或拉丁裔以及黑人或非洲裔美国人获得的博士学位数占博士学位授予总数的比例高于其他少数族裔群体。整体占比如图 6-8 所示。

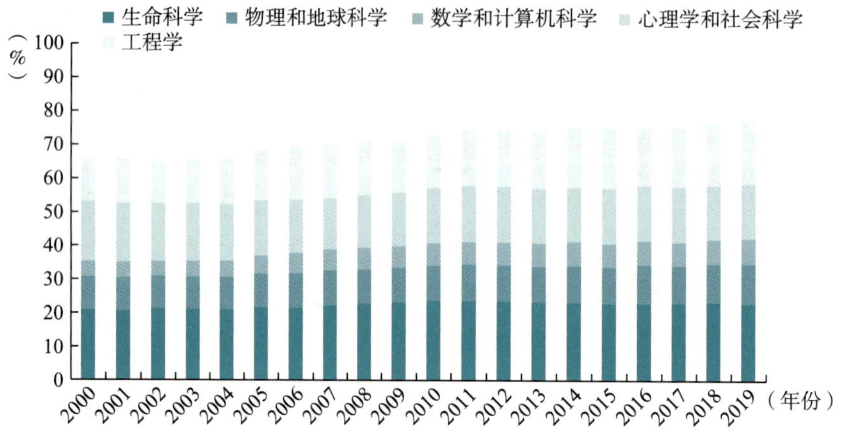

图 6-6　2000~2019 年美国科学与工程学相关学科博士学位获得者占博士学位获得者总人数比例

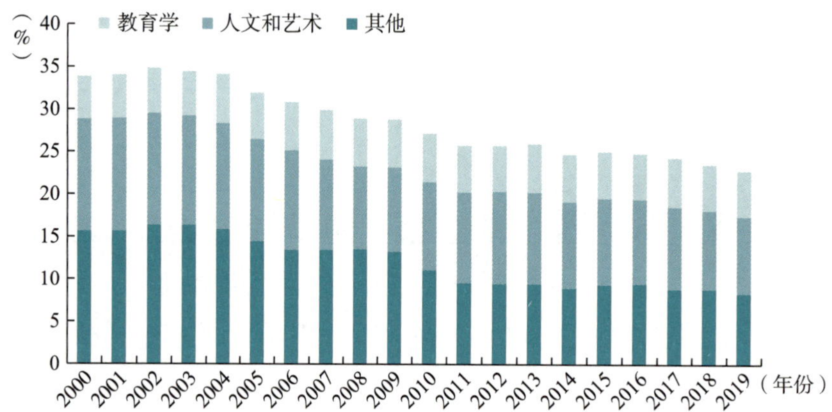

图 6-7　2000~2019 年非 S&E 学科博士学位获得者占博士学位获得者总人数的比例

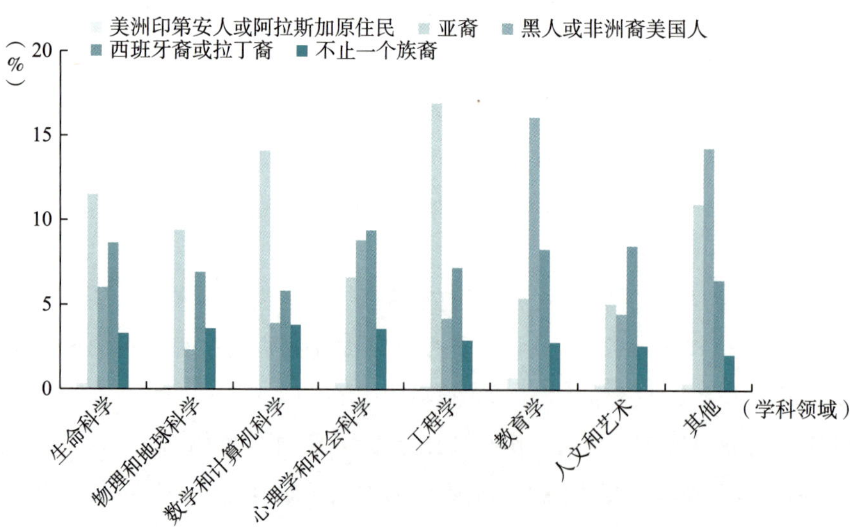

图 6-8　2019 年美国本土博士毕业生中少数族裔占比

（3）博士学位获得者在企业的预期工资高于博士后与学术界的预期工资

毕业生在获得博士学位后的第一个职位与薪资可以在一定程度上反映博士学位的收益状况，并且对个体以后的职业机会与选择产生影响。此外，博士学位获得者的早期职业模式可能会影响未来的学生在考虑成为科学家、工程师、学者和研究人员时的决定。

在生命科学、物理和地球科学以及工程学中，收到明确入职承诺①的博士学位获得者的比例在2000年以后有所下降（包括博士后职位），并在2014年左右达到了最低点，但此后有所回升。2019年，数学和计算机科学以及心理学和社会科学领域的博士学位获得者中，获得明确入职承诺的比例（分别为76%和74%）达到了过去20年的最高点（见图6－9），其他领域也同样从2014年前后的最低点恢复过来（见图6－10）。

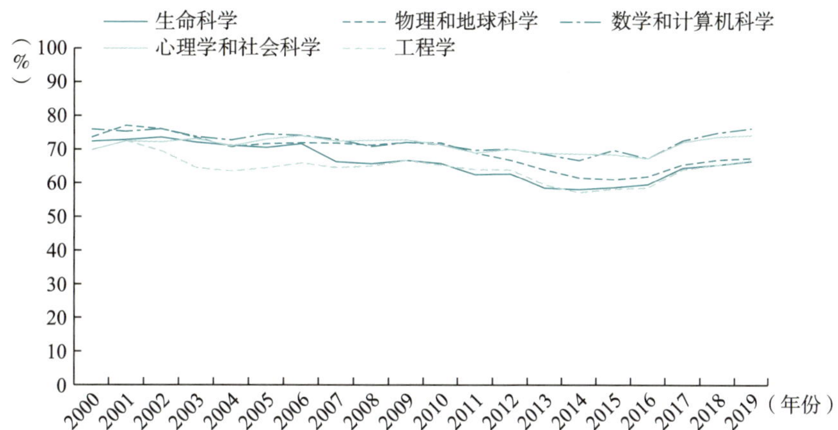

图6－9　2000～2019年受调查毕业生中科学与工程领域博士获得入职承诺人数的占比

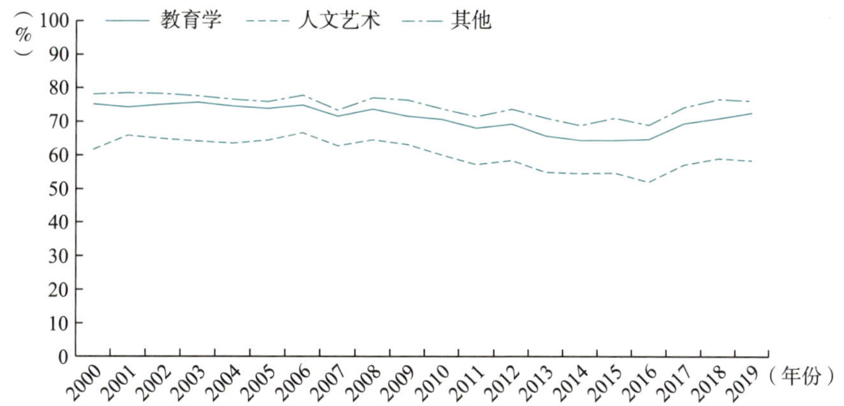

图6－10　2000～2019年受调查毕业生中非科学与工程领域博士获得入职承诺人数的占比

就工作的具体职位而言，博士后研究职位一直是生命科学、物理和地球科学领域的博士生早期职业道路的一个习惯性选择，这一趋势在别的学科当中也有所显现。自2000年以来，博士后在数学和计算机科学、心理学和社会科学、工程学和非科学与工程领域也变得更加普遍，尽管其所占的比例没有那么高。

① 明确就业（入职）承诺（Definite employment commitment）是指在未来的一年里，博士毕业生签署了合同（或以其他方式做出了明确的承诺），确定能够入职的凭证。百分比是根据明确毕业后成为博士后的毕业生和计划毕业后留在美国工作的博士生人数计算而来的。

在过去的 10 年里，科学与工程领域博士生毕业后立即在美国从事博士后工作的总比例从 55% 下降到 46%。在此期间，在生命科学、物理和地球科学、数学和计算机科学以及科学和工程领域担任博士后职位的博士生比例有所下降，而在心理学和社会科学以及非理工科领域的比例则有所上升，变化趋势如图 6－11所示。

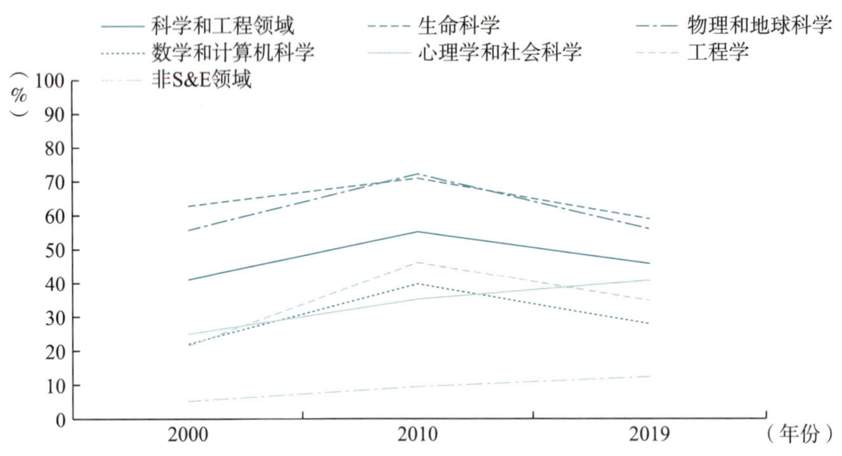

图 6－11　获得博士后入职承诺的毕业生中不同领域博士毕业生的占比情况

除了博士后之外，学术界的其他工作同样是部分博士毕业生的选择。2019 年，在美国所有获得明确就业承诺（不包括博士后职位）的博士生中，有 41% 的博士生报告说他们的主要工作是在学术界。人文和艺术以及其他非理工科领域的博士生学术界就业承诺率最高（分别为 72% 和 76%）；比例最低的是工程学（12%）与物理和地球科学（17%）。在过去的十年里，除了教育学的学术界就业承诺率有所上升，其他所有领域的学术界就业承诺率都有所下降。变化趋势如图 6－12 所示。

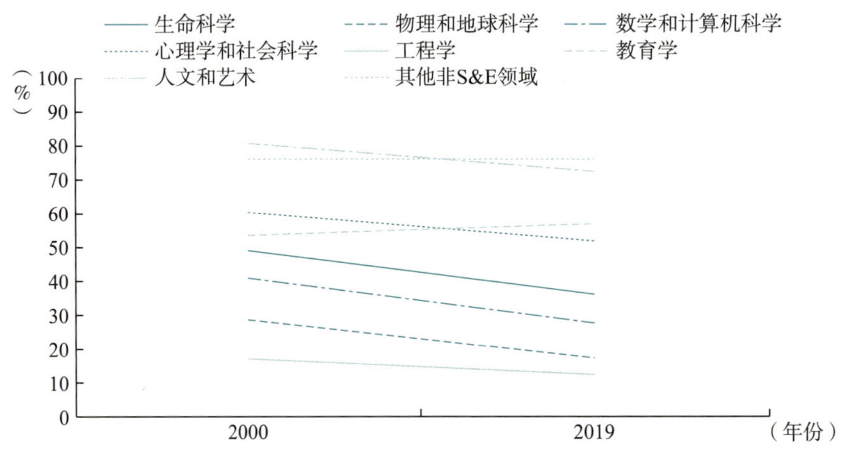

图 6－12　获得学术界入职承诺的毕业生中不同领域博士毕业生的占比

除了选择工作之外，毕业后工作薪资的多少也同样重要。对统计的数据对比之后可以发现，除了人文和艺术领域外，在商界或企业界工作的博士生预期工资的中位数明显高于博士后以及在学术界工作的博士毕业生。所有学科领域博士后的工资中位数都比较接近，从 50000 美元到 55000 美元不等，但数学和计算机科学领域博士后的预期工资中位数略高（60000 美元）。工程学的博士生在学术界的工资中位数高达 83000 美元。数学和计算机科学、工程学和其他领域学科的博士生在企业工作所获得的工资中位数最高（分别为 14 万美元、11 万美元和 11.7 万美元）。整体情况如图 6 - 13 所示。

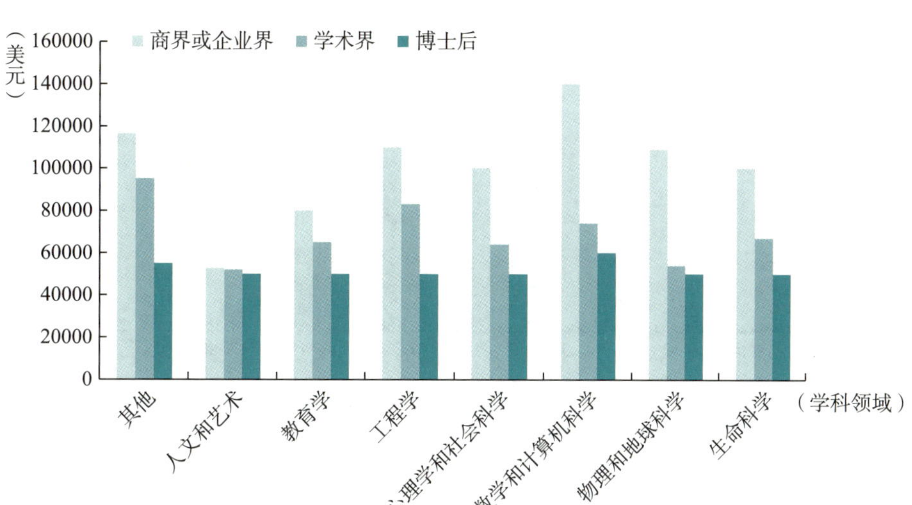

图 6 - 13　博士毕业生工作后的预期工资（年薪）中位数

6.2.2　英国高等教育政策研究院：优化博士生科研环境，进一步改善导生关系

近年来，英国关于博士研究生身份的探讨不断深入。在英国高等教育中，博士研究生虽然是学生，但经常受雇并成为科研群体中的一员，相比于其他国家将博士生视为带薪雇员的情况，英国博士研究生的双重身份使之常常被排除在政策议题之外。近期的一份报告指出大学科研人员的心理压力与日俱增，造成这一现象的直接原因就是学术圈的科研文化。与正式的科研人员相比，博士生没有科研工作人员的身份却深受科研文化的影响，因此为了提高博士研究生福祉，有必要更加深入地了解科研文化对博士生与带薪学术人员产生的不同影响，这也有利于把握影响博士研究生满意度与幸福感的复杂因素。

有鉴于此，英国高等教育政策研究院以博士研究生为主要调查对象，利用《自然》杂志 2019 年开展的全球博士研究生调查数据与惠康基金会（Wellcome Trust）2020 年开展的科研人员对科研文化态度的调查数据，对 1069 名英国博士研究生的相关情况进行分析（526 人的数据来自《自然》杂志数据库，543 人的数据来自惠康基金会的调查报告），并从工作时长与薪资、管理与领导等方面进行了阐述。

（1）工作时长与报酬引起博士生不满

由于博士研究生的学生身份，他们没有就业合同，因此不需要像学校雇员那样遵守规定的工作时间。但是经过调查发现，在英国院校为博士研究生所制定的行为准则中规定了他们应该工作的时长。图 6 - 14 是受调查的博士研究生平均每周的工作时长。

从图中可以发现，每周工作 41 ~ 50 小时的博士生人数最多，具体来说他们每周的平均工作时间为 47 小时。大多数受访者每周工作时间在 31 ~ 60 小时，35% 的人每周工作时间在 41 ~ 50 小时。每周工作超过 60 小时的学生比例（12%）几乎是每周工作不足 31 小时的学生比例（7%）的两倍。事实上，如果与一些职业进行对比可以发现，博士生的工作时间与普通教师和医生的工作时间相当，甚至远远超过了人们认为的健康时间（每周 39 小时），超过一半（68%）的博士生每周工作时间超过 40 小时。平均而言，博士生每周的工作时间比教职员工少四个小时。此外，学生（34%）和教职员工（35%）每周工作超过 50 小时的比例大致相同，这样的工作时长让部分博士研究生表示不满。

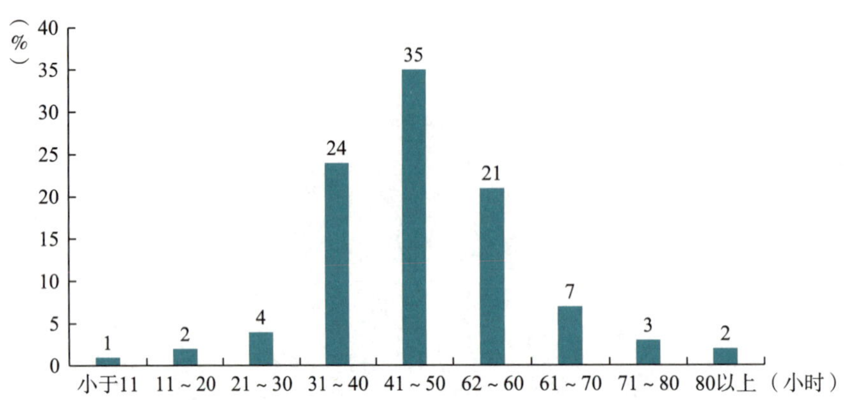

图 6－14　受调查的博士研究生平均每周的工作时长

说明：在统计百分比时进行了四舍五入的换算，因此最终各部分的百分比之和不一定是 100%。

然而在这样一种与正式工作不相上下的工作时长下，博士研究生得到的报酬却不尽如人意。平均而言，这些博士生的工作报酬为每小时 6.65 英镑，这个数字与英国从 2020 年 4 月起规定的全国 21～24 岁工作者最低工资每小时 8.20 英镑以及全国 25 岁以上工作者最低工资每小时 8.72 英镑相比都相差较远。这意味着，无论年龄或地点如何，本次受调查的普通博士生都没有挣得全国最低工资。这种工资水平意味着他们的收入远远低于他们在获得良好的硕士学位或一流的学士学位后进入工作场所的预期收入。考虑到博士生的平均年龄以及其所需要承担的家庭与社会责任，这样的报酬并不能满足学生的需求。

（2）部分博士生与导师接触较少

在攻读博士学位的过程中，博士研究生和导师的关系十分重要，导师主要负责指导博士研究生完成其科研项目。在《自然》杂志的调查数据中，近 2/3（63%）的博士生每周与导师一对一交流的时间平均不到一个小时，而有趣的是，本科生平均每周有近 14 个小时能够与相关教师接触。此外，当前有关的文件也没有明文规定导师每周必须与学生开展多长时间的交流。不过这种并不是很频繁的面对面交流似乎并没有对部分博士生造成困扰，约有 40% 的学生表示他们对这样的状态是满意的。

尽管有博士研究生适应这种与导师的相处方式，但是整体来看依然有不少博士生对导师并不是十分满意。调查显示，近 1/4（23%）的博士生表示如果能够重新选择的话，他们可能会更换目前所选的导师；近 1/5（17%）的博士生在列举他们读博期间最担忧的事情时，选择把“对导师的担忧”列在前 3 位；略高于一半（55%）的学生对他们从导师那里得到的总体认知感到满意。鉴于导师可能是学生读博期间唯一的定期学术联系人，而许多学生表现出疏离与孤独的情绪，目前的调查结果令人感到担忧。

从调查结果来看，有一定比例的导师并没有真正履行他们的义务。对惠康基金会数据库中 500 多名博士生数据进行分析可以发现，不到一半（41%）的导师关注了学生的身心健康，26% 的导师对学生进行了正式的考核，1/6（16%）的导师向学生展示了适当的道德准则，不到 1/10（9%）的导师要求对自身的管理进行反馈。

针对上述两点问题，报告也给出了一些建议。比如针对导师与博士生的关系，院校应该为导师提供定期的培训，并且出版一份监督指南；针对博士生在学习过程中感到孤立无援的情况，报告则建议院校能够为博士生群体分配一名职业导师，为他们毕业后的出路提供更多的建议。

6.2.3 美国研究生院理事会：关注研究生心理健康，呼吁院校积极行动

越来越多的证据表明，研究生的心理健康已经成为美国大学所面临的重大问题。尽管有这样的趋势，但人们对不同研究生所面临的压力的来源却知之甚少，对于如何关怀学生，创造一个更健康的校园文化需要哪些资源、制定哪些政策以及采取何种措施等更是所知不多。为了对当前美国高校解决研究生心理健康问题所采取的方案有所了解，美国研究生院理事会与杰德基金会共同制定了一份调查问卷，对高校保障学生心理健康与幸福感所采取的措施与行动进行调查，最终收到来自 241 所院校的反馈。

（1）美国学生面临不同的心理健康问题

新冠肺炎疫情的到来打乱了许多研究生的学习节奏，不仅影响了他们的学习进度，也造成了经济层面的损失，尤其是部分有色人种陷入了经济困难的局面。美国国家科学基金会资助的一项研究对 12 所院校的 3500 名研究生进行了调查，结果显示，受新冠肺炎疫情影响，67% 的受调查者在幸福感方面得分较低；32% 的受调查者有创伤后应激障碍的症状；35% 的受调查者有中度或重度抑郁障碍；33% 的受调查者有中度或重度焦虑障碍。

为了更加深入地了解研究生所面临的心理健康问题与美国院校采取的应对措施，调研人员以线上会议的形式邀请来自不同大学研究生院的院长、研究生、相关专家等约 100 人共同探讨相关问题。会议中提到，除了本土学生之外，国际研究生也同样面临不同程度的心理健康问题，这些压力的主要来源是联邦移民和签证政策的巨大变化。一些国际学生提到，他们迫切需要得到与移民政策相关的资讯以及所在大学的承诺（在留学问题上为他们辩护），因为目前与护照相关的问题不会得到解答，与护照有关的文书工作也难以完成。除了护照问题带来的巨大压力外，国际研究生在进入研究生院之初可能会有更多的压力，因为他们在适应美国高等教育体系和融入美国文化与生活方面面临额外的挑战。

不同类型的研究生所面临的压力来源也不尽相同。调查发现，由于硕士研究生毕业时间比博士研究生早很多，因此他们在就业市场上的周转速度很快，相比之下，博士研究生在其漫长的学习过程中感受到了诸多的不确定性，并且一些生活中的其他事务也会对其学习进展产生影响。不少在读博士研究生表示，在准备博士生资格考试的过渡期间压力很大，因为在研究生院提供的帮助很少的前提下，他们不仅需要做好失败的打算，还要应对考试缺乏透明度的问题。

（2）美国高校保障学生心理健康的措施仍有待完善

根据调查结果显示，大多数（64%）研究生院院长表示他们所制订的校园战略计划、愿景或办学宗旨中都涉及学生的心理健康与福祉。但是，具体涉及研究生层面的相关文件只有大约 1/4（24%）。少数院校在办学宗旨中明确提到了研究生，而且只有极少数的院校反馈拥有一个有关研究生心理健康的相关文件。鉴于研究生在生活和学术研究方面与本科生有很大的不同，因此在心理健康与福祉层面，他们的需求不一定与本科生相同。

不过，调查也传递出一些积极的信息。在所有受调查的院校中，接近一半（49%）的院校表示已经组建了一个与研究生心理健康有关的工作小组或委员会。这些工作小组或是工作委员会包括校园内各利益相关方的代表，最常见的代表主要来自三个部门，即学生事务处（73%）、咨询中心（72%）和研究生院长办公室（71%）。相比之下，只有 56% 的受调查院校提到这种工作小组或是工作委员会中有来自研究生群体的代表。除此之外，该工作小组或是工作委员会的代表还来自卫生服务部门、教务长办公室、

Title IX 办公室[①]等。

在受调查的院校中，有超过2/3（64%）的院校反馈在过去四年中校内相关部门收集了数据并对研究生心理健康与福祉的情况进行了评估。就与研究生心理健康和福祉相关的其他类型信息而言，学术进展（94%）和保留率（92%）的数据是最常被收集的，其次是参加合作教育项目（67%）、健康服务利用（65%）和心理健康服务利用（64%）。然而，只有1/3的研究生院（34%）表示会收集研究生的诊断数据（如焦虑、抑郁障碍的诊断数据）。

（3）呼吁高校采取更多措施保障学生心理健康与福祉

根据调查结果，报告提出了两点行动建议。第一个是提供研究生院长工作的指导框架，即《支持研究生的心理健康与福祉——研究生院院长的原则与承诺说明》；第二个是为更广泛的校园群体中的主要成员提出的一系列建议和指导。

《支持研究生的心理健康与福祉——研究生院院长的原则与承诺说明》已经于2020年12月发送到美国研究生院理事会的500所成员高校中，其中超过150所院校的研究生院院长已经正式认可了这些原则，并承诺在未来十二个月内采取具体行动。这份声明主要有四个方面的内容：价值观（Value）、原则（Principles）、承诺（Commitments）以及责任（Accountability）。

价值观主要涉及四点：①以学生为中心；②支持所有学生发展的教育氛围；③多样、平等与包容；④透明。原则有四点：①健康是每个学生成功的基础；②以蓬勃发展而不是挣扎求生存为目标；③研究生的经历与本科生的经历千差万别；④与研究生一起工作的教职员工和行政人员自己也可能会感受到巨大的压力。承诺有八点：①让学生参与并支持心理健康与福祉的方案制订和修订工作；②认识并强化不同群体在保障研究生心理健康方面的作用；③与校内各部门合作以寻找保障研究生心理健康与福祉的综合性路径；④确保校园心理健康与福祉方案适用于不同的研究生群体；⑤制定并使用循证式的策略以改善研究生心理健康与福祉；⑥大力加强对导师与监督人员的培训；⑦加强研究生院院长之间的合作能力；⑧将有关社会生活与情感的培训纳入研究生与教师的生涯发展。责任包括五点内容：①与校内各利益相关方共同支持成立一个全校性的咨询机构，负责制定与研究生心理健康和福祉相关的战略规划；②在校园学生健康框架中明确提及对研究生心理健康和福祉的支持；③定期评估研究生的支持需求，或保证任何现有的调查都能解决相关问题；④在每个学年开始时向研究生院院长与导师传达现有校园资源和政策的信息；⑤每个学年中至少进行一次面向所有研究生的心理健康和福祉的宣传工作，并告知其现有校园资源和政策的相关信息。

根据调查结果，报告对大学校园中其他团体如何参与保障研究生心理健康与福祉的工作也提出了建议，如大学校长可以对既有的保障研究生心理健康的战略实施进行监督，营造多样性、公平和包容的校园空间，承认并讨论未成年研究生经历的挑战和危机等；负责研究生工作的教职员工以及导师则需要对学生有明确的期待，包括学生需要花一定的时间修养身心等，同时，老师们还要尊重学生的职业选择，即使学生选择了非学术圈的工作也是如此。

---

① Title IX 是美国的一项联邦民权法律，作为1972年教育修正案的一部分获得通过。它禁止在任何活动或其他接受联邦资金的教育项目中的性别歧视行为，而美国高校的 Title IX Office 主要负责处理校园性暴力和性骚扰问题。

6.2.4 国家高等教育学生权益中心：提高特定权益群体毕业率，实现高校学生群体多样化

20世纪90年代以来，澳大利亚政府一直在寻求提高特定权益群体①在高等教育中的比例。该项计划被称为“拓宽参与度”议程，其目标就是提高代表性不足的特定权益群体的参与度，并以此反映他们在整个澳大利亚人口中的代表性水平。此前该项计划主要的关注点聚焦于本科教育，对研究生领域关注较少（尤其是课程型硕士）。

因此，在澳大利亚国家高等教育学生平等中心（National Centre for Student Equity in Higher Education, NCSEHE）的资助下，昆士兰科技大学对六类特定权益群体参与硕士研究生教育的情况进行了调查。调查尤其关注硕士研究生的入学（开始注册）和结业情况，并对每个阶段政府所设定的特定权益群体参与硕士学习（包括课程型硕士与研究型硕士）的目标进展情况进行了比较。

（1）特定权益群体硕士研究生的毕业率有待提高

从入学人数层面来看，2006年到2016年课程型硕士的增长率（27.6%）显著大于研究型硕士（9.3%），但是二者在每年高等教育入学总人数中的占比变化不大；而从学业完成层面来看，10年间完成学业的研究型硕士的数量增长了32.3%，略高于课程型硕士（24.0%）。

在整体数量变化的情况下，六类特定权益群体呈现显著的硕士学业完成率低于入学率的现象，每一类权益群体在2006年与2016年的入学人数占比与结业人数占比如表6-14所示。

表6-14 2006年与2016年六类特定权益群体硕士入学与结业情况

单位：%

学生类型	研究生类型	2006			2016		
		入学人数占比	结业人数占比	差异值	入学人数占比	结业人数占比	差异值
原住民学生	研究型	1.0	0.5	>50	1.4	0.6	>50
	课程型	0.9	0.3	>50	1.4	0.6	>50
社会经济背景弱势学生	研究型	7.9	1.1	>50	8.4	3.2	>50
	课程型	11.4	5.2	>50	11.9	5.8	>50
非大都市学生*	研究型	12.0	7.5	>50	13.5	7.0	>50
	课程型	15.9	7.8	>50	15.7	8.9	>50
偏远地区学生	研究型	0.8	0.7	<10	0.8	0.6	<15
	课程型	1.5	0.6	>50	1.3	0.6	>50
残疾学生	研究型	3.5	2.0	<50	4.2	2.0	>50
	课程型	2.9	1.6	<50	4.6	2.4	<50
非英语背景学生**	研究型	7.1	6.6	<10	7.5	6.6	<15
	课程型	5.0	3.9	<25	4.6	3.1	<15

注：*非大都市学生主要指来自悉尼、墨尔本、布里斯班、珀斯、阿德莱德和堪培拉以外的所有地区（小城市、城镇等）的学生。
**非英语背景学生特指在收集数据的年份之前在澳大利亚生活的时间不到10年的澳大利亚籍学生，且其第一语言不是英语。

① 报告中的特定权益群体主要是指6类人群：澳大利亚原住民、社会经济背景弱势的群体、非大都市群体、来自偏远地区的人、残疾人以及来自非英语背景的人。

根据这些数据可以发现，除了来自非英语背景的学生或来自偏远地区的学生之外，其他特定权益群体的结业人数占比都明显低于入学人数占比，并且这种差距在过去的十年中一直没有发生改变。在这些学生中，原住民学生、非大都市学生以及社会经济背景弱势学生的情况并不乐观，而残疾学生虽然也存在毕业率远低于入学率的问题，但在过去的十年中已经呈现逐渐改善的趋势。事实上，原住民学生、残疾学生和社会经济背景弱势学生完成学业的可能性为非英语背景学生的1/3。

这一群组效应在2006～2016年的十年间相对稳定，也就是说尽管大多数特定权益群体的入学率有了缓慢的提高，但完成学业的情况却没有得到相应的改善。值得关注的是，原住民学生、残疾学生和社会经济背景弱势的学生群体的学业完成率在大多数情况下停滞不前，或者最多只是略有提高。因此，来自六类特定权益群体的学生在完成学业方面面临较大的问题，对于澳大利亚政府而言，未来的工作重点不仅仅在于让更多特定权益群体获得接受高等教育的机会，更需要在他们进入大学后提供必要的支持以提高其毕业率。

（2）进一步探寻影响少数群体硕士生毕业率的影响因素

入学占比与毕业占比之间的差距表明，六类特定权益群体的学生即便参与硕士学习，也不一定能如期完成学习，因此他们可能需要额外的支持来确保顺利结业。调查还发现，社会经济背景弱势的学生虽然入学比例最高，但其学业完成率却明显较低。一般而言，学生无法正常结业通常被理解为院校在专业层面和经济层面的失败，而对学生而言更多的是经济方面的损失，并且他们可能会将这种“失败感”内化。如果采用纯粹的经济衡量标准，那些需要较高投资可是回报却不尽如人意的特定权益群体可能会受到影响，因为学校可能会选择向那些能够创造更大经济收益的学生群体倾斜。

为了解决上述问题，当务之急就是要提高特定权益群体硕士研究生的学业完成率。目前澳大利亚政府在维护学生高等教育权益方面似乎将重点放在了多样性这一衡量标准上，事实证明需要对研究生群体的异质性进行更加深入的探究，尤其应对特定权益群体的人口与文化因素（包括阶级与性别）之间的交叉影响有所了解。

此外，学生群体的成长与发展离不开大学的支持，因此还需要将目光转向承担着培养不同特定权益群体硕士研究生的高校。大学之间财富和资源的差异对实现提高非传统学生学习能力的目标产生了不利影响，因为那些拥有最多资源的院校，或者是那些有能力调动资源支持这些特定权益学生的院校，其拥有的特定权益学生人数往往较少，与此相反的是，一些区域性大学承担了过重的培养任务。据此，政府需要改变资助模式，将更多的资金用来支持那些拥有高数量和高比例的特定权益学生的大学，以确保这些学生顺利完成学业。

第 7 章　专题研究：疫情对研究生教育的影响

新冠肺炎疫情在世界范围内的暴发，给国内外的政治、经济和社会发展带来深刻的影响。对各个国家的高校来说更是如此，“停课”与“停学”对高等教育系统造成巨大的打击。[①] 联合国教科文组织发布的数据显示，截至2020年4月15日，全球190多个国家超过15亿学生受到学校停课的影响，占全世界学生总人数的90%。[②] 亚太地区教育质量保障组织（APQN）在全球进行了一项关于“疫情下师生的心理和行为反应以及高校的应对举措”的调查，发现30%的师生因压力大而无法专注于学习、工作和生活，出现“恐惧”这一负面心理状态。[③] 为降低疫情对研究生教育的负面影响，各国纷纷做出相应调整，在招生、教学模式和就业指导方面提出了若干改革举措。

7.1 疫情对国内外研究生教育的影响

疫情的暴发和在国际的蔓延，给全世界研究生教育系统带来了深刻的变化和巨大的影响，体现在生源招收、培养过程和就业多个方面。

7.1.1 发达国家生源减少，中国生源增加

（1）发达国家生源减少，招生危机和资金危机凸显

一方面，发达国家本国生源显著减少，原因在于以下几点。首先，疫情下各国经济受到不同程度的影响，小微企业的破产以及各大公司的裁员，使得家庭和个人在重大危机事件中抵抗风险的能力降低。研究生教育所需的学费，尤其是私立大学的学费成为家庭的负担，降低了部分研究生继续攻读学位的意愿。以俄罗斯为例，受到疫情和消极经济趋势的影响，俄罗斯当地居民的生活水平下降，私立大学和公立大学中营利性院系的学生人数减少。俄罗斯国立大学的负责人娜塔利娅·波钦诺克表示，学校中自费的学生将减少30%；[④] 俄罗斯《消息报》的专家也表示，在大城市就读的昂贵生活成本，将会使俄罗斯大量省份中顶尖大学的申请者人数减少。[⑤] 其次，由于昂贵学费和生活费的负担，更多的学生去竞争国家资助入学的名额，在有限的名额资源和庞大的需求面前，一部分学生主动或者被动地放弃入学，对本土生源造成巨大影响。最后，疫情对研究生招考和录取带来不便，使本国生源人数减少。以美国为例，研究生入学前各高校需要对潜在生源的知识水平进行标准化评估，即GRE考试。但是疫情下非聚集的要求与集中考核之间的矛盾较难调和，给GRE的考核带来不便，顺利参加并通过考核的学生人数减少，直接影响美国研究生的本土生源。[⑥] 一项调查显示，2020年秋季，美国研究生入学率下降了将近43%。[⑦]

---

① M. B. N. Wajdi et al., “Education Policy Overcome Coronavirus, A Study of Indonesians,” *Journal of Education And Technology* 2 (2020): 96 - 106.

② “COVID - 19 Impact on Education,” https://en.unesco.org/covid19/education response/.

③ 张建新、杨雅涵：《APQN专题调查：新冠肺炎疫情对全球高校的影响》，《上海教育评估研究》2020年第5期。

④ 详见英国大学世界新闻，https://www.universityworldnews.com/page.php?page=UW_Main。

⑤ “Russian Private Universities Face Big Fall in Student Numbers,” https://www.universityworldnews.com/post.php?story=20200907095528867.

⑥ “Graduate Schools Make Changes to Standardized Testing Admission Requirements in Light of COVID - 19,” https://www.stanforddaily.com/2020/07/21/graduate-schools-make-changes-to-standardized-testing-admission-requirements-in-light-of-covid - 19/.

⑦ “A Pandemic Graduate Admission Cycle,” https://www.insidehighered.com/news/2021/02/18/survey-finds-steep-decline-first-time-international-graduate-enrollments-last-fall.

另一方面，前往发达国家留学的国际生源减少。首先，以健康安全为首位的个体动机和以不确定性为代表的国际环境，从内外两方面削弱了人们进行国际交流的意愿。出于对自身安全的考量和对国际形势的预判，再加上国外生活的昂贵支出，出国留学的学生大幅减少。另外，疫情强化了国际流动的负外部性，为减少风险的不确定性带来的巨大损失，各国纷纷减少国际交流，包括减少或暂停航班、相应改变签证制度和居住政策等，通过减少对外交流的频率来降低风险。如 2020 年 4 月 22 日时任美国总统特朗普签署行政令，“即日起 60 天内暂停部分外国人移民美国”①，2020 年 7 月发布“在美国的留学生，如果不参加线下课程，将不得留在美国”②，这种政策大大挫伤了留学生的积极性。美国《高等教育情报》发布的一项针对美国国际招生的调查显示：从 2019 年秋季到 2020 年秋季，国际研究生的首次招生人数下降了 39%。在所有获硕士学位项目录取的国际学生中，12% 的学生推迟入学，17% 的学生放弃首次入学；在所有获博士学位项目录取的国际学生中，10% 的学生推迟入学，33% 的学生放弃首次入学。③ 加州州立大学富尔顿分校（California State University, Fullerton）工程学院的相关负责人表示，截至 2020 年上半年，该学院工程学硕士项目的人数已经从 1300 多人下降至 759 人，受疫情影响，预计 2020 年秋季研究生入学人数会进一步减少。美国国会议员认为美国的疫情危机将会使潜在的国际学生远离美国，尤其是中国留学生。④

本国生源和国际留学生生源的减少，导致学校收入显著减少，尤其是一些以海外生源为主要收入来源的高校。如澳大利亚的一些大学有 90% 的授课型研究生来自海外，疫情可能使澳大利亚的一些大学损失几乎全部的生源，⑤ 对高校收入带来巨大的负面影响。此外，在收入危机的影响下，美国高校的部分院系暂停研究生招生或者限制毕业人数，以便为受疫情影响的学生腾出支持资金和教师资源。⑥

（2）中国生源增加，研究生教育规模显著增加

与国外研究生教育的“招生危机”不同，疫情期间我国研究生教育的需求进一步扩大。一方面，研究生教育需求持续上升。2020 年我国的高校毕业生预计达到 874 万人，同比增加了约 40 万人。且近年来报考人数连年递增，2020 年研究生报考人数达 341 万人，同比增加了 50 万人⑦，较 2019 年增长 17.59%，而 2019 年报名人数相对于 2018 年增加 52 万人，增幅达 21.85%。另一方面，疫情下相当一部分中小企业面临破产或者裁员的境地，一部分大学生就业受到影响，从而选择升学这一“出口”，研究生教育成为“人才蓄水池”和“就业缓冲器”。⑧

---

① 《特朗普签署行政令 暂停部分外国人移民美国》，“新华社”百家号，https://baijiahao.baidu.com/s?id=1664732752199962247&wfr=spider&for=pc。

② 《美国最新政策：在美留学生只上网课，将面临强制离境!》，“留学问多点”搜狐号，https://www.sohu.com/a/406245728_527744。

③ “A Pandemic Graduate Admission Cycle,” https://www.insidehighered.com/news/2021/02/18/survey-finds-steep-decline-first-time-international-graduate-enrollments-last-fall.

④ “Another Pandemic-related Threat to Universities: Falling Numbers of Graduate Students,” https://hechingerreport.org/another-worry-for-colleges-and-universities-falling-numbers-of-graduate-students/.

⑤ “Covid ‘Threat’ to Australian Postgraduate Ranks,” https://www.timeshighereducation.com/news/covid-threat-australian-postgraduate-ranks?site.

⑥ Colleen Flaherty, “Pausing Grad Admissions,” https://www.insidehighered.com/news/2020/06/01/some-departments-plan-suspending-or-limiting-graduate-cohorts-year-or-longer-free.

⑦ 《341 万人！考研报名持续高温，“双一流”院校招生继续扩张》，中国教育在线网，https://www.eol.cn/news/yaowen/201912/t20191219_1699967.shtml。

⑧ 戴先任：《研究生扩招的喜与忧》，《中国财经报》2020 年 3 月 5 日。

综合考虑经济社会发展需求、财政支持、高校办学条件等情况，中国实施了研究生扩招政策。教育部副部长翁铁慧表示，将拓展毕业生升学深造渠道，着力扩大硕士研究生招生规模，预计同比增加18.9万人，扩招将向服务国家战略和社会民生急需的领域倾斜。其中，硕士研究生扩招向临床医学、公共卫生、人工智能等专业倾斜，以专业学位培养为主。[①] 根据中国教育在线发布的《2020年全国研究生招生调查报告》测算，[②] 2020年的研究生扩招是近年来扩招规模最大的一次，扩招比例约为23.6%。2001年以来，扩招比例通常控制在5%左右，突破10%的年份包括2003年的"非典"时期（扩招34.1%）、2009年国际金融危机（扩招16.3%）以及2017年非全日制纳入统考（扩招22.4%）（见图7－1）。

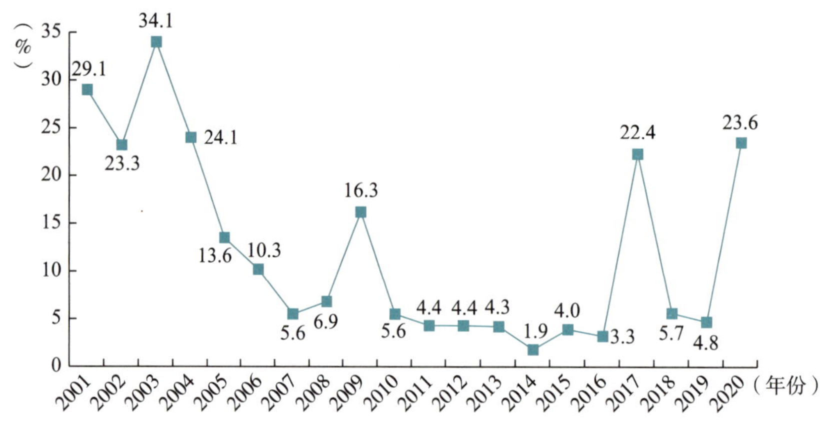

图7－1　2001年以来研究生扩招比例

7.1.2　扰乱正常教学秩序，学生学习体验不佳

为防止新冠肺炎疫情的传播，部分国家陆续关闭了大学校园，暂停线下教学活动，推行线上教学，这些举措对研究生教育带来的影响主要表现在以下几个方面。

一是疫情下的"停课""停学"，使教学活动不连续，许多国家的高等教育系统准备不足，难以有效应对疫情，全球近九成的学生受到学校停课的影响。教学活动的中断割裂了课程学习之间的联系，使研究生的学习活动缺乏连续性。2020年联合国教科文组织国际教育规划研究所通过对全球75个国家的有效调查发现：78%的国家为学生提供了非全日制学习、远程学习和在线学习等灵活多样的学习形式，但在保证此类教学的质量与有效性方面仍面临挑战；57%的国家表示目前尚未制定有关灵活学习的全国统一政策。[③]

二是线上教学虽然在一定程度上保证了教学活动的正常开展，但是在线教育技术和技术使用环境方面不成熟，师生之间普遍出现不适应。疫情下线上教学以其地域、场地、时间的灵活性，成为国内外研究生教育的普遍选择，在一定程度上缓解了疫情给高等教育系统带来的巨大压力。但是线上教学也给师生之间带来诸多不适应。首先，线上教学本身具有一定的缺陷，存在师生授课、互动、作业提交、实验室使用等方面的困难。荷兰的一项调查显示，线上教学过程中学生提问成难题，授课期间与教师的交流

① 《今年扩招硕士18.9万，专升本32.2万——毕业生就业帮扶发力》，中华人民共和国中央人民政府网站，http://www.gov.cn/xinwen/2020－02/29/content_5484774.htm。

② 《2020年全国研究生招生调查报告》，中国教育在线网，https://www.eol.cn/e_ky/zt/report/2020/catalog.html。

③ "COVID－19 Shows the Need to Make Learning More Flexible，" https://www.universityworldnews.com/post.php? story＝20200324115802272.

变得更加困难，学生很难用一种非侵入式的方式进行提问，既不能通过肢体语言示意，也不能进行眼神交流。[①] 其次，线上教育引发了更多关于"质量与公平"的讨论，在线教育需要的设备、网络等，对于不同地域、不同家庭的研究生群体产生不同的影响。最后，相当一部分教师缺少线上教学的训练。一项对于英国 1285 名学生和 567 名教师的实证研究指出，58% 的学生和 47% 的教师在此之前没有线上教学的经验，有 67% 的学生对线上教学"感到满意"，仅有 21% 的教师对自己的线上教学技能"非常自信"。[②] 远程线上的教学新模式给教师教学带来不便，学生在线教育体验不佳。

三是国际学术交流活动变少。受疫情影响，跨国会议、研讨会大多停办或者转为线上举办，线上会议虽然也能起到相应的作用，但是效果会大打折扣，进而降低国内外研究生教育的质量。受疫情影响，在 2020 学年至 2021 学年期间，加拿大国际学生入学率同比下降了 20% ~30%，国际交流大大减少。[③]

7.1.3 就业压力显著增大，国内外研究生就业危机显现

疫情下的就业市场，被经合组织称为"自大萧条以来最严重的就业危机之一"，全球的失业率都处于一种居高不下的状态。2020 年澳大利亚毕业生调查报告显示：2007 年到 2020 年，毕业生找工作的时间明显增加，花费四个月及以上时间寻找工作的毕业生比例从 9% 增长到 17.1%。[④] 2019 年美国、加拿大、英国、德国、法国、韩国等国家的研究生就业率均低于 90%。

在经济下行以及疫情的双重影响下，高校应届毕业研究生就业面临更加复杂严峻的形势。中国教育部统计，2020 年全国普通高校毕业生达到 874 万人，同比增长 40 万人，创近 10 年毕业生人数新高值。其中研究生毕业人数约 90 万人，同比增加约 10%，这部分毕业生面临很大压力。同时，2020 年上半年中国企业用工数量较往年明显减少，据统计，2020 年春招毕业生需求量较 2019 年下降了 66.27%，近五年来首次呈负增长。[⑤] 应届生整体招聘需求同比下降 22%，其中，岗位收缩程度最大的是金融行业，特别是互联网金融相关领域，应届生招聘需求较 2019 年同期下降超过 50%。且在国外疫情影响下，贸易/进出口行业受到二次冲击，纺织、鞋履、小商品等领域外贸订单数急剧下降，能够吸纳大量应届生就业的服务业和贸易行业受到重大冲击，应届生岗位数量也大幅收缩。

就业压力增大、失业率增加的主要原因在于：一方面，学术就业市场长期处于"饱和状态"，随着研究生教育规模的扩大，进入就业市场的研究生人数日益增加，而学术就业市场却并未随之提供相应的岗位；另一方面，疫情下各行各业面临挑战，不少企业选择了"裁员"，就业市场严峻程度增加，出现"供大于求"局面；另一方面，部分毕业生职业准备不足，难以适应就业市场的需求。非洲开发银行的最新报告《2020 年北非经济展望：应对新冠肺炎大流行》指出，尽管阿尔及利亚、埃及、摩洛哥和突尼斯

---

① "Dutch Students 'Struggle to Raise Questions in Online Lectures'," https://www.timeshighereducation.com/news/dutch-students-struggle-raise-questions-online-lectures.

② "Gravity Assist: Propelling Higher Education towards a Brighter Future," https://www.officeforstudents.org.uk/publications/gravity-assist-propelling-higher-education-towards-a-brighter-future/executive-summary/.

③ "Fears That International Student Intake will Keep Falling," https://www.universityworldnews.com/post.php? story = 20210402091353306.

④ "COVID will Cripple Australia's Jobs Market for Years," https://ia.acs.org.au/article/2020/covid-will-cripple-australia-s-jobs-market-for-years.html.

⑤ 《2020 届中国毕业生春招报告》，梧桐果网站，https://www.wutongguo.com/report/200.html。

等国家对高等教育进行了大量投资，但是毕业生的技能始终处于较低水平。[①] 同时，各个国家针对博士生培养和教育的批评声音也越来越多，不少人认为培养出来的博士毕业生与社会的需求之间出现了偏差。花费大量时间培养出来的过于专业化、缺乏非学术劳动力市场所需能力的博士毕业生，难以适应当前社会的发展和劳动力市场的需要。[②]

疫情下的就业危机加大了研究生群体的压力和焦虑情绪，一项调查指出，疫情期间研究生出现焦虑和抑郁情绪的概率比普通人高出 6 倍。[③] 加州大学伯克利分校牵头开展的“研究型大学学生体验调查”显示，32% 的研究生患有重性抑郁障碍，39% 的研究生患有广泛性焦虑障碍。其中，低收入、女性、少数族裔、少数群体、文科学生和参与远程课程的学生出现抑郁和焦虑情绪的比例更高。相比 2019 年的同一调查数据，在疫情影响下，2020 年患有精神疾病的研究生比例有所增加，2020 年研究生和专业学生的抑郁障碍患病率是 2019 年的 2 倍，焦虑障碍的患病率是 2019 年的 1.5 倍。博士生的心理健康问题最为严重，重性抑郁障碍患病比例高达 36%，广泛性焦虑障碍患病比例高达 43%。研究还发现，艺术、人文、传播和设计领域的学生出现心理健康问题的概率更高，社会科学和行为科学专业的学生也更容易患精神疾病。[④]

就业危机的出现，引发了人们对于研究生教育更加深入的思考。研究生培养应该侧重于“通才”培养还是“专才”培养？研究生培养应该更加重视学术需求还是社会需求？对研究生的培养，是否应该在学术训练的基础上，增加一些技能性的课程，以增加其进入非学术领域就业的机会？以及如果博士生进入非学术领域就业，是否意味着资源的浪费？

7.2 国外研究生教育的改革举措

为应对疫情，国外研究生教育开启了大范围的改革：一是推行“友好型”招生政策，以应对“招生危机”和“资金危机”；二是更加重视学生学习体验，提升线上教学质量，关心关怀学生的情绪问题和心理健康；三是面向社会需求，提升研究生职业胜任力。

7.2.1 推行“友好型”招生政策，吸引更多生源

“友好型”招生政策通过简化入学程序、强化激励以及增强学习和工作签证的灵活性等手段，吸引更多的生源。疫情期间，美国斯坦福大学研究生院对标准化入学考试做出调整，物理系取消了申请者的研究生入学考试，商学院的工商管理硕士和管理学硕士项目认可线上的测试分数，并采取线上面试的方式。

① 《非洲经济展望 2020 增刊 新冠疫情肆虐之际/African Economic Outlook 2020 Supplement Amid COVID－19》，非洲开发银行集团网站，https://afdb-org.cn/news-and-info/pdf/231/。

② B. M. Kehm, “Reforms of Doctoral Education in Europe and Diversification of Types,” In S. Cardoso, O. Tavares, C. Sin, T. Carvalho eds., *Structural and Institutional Transformations in Doctoral Education. Issues in Higher Education*. Palgrave Macmillan, Cham, https://doi.org/10.1007/978－3－030－38046－5_4.

③ “Mental Health has Long been a Challenge for Grad Students, COVID－19 has Made It Harder,” https://www.inquirer.com/news/grad-students-mental-health-covid-depression－20200824.html.

④ “Undergraduate and Graduate Students’ Mental Health During the COVID－19 Pandemic,” https://escholarship.org/uc/item/80k5d5hw#author.

这些举措不仅增强了安全性，而且简化了入学申请的流程。① 德国政府强化对研究生的激励，增加关怀，从 2020 年 6 月开始，政府向账户上只有几百欧元的学生提供援助，6 ~7 月申请这一援助的学生人数高达 15 万人。② 此外，针对国际研究生，各国实施更加友好的签证和居住政策。加拿大实施了更加灵活和便利的工签申请政策，帮助留学生毕业后在加拿大寻求工作和移民，③ 履行了对国际学生进行全面支持的承诺。

7.2.2 更加重视学生学习体验，提升在线教学质量

针对疫情期间师生对在线教学的不适应，各个国家通过完善相应的基础教学设施，优化在线教育技术，重视学生的体验，关注学生的满意度与获得感，从整体上提高研究生在线教育的质量。

一方面，保障在线教学质量。英国研究生教育协会推出“导师在线辅导指南”④，为导师在线指导学生提供有益参考。同时设立了一系列在线教育的质量保障与评估方法，如通过学习者满意度、学习者成果、教学实践、学习者应用和广泛影响五个方面衡量在线教学质量，通过课堂活动、课程成绩和课程材料等的数据，提供形成性评价和结果性评价，加强质量保障。

另一方面，更加重视学生的满意度和获得感。首先，高校努力为每一位研究生提供更好的学习体验，完善相关基础设施，为贫困地区的家庭提供可以上网的设备和设施，针对参加线上课程并未取得成就的群体，如首次接触网课的学生、低收入学生、学业准备不充分的学生、残障学生等，采用多种方式促进师生互动，满足学生的个性化需求。⑤ 如印度高等教育机构为有需求的学生办理长期且低利息的“学习贷款”，引入模块化学习，学生可以按照自己的学习进度，逐步获得学位。⑥ 其次，高校更加重视研究生的心理健康，注重营造包容性、积极向上的环境，关注学生个体的情感变化和心理体验。越来越多的大学开始与远程心理咨询公司建立合作关系，更专业、更大范围地为学生提供心理咨询服务。⑦ 最后，为适应线上教学，慕课平台已经从主要提供免费或低费用的课程转变为提供专业发展或研究生层次的课程。同时越来越多的工程学校和公司与慕课平台建立合作关系，通过此平台提供证书、高级学位和专业教育，满足多样化的在线学习需求。

7.2.3 面向社会需求，提升研究生职业胜任力

疫情期间，各个国家更加重视研究生职业胜任力的培养。一方面，高校强调研究生教育要以学生为

① “Graduate Schools Make Changes to Standardized Testing Admission Requirements in Light of COVID－19,” https://www. stanforddaily. com/2020/07/21/graduate-schools-make-changes-to-standardized-testing-admission-requirements-in-light-of-covid－19/.

② “Germany's Unique Work-study System Creaks under Pandemic Strain,” https://www. timeshighereducation. com/news/germanys-unique-work-study-system-creaks-under-pandemic-strain.

③ “Canada Adds More Study and Work Permit Flexibility Amid Covid－19 Restrictions,” https://thepienews. com/news/canada-adds-more-study-and-work-permit-flexibility-amid-covid－19－restrictions/.

④ “UKCGE Publishes Guide to Online Supervision-Kumar. Kumar. Taylor (2020),” http://www. ukcge. ac. uk/article/guide-to-online-supervision－457. aspx.

⑤ E. N. Meyer, “Advancing Online Teaching: Creating Equity-Based Digital Learning Environments by Kevin Kelly and Todd Zakrajsek,” *The French Review* 3 (2022): 211－212.

⑥ “When Geopolitical Tensions Interrupt the Academic Project,” https://www. universityworldnews. com/page. php? page = UW_Main.

⑦ “Extending the Reach of Mental Health Therapy,” https://www. insidehighered. com/news/2020/10/01/teletherapy-platforms-extend-reach-college-counseling-centers.

中心，面向多样化的职业，提升研究生的就业能力与技能。[①] 如美国马里兰大学、宾夕法尼亚大学、麻省理工学院和杜克大学的研究生助教制度，通过量身定制的培训活动、专题工作坊、预备课程以及作为职业发展的教学活动，给研究生助教提供更多的“实战”机会，为以后的职业选择和生涯规划夯实基础。[②] 另一方面，高校进行培养模式改革，帮助博士毕业生进入非学术领域就业。例如一些高校增设专业特色课程，为博士毕业生就业提供更多种可能。美国福特汉姆大学教授伦纳德·卡苏托和德鲁大学前校长罗比特·魏斯布克在《新型博士生教育：如何建设更好的研究生教育》中强调，探索符合学生广泛职业兴趣和符合非学术职业兴趣的博士生课程，为博士生非学术就业做好准备。[③]

7.3　中国研究生教育的改革举措

面对疫情，国内研究生教育也在招生、培养以及就业多个方面实施了相应改革，保障研究生教育高质量、内涵式发展。

7.3.1　精准实施研究生扩招计划，服务国家经济社会发展

疫情下我国研究生进行扩招，是充分考虑支撑条件后的应急举措，也是面向国家急需提升供给能力、提供更多高层次受教育机会以及缓解就业压力的综合考量。

第一，与发达国家相比，我国研究生相对规模较小。当前我国就业人口中研究生学历占比仅为1%左右，这一数据远远低于部分发达国家（10%）。2019 年中国每千人注册研究生数为2.05 人。而2010 年以来，美国、英国一直保持近 9 人的水平，澳大利亚更是超过了 15 人。因此从研究生人数的绝对规模和相对规模来看，我国研究生规模还有扩大的空间。

第二，近年来，随着我国研究生教育的快速发展，办学条件、培养能力可支持适度扩大研究生招生规模。当前，全国有近 44 万名研究生导师，按照 2019 年的招生规模计算，全国平均一个导师招收不足 2 个硕士研究生。若扩招 18.9 万人，全国平均一个导师招收不足 3 个硕士研究生。通常来说，硕士生导师每届指导 2 个硕士研究生，其指导质量是有保障的。在 2019 年教育部公布的各省份研究生导师数据中，中西部地区硕士生导师每年招收硕士研究生平均人数大多不足 2 人，河南为 1.17 人、广西为 1.43 人、云南为 1.32 人、宁夏为 1.24 人。从硕士生导师总数上看，这些地区还有接纳更多学生的能力空间。

第三，扩招并未采取“大水漫灌”方式，而是将重点投放到服务国家战略和社会民生应急领域，以高层次的应用型人才专业学位为主，向临床医学、公共卫生、人工智能等专业倾斜。由于我国公共卫生人才供给相对不足，扩招重点放在临床医学、公共卫生等专业，培养相关领域的高层次人才，有利于解决公共卫生领域高层次人才紧缺问题。而集成电路、人工智能领域是未来科技竞争的重点领域，提高相关领域人才培养规模，有助于国家加强高层次人才储备，为参与全球科技竞争提供人才支撑。

---

① “What's Wrong With Graduate Education—and 2 Scholars' View on How to Fix It,” https://www.chronicle.com/article/whats-wrong-with-graduate-education-and-2-scholars-view-on-how-to-fix-it? cid.

② G. Marbach-Ad，L. C. Egan，K. V. Thompson，*Preparing graduate students for their teaching responsibilities*（Springer International Publishing, 2015）.

③ L. Cassuto，R. Weisbuch，*The New PhD：How to Build a Better Graduate Education*（Hopkins University Press, 2021）.

7.3.2 加强在线教学组织，保障线上线下学习实质等效

疫情期间，教育部一方面严格限制学生人口在全国范围内流动，通知全国各类学校春季学期延期开学，要求学生在家不外出、不聚会、不举办和参加集中性活动，保障师生自身健康安全；[①] 另一方面印发《关于在疫情防控期间做好普通高等学校在线教学组织与管理工作的指导意见》，要求采取政府主导、高校主体、社会参与的方式，共同实施并保障高校在疫情防控期间的在线教学，提出“停课不停教、停课不停学”方针，要求高校积极开展线上授课和线上学习，制订在线教学组织与实施方案，保证在线学习与线下课堂教学质量实质等效。[②]

清华大学于 2020 年 2 月 3 日组织约 5 万名师生和全球 145 位校友代表，线上举办全校师生“同上一堂课”，按原定教学计划、依教学日历如期启动全校教学工作，开展全校性的大规模实时、互动、异地、分散的在线课堂教学。[③] 相关国内高校也陆续推进在线教学：一是积极发动授课教师团队准备线上课程教学资源，如教学大纲、教学日历、电子教案、参考教材等，以及做好必要的视频录播等工作；二是组织教师熟悉教学平台操作，做好课前预演，并充分考虑到网络拥堵、教学平台不稳定的可能性，对线上教学备选方案提前进行演练，确保课程教学正常进行；三是及时建立课程学习群，提前将课程学习相关通知及学习资料发给学生，确保线上教学过程中的答疑与讨论正常进行；四是强化线上教学督导，通过线上教学质量检查、研究生教育督导线上听课以及研究生在线调查等方式，保障线上教学质量。

7.3.3 提供全方位就业指导，提高毕业生就业质量

为促进研究生更好地适应劳动力市场，提高就业质量，国内高校引导学生转变思想，树立积极的择业观念，着力培养学生综合素质，提高其在劳动力市场上的竞争力，并为毕业生提供丰富的就业信息和广阔的就业平台，保障就业机会。

一是引导研究生到基层就业，鼓励研究生到祖国最需要的地方去。2020 年 7 月，习近平总书记给中国石油大学（北京）克拉玛依校区的毕业生回信，肯定他们到边疆基层工作的选择，对广大高校毕业生提出殷切期望。教育部、人力资源和社会保障部、共青团中央分别启动“特岗计划”“三支一扶”“西部计划”等国家基层就业项目，为毕业生基层就业提供政策保障。各高校积极响应，引导毕业生树立正确的就业观，鼓励毕业生去基层和西部地区就业。近 3 年来全国高校毕业生到地市级及以下就业的比例约为 70%，到中西部地区就业的比例约为 60%，[④] 高校毕业生基层就业工作取得重大突破。

二是适应当前就业市场对人才的需求，提升毕业生的核心竞争力。增设就业准备课程和计划，开展求职技能培训等系列活动，为毕业生提供全方位指导，畅通就业信息渠道，开展线上线下结合的双选会、就业招聘会等活动，在疫情期间保障毕业生“足不出户找工作，就业服务不断档”。部分高校还引入了职业适应等第三方线上辅助诊断系统。

---

① 《教育部关于 2020 年春季学期延期开学的通知》，中华人民共和国教育部网站，http://www.moe.gov.cn/jyb_xwfb/gzdt_gzdt/s5987/202001/t20200127_416672.html。

② 《教育部应对新型冠状病毒感染肺炎疫情工作领导小组办公室关于在疫情防控期间做好普通高等学校在线教学组织与管理工作的指导意见》，中华人民共和国中央人民政府网，http://www.gov.cn/zhengce/zhengceku/2020-02/05/content_5474733.htm。

③ 《清华大学在线教学阶段性总结交流会举行》，清华大学新闻网，https://www.tsinghua.edu.cn/info/2070/66631.htm。

④ 《基层舞台展芳华》，中华人民共和国教育部网站，http://www.moe.gov.cn/jyb_xwfb/s5147/202108/t20210816_551450.html。

第 8 章　专题研究：研究生教育与经济社会发展关系的跨国分析

研究生教育是一国竞争力和创新力的基础。本章选取了若干经济、社会与高等教育发展水平不同的国家，对比分析研究生教育与其经济社会发展之间的关联，发现在数量上呈现较为显著的耦合关系，为新发展阶段我国研究生教育规模结构调整提供参考。

8.1 研究生教育与高等教育大众化的关系

研究生教育规模与高等教育大众化程度呈正相关。研究生教育属于高等教育中的较高层次，因此研究生教育的发展需要以高等教育的普及为基础。高等教育毛入学率①常被用来作为高等教育规模与普及化程度的重要指标。目前高等教育毛入学率在70%以上的国家，其研究生教育普及率普遍在10‰以上，而研究生教育普及率在5‰以下的国家，其高等教育毛入学率多在50%以下。在研究生教育规模与高等教育大众化程度正相关关系中也存在一些特例，如乌拉圭的高等教育毛入学率达到63.13%，但是研究生教育普及率仅为3.68‰，这主要和乌拉圭政府对研究生教育重视程度不够与投入不足有关。日本的研究生教育普及率低的原因也与政府的政策有关，长期以来日本对基础研究不够重视，如2019年对高等教育基础研究的经费投入仅占R&D经费支出总额的11.69%，远低于欧美各国的水平。值得注意的是，印度的高等教育毛入学率（28.57%）远低于我国（53.76%），而研究生教育普及率（3.32‰）高于我国（2.05‰），这可能是由于印度与我国的人口年龄结构不同，其高等教育适龄人口占总人口的比例相对更大，造成其高等教育毛入学率较低的情况（见图8－1）。

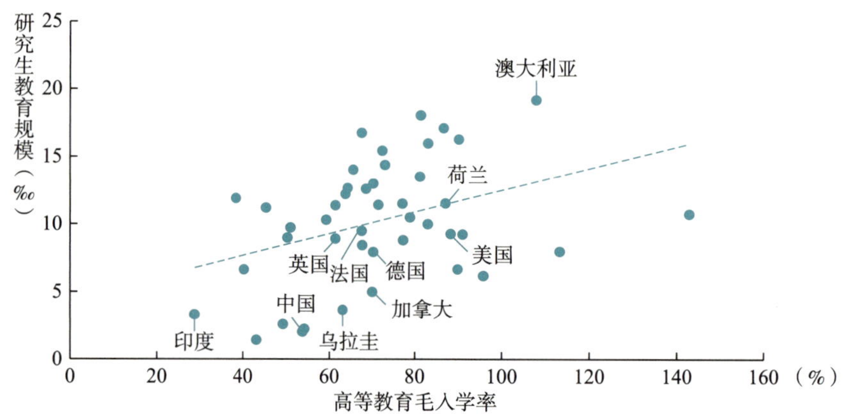

国家	日本	中国	印度	乌拉圭	加拿大	德国	英国	美国	法国	荷兰	澳大利亚
研究生教育规模（‰）	2.02	2.05	3.32	3.68	5.02	7.96	8.95	9.29	9.51	11.55	19.19

图8－1 研究生教育规模与高等教育毛入学率的关系

说明：毛入学率可以大于100%。高等教育毛入学率是高等教育在校学生总数占高等教育适龄人口数的百分比，这里的高等教育在校学生总数是不分年龄计算的。由于在校学生中可能会包括不适龄的学生，也就是超龄或者低龄的学生，所以有的阶段统计出的毛入学率会超过100%。即毛入学率之所以超过100%，与年龄偏大或者偏小的学生在这一阶段入学有关。

① 高等教育毛入学率＝（某学年全国高等教育在学人数÷某年全国18～22岁人口数）×100%。

8.2 研究生教育与国民经济发展水平的关系

研究生教育的发展水平与国民经济发展水平也有密切的关系。一般来说，国民经济发展水平高的国家，研究生教育的发展水平也较高。人均 GDP 是衡量国民经济发展水平的重要指标，为了缩小和消除各国物价差距所造成的偏差，采用购买力平价计算人均国民收入。研究发现，人均国民收入低于 15000 美元的国家的研究生教育普及率普遍低于 3‰，而研究生教育普及率高于 10‰的国家的人均国民收入普遍在 30000 美元以上，但若仅从人均国民收入超过 30000 美元的国家来看，研究生教育发展水平与国民经济发展水平的正相关性就不复存在。这说明当国民经济发展到一定水平后，其他因素对研究生教育发展水平的影响更大，特别是教育政策和科技政策（见图 8－2）。

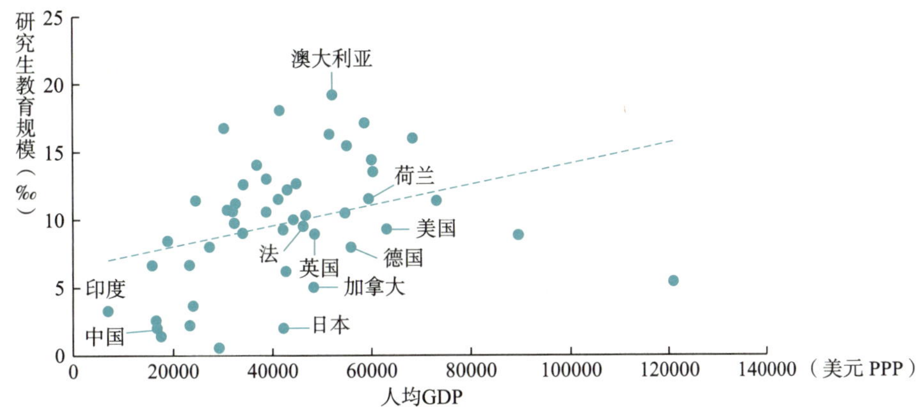

国家	日本	中国	印度	加拿大	德国	英国	美国	法国	荷兰	澳大利亚
研究生教育规模（‰）	2.02	2.05	3.32	5.02	7.96	8.95	9.29	9.51	11.55	19.19
人均 GDP（美元 PPP）	3496.029	16772.84	6997.864	48317.1	55891.2	48513.5	63064.42	46226.95	59469.08	52203.13

图 8－2　研究生教育规模与人均 GDP 的关系

8.3 研究生教育与资源投入的关系

科学研究是研究生教育的基础和起点，而科学研究需要大量的投入，不仅包括经费投入，还包括人力资源投入。各国国力、国情的差异较大，因此不能用 R&D 经费投入总额进行直接比较，本报告在研究中采用了高等教育 R&D 经费占 R&D 经费投入总额的比例这一指标进行国际比较。该指标可在一定程度上反映一个国家对高校研发工作的重视程度，高校研究经费的充足与否，对研究生教育规模的发展有着极大的影响。研究发现，研究生教育规模不是简单地与 R&D 经费投入呈正相关，而是与对基础研究的投入（高等教育 R&D 经费占 R&D 经费投入总额的比例）呈较为明显的正相关。也就是说，对高校研究与发展活动投入经费较多的国家，其研究生教育的规模也较大。与此同时，研发人员占就业人口的比例是衡量国家科研劳动力充足与否的指标，也能够反映科研工作者在就业结构中所占比重的大小。一般情况下，从事研发工作的人员在就业人口中所占比重越大，则该国研究生教育的发展规模也越大（见图8-3、图8-4）。

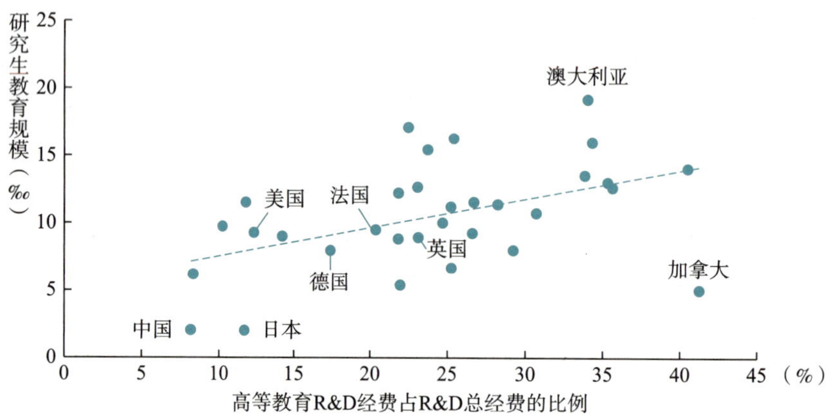

国家	日本	中国	加拿大	德国	英国	美国	法国	澳大利亚
研究生教育规模（‰）	2.02	2.05	5.02	7.96	8.95	9.29	9.51	19.19
高等教育R&D经费占R&D总经费的比例（%）	11.69	8.113	41.21	17.31	23.08	12.33	20.32	33.98

图8-3　研究生教育规模与高等教育R&D经费投入的关系

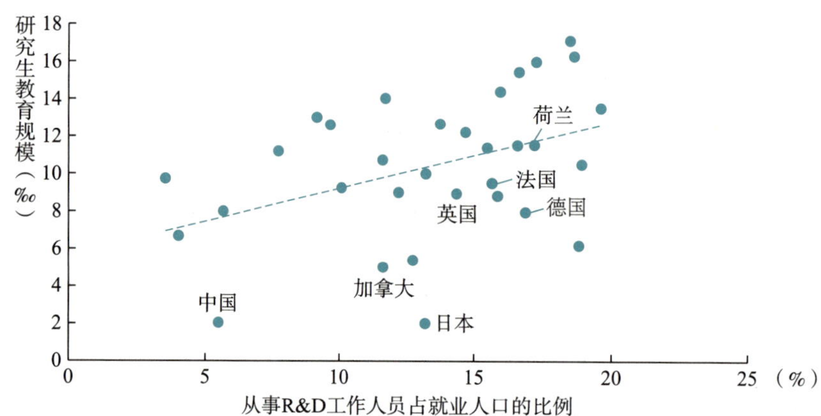

国家	日本	中国	加拿大	德国	英国	法国	荷兰
研究生教育规模（‰）	2.02	2.05	5.02	7.96	8.95	9.51	11.55
X3RD人员占劳动力的比例（‰）	13.17	5.44	11.61	16.81	14.31	15.61	17.14

图8-4　研究生教育规模与R&D劳动人员的关系

附录一　全国学位与研究生教育基本数据

1.1 全国研究生教育总况

附表 1－1 全国研究生招生、在校生数

单位：人

年份	招生数			在校生数		
	合计	博士研究生	硕士研究生	合计	博士研究生	硕士研究生
1978	10708	—	10708	10934	—	10934
1979	8110	—	8110	18830	—	18830
1980	3616	—	3616	21604	—	21604
1985	39891	2633	37258	78806	3639	75167
1990	29544	3337	26207	92030	11345	80685
1995	50925	11056	39869	145148	28752	116396
2000	128065	25142	102923	300437	67293	233144
2001	164855	32093	132762	392364	85885	306479
2002	261401	38342	223059	500873	108737	392136
2003	335330	48740	286590	650802	136687	514115
2004	407244	53284	353960	819896	165610	654286
2005	459697	54794	404903	978610	191317	787293
2006	503883	55955	447928	1104653	208038	896615
2007	528536	58022	470514	1195047	222508	972539
2008	557642	59764	497878	1283046	236617	1046429
2009	642988	61991	580997	1404179	242996	1161183
2010	646432	63105	583327	1537652	258802	1278850
2011	671066	65488	605578	1644991	271055	1373936
2012	714496	68781	645715	1718948	283615	1435333
2013	737225	70420	666805	1792788	297828	1494960
2014	736225	72596	663629	1846930	312470	1534460
2015	764490	74389	690101	1910707	326511	1584196
2016	667064	77252	589812	1980388	341859	1638529
2017	806103	83878	722225	2175675	361997	1813678
2018	857966	95502	762464	2390107	389518	2000589
2019	916503	105169	811334	2863712	424182	2439530
2020	1106551	116047	990504	2973891	466549	2507342

资料来源：1978～2001 年数据引自历年《中国教育统计年鉴》，不包括在职联考研究生招生人数；2002～2008 年数据根据历年《中国教育统计年鉴》和国务院学位委员会办公室提供的数据整理；2009～2015 年数据根据教育部发展规划司、国务院学位委员会办公室提供的数据整理，包括在职联考研究生招生人数。2016 年起停止在职联考研究生招生，纳入 2019 年全日制、非全日制研究生招生计划。

附表 1－2　全国授予博士、硕士学位数

单位：个

年份	合计	授予博士学位数			授予硕士学位数		
		小计	学术学位	专业学位	小计	学术学位	专业学位
1981	8665	—	—	—	8665	8665	—
1985	12852	234	234	—	12618	12618	—
1990	34632	2127	2127	—	32505	32505	—
1995	32355	4364	4364	—	27991	27991	—
2000	70753	11318	11255	63	59435	54881	4554
2001	84921	12404	12350	54	72517	63104	9413
2002	102263	14615	14529	86	87648	74717	12931
2003	137160	18527	18311	216	118633	101064	17569
2004	188609	22775	22601	174	165834	134139	31695
2005	244917	28090	27784	306	216827	169596	47231
2006	323635	35361	34967	394	288274	228072	60202
2007	410565	42671	40928	1743	367894	282850	85044
2008	455006	45338	43603	1735	409668	309770	99898
2009	488531	49278	47036	2242	439253	319983	119270
2010	508949	50735	48414	2321	458214	334712	123502
2011	551398	50777	48679	2098	500621	345625	154996
2012	621549	56338	53011	3327	565211	367165	198046
2013	640144	56513	53132	3381	583631	348877	234754
2014	666225	56703	52995	3708	609522	330430	279092
2015	690839	58113	53615	4498	632726	320525	312201
2016	702754	59649	54397	5252	643105	312044	331061
2017	712893	62737	57629	5108	650156	306731	343425
2018	731328	65379	59947	5432	665949	304042	361907
2019	754804	69409	63870	5539	685395	304413	380982
2020	801932	72256	66661	5595	729676	312272	417404

资料来源：根据国务院学位委员会办公室提供的数据整理。

1.2　2020 年全国研究生招生情况

附表 1－3　2020 年分学科门类学术学位研究生的招生规模与结构

单位：人，%

学科	硕士生		博士生		合计		硕博比
	人数	比重	人数	比重	人数	比重	
哲学	3555	0.92	1005	0.98	4560	0.93	3.54

续表

学科	硕士生		博士生		合计		硕博比
	人数	比重	人数	比重	人数	比重	
经济学	15099	3.89	3311	3.24	18410	3.75	4.56
法学	30966	7.98	5620	5.49	36586	7.46	5.51
教育学	13933	3.59	1851	1.81	15784	3.22	7.53
文学	21690	5.59	3122	3.05	24812	5.06	6.95
历史学	4948	1.28	1260	1.23	6208	1.27	3.93
理学	67694	17.45	21517	21.03	89211	18.20	3.15
工学	137569	35.46	41974	41.02	179543	36.62	3.28
农学	15697	4.05	4676	4.57	20373	4.16	3.36
医学	38804	10.00	11369	11.11	50173	10.23	3.41
管理学	28097	7.24	5343	5.22	33440	6.82	5.26
艺术学	9927	2.56	1272	1.24	11199	2.28	7.80
合计	387979	100.00	102320	100.00	490299	100.00	3.79

资料来源：根据教育部发展规划司提供的数据整理。

附表 1-4　2020 年分省份学术学位研究生的招生规模与结构

单位：人，%

省份	硕士生		博士生		合计	
	人数	比重	人数	比重	人数	比重
北京	48790	12.57	27221	26.60	76011	15.50
天津	10200	2.63	2834	2.77	13034	2.66
河北	9065	2.34	949	0.93	10014	2.04
山西	6501	1.68	750	0.73	7251	1.48
内蒙古	3990	1.03	510	0.50	4500	0.92
辽宁	19621	5.06	3374	3.30	22995	4.69
吉林	11286	2.91	2857	2.79	14143	2.88
黑龙江	14031	3.62	3540	3.46	17571	3.58
上海	27589	7.11	9627	9.41	37216	7.59
江苏	30838	7.95	8132	7.95	38970	7.95
浙江	13398	3.45	3996	3.91	17394	3.55
安徽	12130	3.13	2899	2.83	15029	3.07
福建	8489	2.19	1850	1.81	10339	2.11
江西	6448	1.66	734	0.72	7182	1.46
山东	16954	4.37	2789	2.73	19743	4.03
河南	9488	2.45	952	0.93	10440	2.13
湖北	24399	6.29	6335	6.19	30734	6.27
湖南	12358	3.18	2797	2.73	15155	3.09
广东	19203	4.95	5211	5.09	24414	4.98

续表

省份	硕士生		博士生		合计	
	人数	比重	人数	比重	人数	比重
广西	7146	1.84	665	0.65	7811	1.59
海南	1223	0.32	298	0.29	1521	0.31
重庆	10730	2.77	1762	1.72	12492	2.55
四川	17633	4.54	3708	3.62	21341	4.35
贵州	3810	0.98	413	0.40	4223	0.86
云南	7472	1.93	897	0.88	8369	1.71
西藏	906	0.23	74	0.07	980	0.20
陕西	21040	5.42	5040	4.93	26080	5.32
甘肃	6755	1.74	1195	1.17	7950	1.62
青海	907	0.23	133	0.13	1040	0.21
宁夏	1265	0.33	184	0.18	1449	0.30
新疆	4344	1.12	602	0.59	4946	1.01

资料来源：根据教育部发展规划司提供的数据整理。

附表 1－5　2020 年分类别专业学位硕士研究生的招生规模与结构

单位：人，%

专业类别	人数	比重
金融	12769	2.12
应用统计	5862	0.97
税务	2023	0.34
国际商务	4392	0.73
保险	1126	0.19
资产评估	1159	0.19
审计	2249	0.37
法律	23957	3.98
社会工作	6041	1.00
警务	669	0.11
教育	43949	7.29
体育	8360	1.39
汉语国际教育	5653	0.94
应用心理	3305	0.55
翻译	12886	2.14
新闻与传播	7413	1.23
出版	558	0.09
文物与博物馆	1357	0.23
建筑学	2361	0.39
工程	15425	2.56

续表

专业类别	人数	比重
城市规划	999	0.17
电子信息	71149	11.81
机械	25110	4.17
材料与化工	27546	4.57
资源与环境	16485	2.74
能源动力	14655	2.43
土木水利	19032	3.16
生物与医药	10436	1.73
交通运输	5069	0.84
农业	26654	4.42
兽医	2885	0.48
风景园林	3405	0.57
林业	2340	0.39
临床医学	42453	7.05
口腔医学	2553	0.42
公共卫生	4260	0.71
护理	3513	0.58
药学	6950	1.15
中药学	1826	0.30
中医	12433	2.06
工商管理	49359	8.19
公共管理	25925	4.30
会计	23289	3.87
旅游管理	1911	0.32
图书情报	2196	0.36
工程管理	14026	2.33
艺术	24522	4.07

注：此表中的数据不包含在职联考。

资料来源：根据教育部发展规划司提供的数据整理。

附表 1－6　2020 年分类别专业学位博士研究生的招生规模与结构

单位：人，%

招生类别	人数	比重
教育	893	6.51
汉语国际教育	6	0.04
工程	84	0.61
电子信息	1603	11.68
机械	1131	8.24

续表

招生类别	人数	比重
材料与化工	645	4.70
资源与环境	754	5.50
能源动力	773	5.63
土木水利	318	2.32
生物与医药	274	2.00
交通运输	342	2.49
兽医	317	2.31
临床医学	5235	38.16
口腔医学	310	2.26
公共卫生	10	0.07
中医	1024	7.46

资料来源：根据教育部发展规划司提供的数据整理。

附表 1－7　2020 年分省份专业学位研究生的招生规模与结构

单位：人，%

省份	硕士生		博士生		合计	
	人数	比重	人数	比重	人数	比重
北京	65287	10.84	2184	15.92	67471	10.95
天津	14672	2.44	554	4.04	15226	2.47
河北	15104	2.51	146	1.06	15250	2.47
山西	10383	1.72	75	0.55	10458	1.70
内蒙古	7375	1.22	0	0.00	7375	1.20
辽宁	30334	5.03	398	2.90	30732	4.99
吉林	15089	2.50	353	2.57	15442	2.51
黑龙江	17770	2.95	602	4.39	18372	2.98
上海	36133	6.00	1640	11.95	37773	6.13
江苏	49668	8.24	874	6.37	50542	8.20
浙江	24972	4.14	698	5.09	25670	4.17
安徽	18541	3.08	385	2.81	18926	3.07
福建	14522	2.41	124	0.90	14646	2.38
江西	12788	2.12	123	0.90	12911	2.10
山东	30218	5.02	557	4.06	30775	4.99
河南	17658	2.93	130	0.95	17788	2.89
湖北	34746	5.77	569	4.15	35315	5.73
湖南	18693	3.10	737	5.37	19430	3.15
广东	34321	5.70	1183	8.62	35504	5.76
广西	11937	1.98	109	0.79	12046	1.95
海南	2715	0.45	0	0.00	2715	0.44

续表

省份	硕士生		博士生		合计	
	人数	比重	人数	比重	人数	比重
重庆	17887	2.97	345	2.51	18232	2.96
四川	26094	4.33	764	5.57	26858	4.36
贵州	6800	1.13	55	0.40	6855	1.11
云南	12754	2.12	120	0.87	12874	2.09
西藏	452	0.08	0	0.00	452	0.07
陕西	32320	5.36	641	4.67	32961	5.35
甘肃	10143	1.68	284	2.07	10427	1.69
青海	2109	0.35	0	0.00	2109	0.34
宁夏	2754	0.46	25	0.18	2779	0.45
新疆	8256	1.37	44	0.32	8300	1.35

注：此表中的数据不包含在职联考。

资料来源：根据教育部发展规划司提供的数据整理。

1.3　2020年全国在校研究生情况

附表1－8　2020年分学科门类在校学术学位研究生的规模与结构

单位：人，%

学科	硕士生		博士生		合计		硕博比
	人数	比重	人数	比重	人数	比重	
哲学	10420	1.01	4808	1.11	15228	1.04	2.17
经济学	40637	3.92	16200	3.75	56837	3.87	2.51
法学	82115	7.92	24241	5.61	106356	7.24	3.39
教育学	39468	3.81	7937	1.84	47405	3.23	4.97
文学	60195	5.81	14505	3.36	74700	5.09	4.15
历史学	13766	1.33	6027	1.40	19793	1.35	2.28
理学	175787	16.96	84632	19.60	260419	17.74	2.08
工学	370806	35.78	182778	42.33	553584	37.71	2.03
农学	40743	3.93	18948	4.39	59691	4.07	2.15
医学	97753	9.43	39215	9.08	136968	9.33	2.49
管理学	76619	7.39	27880	6.46	104499	7.12	2.75
艺术学	28029	2.70	4637	1.07	32666	2.22	6.04
合计	1036338	100.00	431808	100.00	1468146	100.00	2.40

资料来源：根据教育部发展规划司提供的数据整理。

附表 1－9　2020 年分省份学术学位研究生的规模与结构

单位：人，%

省份	硕士生		博士生		合计	
	人数	比重	人数	比重	人数	比重
北京	132966	12.83	115945	26.85	248911	16.95
天津	27501	2.65	11774	2.73	39275	2.67
河北	23689	2.29	3969	0.92	27658	1.88
山西	17453	1.68	3209	0.74	20662	1.41
内蒙古	10538	1.02	2066	0.48	12604	0.86
辽宁	52238	5.04	16538	3.83	68776	4.68
吉林	31368	3.03	12833	2.97	44201	3.01
黑龙江	34573	3.34	15657	3.63	50230	3.42
上海	77892	7.52	38188	8.84	116080	7.91
江苏	83851	8.09	35479	8.21	119330	8.13
浙江	34981	3.38	15470	3.58	50451	3.44
安徽	29894	2.88	10735	2.49	40629	2.77
福建	22475	2.17	7975	1.85	30450	2.07
江西	16901	1.63	2499	0.58	19400	1.32
山东	44198	4.26	12195	2.82	56393	3.84
河南	23653	2.28	3753	0.87	27406	1.87
湖北	65866	6.35	27731	6.42	93597	6.37
湖南	34478	3.33	13833	3.20	48311	3.29
广东	50339	4.86	18829	4.36	69168	4.71
广西	18178	1.75	2260	0.52	20438	1.39
海南	2895	0.28	788	0.18	3683	0.25
重庆	28470	2.75	7334	1.70	35804	2.44
四川	47610	4.59	16353	3.79	63963	4.36
贵州	9844	0.95	1364	0.32	11208	0.76
云南	19682	1.90	3884	0.90	23566	1.60
西藏	2109	0.20	200	0.05	2309	0.16
陕西	58157	5.61	23211	5.37	81368	5.54
甘肃	18136	1.75	4808	1.11	22944	1.56
青海	2180	0.21	413	0.10	2593	0.18
宁夏	3099	0.30	470	0.11	3569	0.24
新疆	11252	1.09	2121	0.49	13373	0.91

资料来源：根据教育部发展规划司提供的数据整理。

附表 1－10　2020 年分类别在校专业学位硕士研究生的规模与结构

单位：人，%

专业类别	人数	比重
金融	26508	1.80

续表

专业类别	人数	比重
应用统计	10920	0. 74
税务	3848	0. 26
国际商务	8386	0. 57
保险	2202	0. 15
资产评估	2297	0. 16
审计	4647	0. 32
法律	59203	4. 03
社会工作	12145	0. 83
警务	1650	0. 11
教育	111016	7. 55
体育	18576	1. 26
汉语国际教育	13699	0. 93
应用心理	6732	0. 46
翻译	27846	1. 89
新闻与传播	14953	1. 02
出版	1191	0. 08
文物与博物馆	3020	0. 21
建筑学	7056	0. 48
工程	266227	18. 10
城市规划	2826	0. 19
电子信息	81531	5. 54
机械	30104	2. 05
材料与化工	33224	2. 26
资源与环境	20005	1. 36
能源动力	17559	1. 19
土木水利	22881	1. 56
生物与医药	11811	0. 80
交通运输	6486	0. 44
农业	56671	3. 85
兽医	6276	0. 43
风景园林	8591	0. 58
林业	4607	0. 31
临床医学	106540	7. 24
口腔医学	6433	0. 44
公共卫生	8119	0. 55
护理	8111	0. 55
药学	14315	0. 97
中药学	3769	0. 26

续表

专业类别	人数	比重
中医	32501	2.21
工商管理	148468	10.09
公共管理	81513	5.54
会计	55563	3.78
旅游管理	4723	0.32
图书情报	4512	0.31
工程管理	29078	1.98
艺术	62537	4.25

资料来源：根据教育部发展规划司提供的数据整理。

附表 1－11　2020 年分类别在校专业学位博士研究生的规模与结构

单位：人，%

专业类别	人数	比重
教育	2582	7.45
汉语国际教育	11	0.03
工程	6309	18.20
电子信息	2191	6.32
机械	1196	3.45
材料与化工	645	1.86
资源与环境	1018	2.94
能源动力	779	2.25
土木水利	318	0.92
生物与医药	274	0.79
交通运输	342	0.99
兽医	714	2.06
临床医学	14853	42.85
口腔医学	897	2.59
公共卫生	10	0.03
中医	2526	7.29

资料来源：根据教育部发展规划司提供的数据整理。

附表 1－12　2020 年分省份在校专业学位研究生的规模与结构

单位：人，%

省份	硕士生		博士生		合计	
	人数	比重	人数	比重	人数	比重
北京	162018	11.02	5785	16.69	167803	11.15
天津	38578	2.62	1166	3.36	39744	2.64
河北	36072	2.45	330	0.95	36402	2.42
山西	23258	1.58	145	0.42	23403	1.55

续表

省份	硕士生		博士生		合计	
	人数	比重	人数	比重	人数	比重
内蒙古	17124	1.16	0	0.00	17124	1.14
辽宁	72425	4.92	758	2.19	73183	4.86
吉林	39130	2.66	743	2.14	39873	2.65
黑龙江	37824	2.57	1379	3.98	39203	2.60
上海	95413	6.49	4443	12.82	99856	6.63
江苏	122312	8.32	2062	5.95	124374	8.26
浙江	57939	3.94	1703	4.91	59642	3.96
安徽	42381	2.88	886	2.56	43267	2.87
福建	36577	2.49	306	0.88	36883	2.45
江西	31596	2.15	255	0.74	31851	2.12
山东	73974	5.03	1196	3.45	75170	4.99
河南	39833	2.71	264	0.76	40097	2.66
湖北	81516	5.54	1906	5.50	83422	5.54
湖南	51630	3.51	2273	6.56	53903	3.58
广东	78881	5.36	3298	9.51	82179	5.46
广西	26056	1.77	199	0.57	26255	1.74
海南	6786	0.46	0	0.00	6786	0.45
重庆	46485	3.16	805	2.32	47290	3.14
四川	67977	4.62	1966	5.67	69943	4.65
贵州	16355	1.11	105	0.30	16460	1.09
云南	30918	2.10	248	0.72	31166	2.07
西藏	829	0.06	0	0.00	829	0.06
陕西	82868	5.63	1675	4.83	84543	5.62
甘肃	24880	1.69	648	1.87	25528	1.70
青海	4787	0.33	0	0.00	4787	0.32
宁夏	5838	0.40	56	0.16	5894	0.39
新疆	18616	1.27	65	0.19	18681	1.24

资料来源：根据教育部发展规划司提供的数据整理。

1.4 2020年全国学位授予情况

附表1－13 2020年分学科门类研究生学术学位授予规模与结构

单位：人，%

学科	硕士		博士		合计		硕博比
	人数	比重	人数	比重	人数	比重	
哲学	3284	1.05	712	1.07	3996	1.05	4.61

续表

学科	硕士		博士		合计		硕博比
	人数	比重	人数	比重	人数	比重	
经济学	17201	5.51	2275	3.41	19476	5.14	7.56
法学	26098	8.36	3269	4.90	29367	7.75	7.98
教育学	12501	4.00	1079	1.62	13580	3.58	11.59
文学	19951	6.39	2292	3.44	22243	5.87	8.70
历史学	4115	1.32	772	1.16	4887	1.29	5.33
理学	43641	13.98	14109	21.17	57750	15.24	3.09
工学	107387	34.39	25253	37.88	132640	35.00	4.25
农学	10174	3.26	3392	5.09	13566	3.58	3.00
医学	30996	9.93	8998	13.50	39994	10.55	3.44
管理学	27761	8.89	3807	5.71	31568	8.33	7.29
艺术学	9163	2.93	703	1.05	9866	2.60	13.03
合计	312272	100.00	66661	100.00	378933	100.00	4.68

资料来源：根据国务院学位委员会办公室提供的数据整理。

附表 1－14　2020 年分类别硕士专业学位授予规模与结构

单位：人，%

专业类别	人数	比重
金融	8954	2.15
应用统计	3022	0.72
税务	1289	0.31
国际商务	2863	0.69
保险	860	0.21
资产评估	802	0.19
审计	1397	0.33
法律	19752	4.73
社会工作	3936	0.94
警务	319	0.08
教育	34803	8.34
体育	4978	1.19
汉语国际教育	5191	1.24
应用心理	1634	0.39
翻译	10044	2.41
新闻与传播	4541	1.09
出版	329	0.08
文物与博物馆	738	0.18
建筑学	2264	0.54
工程	142763	34.20

续表

专业类别	人数	比重
城市规划	777	0.19
农业	14578	3.49
兽医	1572	0.38
风景园林	2443	0.59
林业	923	0.22
临床医学	29755	7.13
口腔医学	1795	0.43
公共卫生	1834	0.44
护理	1454	0.35
药学	2407	0.58
中药学	678	0.16
中医	9752	2.34
工商管理	42187	10.11
公共管理	19312	4.63
会计	16931	4.06
旅游管理	1022	0.24
图书情报	1101	0.26
工程管理	3397	0.81
艺术	15007	3.60
合计	417404	100.00

资料来源：根据国务院学位委员会办公室提供的数据整理。

附表 1－15　2020 年分类别博士专业学位授予规模与结构

单位：人，%

专业类别	人数	比重
教育	122	2.18
工程	129	2.31
兽医	67	1.20
临床医学	4682	83.68
口腔医学	260	4.65
中医	335	5.99
合计	5595	100.00

资料来源：根据国务院学位委员会办公室提供的数据整理。

附表 1－16　2020 年各省份学位授予规模与结构

单位：人，%

省份	硕士		博士		合计	
	人数	比重	人数	比重	人数	比重
北京	100181	13.73	20133	27.86	120314	15.00

续表

省份	硕士		博士		合计	
	人数	比重	人数	比重	人数	比重
天津	22498	3.08	2234	3.09	24732	3.08
河北	17678	2.42	563	0.78	18241	2.27
山西	11895	1.63	548	0.76	12443	1.55
内蒙古	7887	1.08	265	0.37	8152	1.02
辽宁	36085	4.95	2456	3.40	38541	4.81
吉林	20882	2.86	1886	2.61	22768	2.84
黑龙江	22557	3.09	2085	2.89	24642	3.07
上海	51651	7.08	6577	9.10	58228	7.26
江苏	57861	7.93	6012	8.32	63873	7.96
浙江	24769	3.39	2397	3.32	27166	3.39
安徽	18237	2.50	2027	2.81	20264	2.53
福建	15988	2.19	1159	1.60	17147	2.14
江西	13878	1.90	432	0.60	14310	1.78
山东	34259	4.70	2283	3.16	36542	4.56
河南	16259	2.23	619	0.86	16878	2.10
湖北	45785	6.27	5086	7.04	50871	6.34
湖南	25144	3.45	2133	2.95	27277	3.40
广东	35253	4.83	3801	5.26	39054	4.87
广西	11888	1.63	359	0.50	12247	1.53
海南	2232	0.31	64	0.09	2296	0.29
重庆	20919	2.87	1378	1.91	22297	2.78
四川	33405	4.58	2743	3.80	36148	4.51
贵州	6951	0.95	119	0.16	7070	0.88
云南	13679	1.87	461	0.64	14140	1.76
西藏	582	0.08	18	0.02	600	0.07
陕西	37477	5.14	3398	4.70	40875	5.10
甘肃	11712	1.61	732	1.01	12444	1.55
青海	1802	0.25	22	0.03	1824	0.23
宁夏	2363	0.32	65	0.09	2428	0.30
新疆	7919	1.09	201	0.28	8120	1.01
合计	729676	100.00	72256	100.00	801932	100.00

资料来源：根据国务院学位委员会办公室提供的数据整理。

附录二　博士、硕士学位授权点情况

2.1　2020年学术学位授权点学科分布

单位：个

一级学科码	一级学科名称	博士一级	博士二级	硕士一级	硕士二级
0101	哲学	51	1	73	38
0201	理论经济学	45	0	74	12
0202	应用经济学	74	3	184	19
0301	法学	54	1	149	12
0302	政治学	30	3	66	9
0303	社会学	29	0	61	7
0304	民族学	18	0	18	2
0305	马克思主义理论	84	18	247	57
0306	公安学	1	0	2	0
0401	教育学	35	2	95	14
0402	心理学	29	0	68	10
0403	体育学	26	0	64	17
0501	中国语言文学	76	0	110	2
0502	外国语言文学	50	0	156	25
0503	新闻传播学	29	0	89	2
0601	考古学	24	0	16	0
0602	中国史	53	0	67	8
0603	世界史	33	0	36	1
0701	数学	87	0	172	5
0702	物理学	76	0	114	7
0703	化学	81	0	146	4
0704	天文学	8	0	10	1
0705	地理学	31	1	53	7
0706	大气科学	9	0	10	2
0707	海洋科学	12	1	15	7
0708	地球物理学	14	0	11	1
0709	地质学	21	0	11	7
0710	生物学	101	2	129	23
0711	系统科学	9	0	14	0
0712	科学技术史	12	0	15	0
0713	生态学	59	0	53	0
0714	统计学	57	0	76	0
0801	力学	54	2	37	15
0802	机械工程	95	2	119	16

续表

一级学科码	一级学科名称	博士一级	博士二级	硕士一级	硕士二级
0803	光学工程	42	0	60	0
0804	仪器科学与技术	31	1	41	8
0805	材料科学与工程	103	1	129	18
0806	冶金工程	15	0	14	1
0807	动力工程及工程热物理	41	3	57	12
0808	电气工程	46	0	60	11
0809	电子科学与技术	48	6	73	18
0810	信息与通信工程	56	3	124	17
0811	控制科学与工程	66	7	117	17
0812	计算机科学与技术	78	3	191	24
0813	建筑学	20	0	51	1
0814	土木工程	66	5	97	7
0815	水利工程	31	0	32	7
0816	测绘科学与技术	16	0	32	8
0817	化学工程与技术	58	5	112	26
0818	地质资源与地质工程	28	1	17	4
0819	矿业工程	20	0	13	4
0820	石油与天然气工程	8	0	6	0
0821	纺织科学与工程	7	0	15	0
0822	轻工技术与工程	9	0	13	3
0823	交通运输工程	25	1	40	3
0824	船舶与海洋工程	13	0	12	2
0825	航空宇航科学与技术	14	3	21	8
0826	兵器科学与技术	4	0	8	7
0827	核科学与技术	17	0	8	4
0828	农业工程	27	1	16	4
0829	林业工程	10	0	4	0
0830	环境科学与工程	67	1	129	12
0831	生物医学工程	35	0	48	0
0832	食品科学与工程	37	0	70	5
0833	城乡规划学	15	0	46	0
0834	风景园林学	21	0	35	0
0835	软件工程	44	0	115	0
0836	生物工程	6	0	17	0
0837	安全科学与工程	24	0	37	0
0838	公安技术	1	0	2	0
0839	网络空间安全	29	0	40	0
0901	作物学	34	0	18	1

续表

一级学科码	一级学科名称	博士一级	博士二级	硕士一级	硕士二级
0902	园艺学	23	1	22	0
0903	农业资源与环境	22	0	19	1
0904	植物保护	23	3	21	3
0905	畜牧学	31	0	23	2
0906	兽医学	24	0	18	3
0907	林学	21	0	13	6
0908	水产	10	0	20	1
0909	草学	16	0	10	0
1001	基础医学	49	4	60	9
1002	临床医学	55	4	57	11
1003	口腔医学	19	0	24	4
1004	公共卫生与预防医学	35	1	38	5
1005	中医学	24	1	17	4
1006	中西医结合	28	1	28	9
1007	药学	45	2	100	6
1008	中药学	24	0	32	0
1009	特种医学	6	0	6	0
1010	医学技术	6	0	28	0
1011	护理学	24	0	46	0
1201	管理科学与工程	94	0	128	0
1202	工商管理	73	5	222	18
1203	农林经济管理	27	1	26	3
1204	公共管理	49	0	151	19
1205	图书情报与档案管理	12	0	35	8
1301	艺术学理论	23	0	49	1
1302	音乐与舞蹈学	13	0	77	2
1303	戏剧与影视学	15	0	48	3
1304	美术学	19	0	98	2
1305	设计学	20	0	150	4

注：不含军队系统和军事学门类学位授权点。
资料来源：国务院学位委员会办公室。

2.2 2020年专业学位授权点类别分布

单位：个

类别代码	类别名称	博士专业学位点	硕士专业学位点
0251	金融	0	200

续表

类别代码	类别名称	博士专业学位点	硕士专业学位点
0252	应用统计	0	151
0253	税务	0	52
0254	国际商务	0	123
0255	保险	0	44
0256	资产评估	0	47
0257	审计	0	48
0351	法律	0	247
0352	社会工作	0	153
0353	警务	0	5
0451	教育	27	161
0452	体育	0	143
0453	汉语国际教育	0	148
0454	应用心理	0	92
0551	翻译	0	255
0552	新闻与传播	0	165
0553	出版	0	28
0651	文物与博物馆	0	49
0851	建筑学	0	41
0853	城市规划	0	30
0854	电子信息	23	303
0855	机械	31	227
0856	材料与化工	21	227
0857	资源与环境	18	185
0858	能源动力	24	149
0859	土木水利	10	172
0860	生物与医药	6	153
0861	交通运输	15	91
0951	农业	0	115
0952	兽医	12	47
0953	风景园林	0	81
0954	林业	0	33
1051	临床医学	42	109
1052	口腔医学	21	63
1053	公共卫生	0	76
1054	护理	0	104
1055	药学	0	107
1056	中药学	0	47
1057	中医	20	49

续表

类别代码	类别名称	博士专业学位点	硕士专业学位点
1251	工商管理	0	243
1252	公共管理	0	226
1253	会计	0	265
1254	旅游管理	0	104
1255	图书情报	0	51
1256	工程管理	0	172
1351	艺术	0	276

注：不含军队系统和军事学门类学位授权点。

资料来源：国务院学位委员会办公室。

2.3　2020 年博士、硕士学位学科授权点地区分布

单位：个

省份	博士一级	博士二级	博士交叉	硕士一级	硕士二级
北京	552	29	1	523	117
天津	97	1	0	184	9
河北	76	1	0	215	7
山西	65	1	0	109	21
内蒙古	38	3	0	106	20
辽宁	140	7	0	329	58
吉林	107	1	2	198	10
黑龙江	120	3	0	216	28
上海	246	8	1	235	31
江苏	308	8	0	436	39
浙江	114	1	2	229	12
安徽	91	2	0	208	9
福建	98	4	0	111	11
江西	47	2	0	197	13
山东	145	1	0	343	45
河南	87	2	0	253	33
湖北	200	1	3	334	29
湖南	139	2	0	195	13
广东	189	8	0	232	38
广西	40	0	0	137	6
海南	15	0	0	38	6
重庆	78	1	0	150	8

续表

省份	博士一级	博士二级	博士交叉	硕士一级	硕士二级
四川	133	3	0	249	24
贵州	27	0	0	86	4
云南	60	1	0	128	13
西藏	4	0	0	29	3
陕西	176	4	1	283	39
甘肃	60	4	0	118	13
青海	5	2	0	41	8
宁夏	10	0	0	41	7
新疆	42	0	0	93	12

注：不含军队系统和军事学门类学位授权点。

资料来源：国务院学位委员会办公室。

2.4 2020年博士、硕士专业学位授权点地区分布

单位：个

省份	博士专业学位点	硕士专业学位点
北京	38	538
天津	9	167
河北	5	198
山西	2	103
内蒙古	0	92
辽宁	13	280
吉林	8	196
黑龙江	11	179
上海市	24	292
江苏	21	423
浙江	14	234
安徽	8	181
福建	3	140
江西	1	161
山东	14	312
河南	5	223
湖北	15	342
湖南	12	236
广东	15	276
广西	3	121

续表

省份	博士专业学位点	硕士专业学位点
海南	0	34
重庆	9	136
四川	14	246
贵州	1	71
云南	3	133
西藏	0	18
陕西	15	264
甘肃	3	106
青海	0	25
宁夏	1	34
新疆	3	96

注：不含军队系统和军事学门类学位授权点。

资料来源：国务院学位委员会办公室。

附录三　2020 年名誉博士学位批准和授予名单

序号	授予人员姓名	国籍/地区	授予单位
1	盖伊·列夫布赫	加拿大	中国政法大学
2	阿希姆·弗兰克	美国	清华大学
3	马里奥·莫利纳	美国	清华大学
4	杰哈·阿尔贝特·穆鲁	法国/美国	北京大学
5	田中爱治	日本	北京大学

资料来源：教育部学位管理与研究生教育司。

附录四　国外研究生教育基本数据

4.1 美国

附表 4-1 2013~2019 年分性别、学制研究生注册情况

单位：万人

年份	合计	男性	女性	全日制	非全日制
2013	290.0	120.0	170.0	165.7	124.3
2014	291.4	121.1	170.3	167.0	124.4
2015	294.2	122.2	172.0	166.4	125.8
2016	297.2	122.1	175.1	169.5	127.7
2017	300.5	122.0	178.5	170.4	130.1
2018	303.6	121.7	181.9	172.5	131.1
2019	307.2	121.4	185.8	174.6	132.6

注：1995 年之后的数据按学位授予机构统计。学位授予机构是指可以授予副学士及以上的学位且参加联邦资助计划的机构，其学位授予机构的分类与之前的高等教育学科分类是类似的，但包含了更多的两年制大学且剔除了不能授予学位的高等教育机构。对一些项目内容相较于先前公布的数字进行了修订。

资料来源：美国国家教育统计中心（National Center for Education Statistics）。

附表 4-2 2012~2019 各学年学位授予总体情况

单位：人

学年	副学士学位	学士学位	硕士学位	博士学位(1)
2012~2013	1007427	1840381	751718	175026
2013~2014	1005155	1870150	754582	177587
2014~2015	1014341	1894969	758804	178548
2015~2016	1008228	1920750	785757	178134
2016~2017	1005687	1956114	804542	181357
2017~2018	1011696	1980665	820242	183734
2018~2019	1036662	2012854	833706	187568

注：1995 年之后的数据按学位授予机构统计。学位授予机构是指可以授予副学士及以上的学位且参加联邦资助计划的机构，其学位授予机构的分类与之前的高等教育学科分类是相似的，但包含了更多的两年制大学且剔除了不能授予学位的高等教育机构。对一些项目内容相较于先前出版的数字进行了修订。

(1) 包含 Ph. D.，Ed. D. 和其他博士水平的类似学位，以及大部分作为第一职业分类的学位，如 M. D.，D. D. S. 和法学学位。

资料来源：美国国家教育统计中心（National Center for Education Statistics）。

附表 4-3 2012~2020 各学年各学科领域博士学位授予情况

单位：人

学科领域	2012~2013	2013~2014	2014~2015	2015~2016	2016~2017	2017~2018	2018~2019	2019~2020
农业与自然资源 Agriculture and Natural Resources	4264	4515	4870	4833	4800	4963	4954	4886

续表

学科领域	2012～2013	2013～2014	2014～2015	2015～2016	2016～2017	2017～2018	2018～2019	2019～2020
建筑学与相关服务 Architecture and Related Service	247	247	272	245	291	250	255	252
区域、种族、文化、性别与群体研究 Area, Ethnic, Cultural, Gender and Group Studies	291	336	312	323	349	335	370	334
生物学与生物医学 Biological and Biomedical Sciences	7939	8302	8053	7939	8087	8218	7978	7885
商业 Business	2828	3039	3116	3325	3328	3338	3640	3443
通信、新闻及相关专业 Communication, Journalism and Related Programs	612	611	644	629	615	666	583	602
通信技术 Communications Technologies	0	3	0	4	0	0	0	1
计算机与信息科学 Computer and Information Sciences	1834	1982	1998	1989	1982	2017	2224	2414
教育 Education	10572	10929	11772	11838	12692	12780	13020	13051
工程 Engineering	9356	10010	10239	10265	10371	10817	11136	11141
工程技术 Engineering Technologies	111	107	123	133	152	212	215	143
英语语言文学 English Language & Literature/Letters	1377	1393	1418	1402	1347	1295	1274	1285
家庭与消费科学/人类科学 Family & Consumer Sciences/Human Sciences	351	335	335	374	317	274	285	281
外国语言文学和语言学 Foreign Languages, Literatures & Linguistics	1304	1230	1243	1278	1168	1213	1212	1162
卫生健康与相关项目 Health Professions & Related Programs	61339	64339	67695	70380	74454	76672	79556	82492
国土、安全执法与消防 Homeland Security, Law Enforcement & Firefighting	147	152	193	205	177	150	250	263
法律职业与研究 Legal Professions & Studies	47246	44169	40329	37034	35123	34373	34387	34471

续表

学科领域	2012～2013	2013～2014	2014～2015	2015～2016	2016～2017	2017～2018	2018～2019	2019～2020
文理科、通识研究与人文学科 Liberal Arts & Sciences, General Studies & Humanities	98	90	96	105	95	93	109	114
图书馆学 Library Science	50	52	44	54	42	54	39	29
数学与统计学 Mathematics & Statistics	1823	1863	1801	1855	1925	2010	2003	2020
跨学科研究 Multi/Interdisciplinary Studies	730	769	840	849	854	851	900	990
公园、娱乐、休闲与健身 Parks, Recreation, Leisure & Fitness Studies	295	317	311	331	319	298	337	349
哲学与宗教职业 Philosophy & Religious Studies	825	716	792	783	759	794	712	694
自然科学与技术 Physical Sciences & Science Technologies	5514	5806	5823	6057	6027	6181	6298	5968
心理学 Psychology	6326	6634	6583	6540	6702	6275	6215	6346
公共管理与社会服务 Public Administration & Social Services	979	1047	1123	1066	1116	1157	1287	1409
社会科学与历史 Social Sciences & History	4610	4724	4828	4706	4706	4676	4544	4436
神学与宗教研究 Theology & Religious Vocations	2143	2085	1897	1775	1774	1997	1937	1981
运输与物流 Transportation & Materials Moving	1	7	5	8	11	16	12	20
视觉与表演艺术 Visual & Performing Arts	1814	1778	1793	1809	1774	1759	1845	1716
未分类学科 Not Classified by Field of Study	0	0	0	0	0	0	0	0

注：学位授予机构是指可以授予副学士及以上的学位且参加联邦资助计划的机构，其学位授予的分类与之前的高等教育学科分类是相似的，但包含了更多的两年制大学且剔除了不能授予学位的高等教育机构。新的指导项目的分类在 2009－2010 年施行，包含 Ph. D.，Ed. D. 和其他博士水平的类似学位，包含了大部分被作为第一职业分类的学位，如 M. D.，D. D. S. 和法学学位。早些年份的数据被重新分类并在必要的时候使之符合新的分类。为了便于进行趋势比较，这里做了一些聚合使之符合在“IPEDS”“完成调查”中的专业领域“农业与自然资源”包括农业，农业经营和相关的科学，自然资和保护；“商业”包括商业、管理、市场和相关的支持服务一级私人服务；“工程技术”包括工程技术和工程相关的领域、建筑行业、机械和维修的技术等。

资料来源：美国国家教育统计中心（National Center for Education Statistics）。

附表 4－4　2012～2020 各学年各学科领域硕士学位授予情况

单位：人

学科领域	2012～2013	2013～2014	2014～2015	2015～2016	2016～2017	2017～2018	2018～2019	2019～2020
农业与自然资源 Agriculture & Natural Resources	6601	7026	6894	7206	7373	6967	7544	7393
建筑学与相关服务 Architecture & Related Service	8095	8048	8006	7991	7883	7291	7311	6796
区域、种族、文化、性别与群体研究 Area, Ethnic, Cultural, Gender & Group Studies	1897	1844	1847	1767	1717	1675	1593	1527
生物学与生物医学 Biological & Biomedical Sciences	13300	13964	14655	15717	16282	17180	18092	18776
商业 Business	188617	189364	185236	186835	187412	192191	197074	197422
通信、新闻及相关专业 Communication, Journalism & Related Programs	8760	9353	9581	9676	10119	10241	10463	10588
通信技术 Communications Technologies	577	577	554	491	539	529	535	539
计算机与信息科学 Computer & Information Sciences	22782	24514	31475	40130	46553	46468	45671	51521
教育 Education	164652	154655	146581	145792	145624	146368	146429	146975
工程 Engineering	40420	42376	46117	51646	52826	51723	49701	47266
工程技术 Engineering Technologies	4908	4967	5324	6067	7403	7246	6232	6219
英语语言文学 English Language & Literature/Letters	9755	9294	8928	8581	8244	8300	8217	7862
家庭与消费科学/人类科学 Family & Consumer Sciences/Human Sciences	3255	3082	3148	3228	3295	3308	3287	3280
外国语言文学和语言学 Foreign Languages, Literatures & Linguistics	3708	3482	3566	3407	3271	3261	3081	2930
卫生健康与相关项目 Health Professions & Related Programs	90668	96934	102584	109846	118712	125230	131391	135324

续表

学科领域	2012～2013	2013～2014	2014～2015	2015～2016	2016～2017	2017～2018	2018～2019	2019～2020
国土安全、执法与消防 Homel & Security, Law Enforcement & Firefighting	8868	9310	9643	9775	10209	10293	10303	10606
法律职业与研究 Legal Professions & Studies	7013	7654	7924	8181	8674	9203	9487	10002
文理科、通识研究与人文学科 Liberal Arts & Science, General Studies & Humanities	3264	3002	2794	2598	2485	2473	2109	1990
图书馆学 Library Science	6983	5840	5259	4926	4843	4953	5164	4959
数学与统计学 Mathematics & Statistics	6957	7273	7589	8451	9082	10443	11382	12039
军事技术与应用科学 Military Techno-logies & Applied Sciences	32	29	71	152	274	355	572	839
跨学科研究 Multi/Interdisciplinary Studies	7953	8120	8100	8554	9264	10221	10721	11547
公园、娱乐、休闲与健身 Parks, Recreation, Leisure & Fitness Studies	7139	7609	7654	8268	8651	9010	8963	9108
哲学与宗教研究 Philosophy & Religious Studies	2399	2561	2413	2227	2190	1693	2280	2178
自然科学与技术 Physical Sciences & Science Technologies	7014	6984	7100	7131	7136	7196	7121	6976
精细化生产 Precision Production	9	15	4	10	14	11	12	11
心理学 Psychology	27787	27926	26772	27645	27539	27918	29136	29763
公共管理与社会服务 Public Administration & Social Services	43591	44508	45948	46754	45361	46300	48883	49712
社会科学与历史 Social Sciences & History	21591	21497	20533	19861	20004	19884	20303	19507
神学与宗教职业 Theology & Religious Vocations	13810	13662	13777	13881	13208	13828	12842	12646
运输与物流 Transportation & Materials Moving	1444	1243	971	911	839	815	774	631

续表

学科领域	2012～2013	2013～2014	2014～2015	2015～2016	2016～2017	2017～2018	2018～2019	2019～2020
视觉与表演艺术 Visual & Performing Arts	17869	17869	17756	18052	17516	17668	17119	16517
未分类学科 Not Classified by Field of Study	0	0	0	0	0	0	0	0

注：学位授予机构是指可以授予副学士及以上的学位且参加联邦资助计划的机构，其学位授予的分类与之前的高等教育学科分类是相似的，但包含了更多的两年制大学且剔除了不能授予学位的高等教育机构。新的指导项目的分类在 2009－2010 年施行，包含 Ph. D.，Ed. D. 和其他博士水平的类似学位，包含了大部分被作为第一职业分类的学位，如 M. D.，D. D. S. 和法学学位。早些年份的数据被重新分类并在必要的时候使之符合新的分类。为了便于进行趋势比较，这里做了一些聚合使之符合在“IPEDS”“完成调查”中的专业领域“农业与自然资源”包括农业，农业经营和相关的科学，自然资和保护；“商业”包括商业、管理、市场和相关的支持服务一级私人服务；“工程技术”包括工程技术和工程相关的领域、建筑行业、机械和维修的技术等。

资料来源：美国国家教育统计中心（National Center for Education Statistics）。

附表 4－5　2011～2019 年研究生教育机构职工情况

单位：人

年份	教学科研人员	研究生助理	其他人员
2011	1524469	355916	1722757
2013	1545381	363416	1987256
2015	1552256	366868	1995160
2016	1546081	375204	1984955
2017	1545653	377049	1993956
2018	1543212	382749	1999681
2019	1548726	384733	2024871

资料来源：美国国家教育统计中心（National Center for Education Statistics）。

附表 4－6　2011～2019 年研究生教育师资情况

单位：万人

年份	教授	副教授	助理教授	讲师	助教	其他
2011	18	16	17	11	3	11
2013	18	16	17	10	4	15
2015	18	16	17	10	4	15
2016	18	15	17	10	4	15
2017	18	15	17	9	4	15
2018	19	16	18	10	4	16
2019	19	16	18	10	5	17

资料来源：美国国家教育统计中心（National Center for Education Statistics）。

4.2 英国

附表 4－7　2014～2019 各学年各学科领域研究生入学情况

单位：人

学科领域	2014～2015	2015～2016	2016～2017	2017～2018	2018～2019
医学（含牙医） Medicine & Dentistry	20395	20310	19770	19915	20120
医学（其他） Subjects Allied to Medicine	62610	67705	73145	73795	77040
生物科学 Biological Sciences	34600	35645	41160	44740	46805
兽医 Veterinary Science	815	1520	1680	2145	2410
农学 Agriculture & Related Subjects	4075	3430	3565	3650	3605
自然科学 Physical Sciences	19870	19595	20120	20910	21540
数学科学 Mathematical Sciences	6270	6380	6745	6955	7375
计算机科学 Computer Science	16740	16700	17500	19225	21855
工程与技术 Engineering & Technology	39760	38755	38295	37630	38200
建筑学 Architecture Building & Planning	14945	15370	16465	17015	17285
社会研究 Social Studies	48400	48705	51345	52420	53270
法学 Law	19445	19545	20135	20375	20590
工商管理 Business & Administrative Studies	103210	97790	98095	102930	108800
传播学 Mass Communications & Documentation	10375	10005	10825	11935	12520
语言学 Languages	15370	14580	15935	16185	16110
历史与哲学研究 Historical & Philosophical Studies	16345	15985	17055	17250	16950
创意艺术与设计 Creative Arts & Design	21605	21920	24925	26460	28035
教育 Education	81425	75535	73395	71665	71905

续表

学科领域	2014～2015	2015～2016	2016～2017	2017～2018	2018～2019
其他（交叉学科） Combined	1920	1795	1440	1355	1305

资料来源：英国高等教育统计署（Higher Education Statistics Agency）。

附表 4－8　2013～2019 各学年各学科领域博士学位授予情况

单位：人

学科领域	2013～2014	2014～2015	2015～2016	2016～2017	2017～2018	2018～2019
医学（含牙医） Medicine & Dentistry	2050	2260	2125	2070	2180	2140
医学（其他） Subjects Allied to Medicine	1300	1340	1405	1525	1645	1580
生物科学 Biological Science	3190	3395	3070	3255	3420	3570
兽医 Veterinary Science	60	65	70	70	70	65
农学 Agriculture & Related Subjects	190	200	220	190	230	200
自然科学 Physical Sciences	2745	2845	2860	3005	3155	3135
数学科学 Mathematical Sciences	555	665	665	695	760	770
计算机科学 Computer Science	795	910	980	965	1080	1060
工程与技术 Engineering & Technology	2835	2970	3170	3330	3465	3650
建筑学 Architecture Building & Planning	295	380	365	395	405	350
社会研究 Social Studies	1805	1930	1860	1970	2090	1985
法学 Law	385	430	455	455	500	505
工商管理 Business & Administrative Studies	1070	1150	1165	1185	1310	1310
传播学 Mass Communications & Documentation	155	215	235	230	230	210
语言学 Languages	1165	1215	1225	1225	1260	1350
历史与哲学研究 Historical & Philosophical Studies	1235	1310	1455	1500	1470	1425
创意艺术与设计 Creative Arts & Design	610	645	720	725	670	685

续表

学科领域	2013～2014	2014～2015	2015～2016	2016～2017	2017～2018	2018～2019
教育 Education	790	850	785	855	905	895
其他（交叉学科） Combined	5	0	5	5	10	5

资料来源：英国高等教育统计署（Higher Education Statistics Agency）。

附表 4－9　2013～2019 各学年各学科领域硕士学位授予情况

单位：人

学科领域	2013～2014	2014～2015	2015～2016	2016～2017	2017～2018	2018～2019
医学（含牙医） Medicine & Dentistry	3940	3980	3680	3485	3935	4085
医学（其他） Subjects Allied to Medicine	8150	8825	8585	9160	9760	10980
生物科学 Biological Science	9390	9570	9430	9830	12725	13890
兽医 Veterinary Science	100	115	70	75	75	90
农学 Agriculture & Related Subjects	930	1090	1095	1100	1195	1445
自然科学 Physical Sciences	4995	5005	4795	4415	5075	5395
数学科学 Mathematical Sciences	2015	2035	2140	2330	2535	2660
计算机科学 Computer Science	5875	6000	5920	5960	6760	7645
工程与技术 Engineering & Technology	13715	14200	14040	13760	13975	14280
建筑学 Architecture Building & Planning	4430	4535	4780	5065	5820	5955
社会研究 Social Studies	18760	18745	18225	18775	20225	22675
法学 Law	7640	7515	7270	7495	8200	8785
工商管理 Business & Administrative Studies	51055	52110	50595	51930	54315	59950
传播学 Mass Communications & Documentation	5490	5595	5560	5745	6445	7180
语言学 Languages	6495	6200	5915	5515	6275	6835
历史与哲学研究 Historical & Philosophical Studies	5495	5290	4720	4840	5595	5870

续表

学科领域	2013～2014	2014～2015	2015～2016	2016～2017	2017～2018	2018～2019
创意艺术与设计 Creative Arts & Design	10255	9990	10175	10520	11990	13635
教育 Education	8660	7575	7455	8165	8565	9510
其他（交叉学科） Combined	45	70	105	55	35	40

资料来源：英国高等教育统计署（Higher Education Statistics Agency），统计口径为授课型硕士（Taught Master）。

4.3 澳大利亚

附表 4－10　2014～2019 年学位授予总体情况

单位：人

年份	博士学位	硕士学位
2014	8400	73093
2015	8627	77093
2016	9089	79756
2017	9242	86498
2018	8777	100721
2019	9489	109643

注：表中的博士学位包括博士后（Higher Doctorate），研究型博士（Doctorate by Research），授课型博士（Doctorate by Coursework）；硕士学位包括研究型硕士（Master's by Research），授课型硕士（Master's by Coursework），其他类型硕士［Postgrad. Qual/Prelim.，Grad.（Post）Dip. －new area，Grad.（Post）Dip. －ext area，Graduate Certificate］；2013 年起澳大利亚硕士学位类型增加了课程型硕士种类 Master's（Extended）。

资料来源：澳大利亚教育部（Australian Government Department of Education）。

附表 4－11　2014～2019 年各学科领域博士学位授予情况

单位：人

学科领域	2014	2015	2016	2017	2018	2019
自然与物理科学 Natural & Physical Sciences	—	—	<2013	<2148	<2199	—
信息技术 Information Technology	<313	<331	<350	<352	368	<380
工程与技术 Engineering & Related Technologies	<1272	<1263	<1362	<1421	1441	1541
建筑 Architecture & Building	106	114	126	121	119	122
农业与环境研究 Agriculture Environmental & Related Studies	<350	427	<481	460	<334	400

续表

学科领域	2014	2015	2016	2017	2018	2019
健康 Health	1253	1321	<1477	1372	—	1485
教育 Education	467	—	497	508	433	<462
管理与贸易 Management & Commerce	<690	655	674	652	551	—
社会与文化 Society & Culture	<1834	1803	<1830	<1877	1672	1838
创新艺术 Creative Arts	<314	<329	307	340	316	349

注：表中的博士学位包括博士后（Higher Doctorate），研究型博士（Doctorate by Research），授课型博士（Doctorate by Coursework）。

资料来源：澳大利亚教育部（Australian Government Department of Education）。

附表 4-12　2014~2019 年各学科领域硕士学位授予情况

单位：人

学科领域	2014	2015	2016	2017	2018	2019
自然与物理科学 Natural & Physical Sciences	1981	2045	1959	2198	2489	2958
信息技术 Information Technology	<4018	—	—	<5909	8579	12644
工程与技术 Engineering & Related Technologies	4356	4977	5675	6574	8296	<8901
建筑 Architecture & Building	2227	2249	2413	2611	3008	3454
农业与环境研究 Agriculture Environmental & Related Studies	922	—	939	957	1025	1104
健康 Health	8597	9158	9034	9877	11635	12635
教育 Education	7898	8075	8640	8463	9444	10179
管理与贸易 Management & Commerce	<29923	<30923	<32207	35785	41005	41791
社会与文化 Society & Culture	11263	11779	11290	—	12519	—
创新艺术 Creative Arts	2502	2342	2425	2678	3058	3370
餐饮、酒店及其他服务 Food, Hospitality & Personal Services	0	0	0	0	0	0

注：表中的硕士学位包括研究型硕士（Master's by Research），授课型硕士（Master's by Coursework），2013 年起澳大利亚硕士学位类型增加了授课型硕士种类 Master's（Extended）。

资料来源：澳大利亚教育部（Australian Government Department of Education）。

附表 4－13　2014～2019 年各学科领域硕士研究生证书颁发情况

单位：人

学科领域	2014	2015	2016	2017	2018	2019
自然与物理科学 Natural & Physical Sciences	<468	<462	<401	438	<457	<544
信息技术 Information Technology	317	247	271	318	423	—
工程与技术 Engineering & Related Technologies	463	499	—	—	<272	<295
建筑 Architecture & Building	123	<123	93	101	119	90
农业与环境研究 Agriculture Environmental & Related Studies	<174	136	<92	<93	<100	<97
健康 Health	<2759	<2818	2774	<2863	2868	<3114
教育 Education	7351	<5695	<4583	3874	2079	1011
管理与贸易 Management & Commerce	<2643	<2122	1996	1815	<1864	<1678
社会与文化 Society & Culture	—	6622	—	8183	<9643	<9864
创新艺术 Creative Arts	599	416	335	356	231	—
餐饮、酒店及其他服务 Food, Hospitality & Personal Services	0	0		0	0	0

注：表中的硕士研究生证书包括 Postgrad. Qual/Prelim.，Grad.（Post）Dip. －new area，Grad.（Post）Dip. －ext area。

资料来源：澳大利亚教育部（Australian Government Department of Education）。

附表 4－14　2014～2019 年各学科领域硕士研究生文凭颁发情况

单位：人

学科领域	2014	2015	2016	2017	2018	2019
自然与物理科学 Natural & Physical Sciences	405	413	368	305	434	534
信息技术 Information Technology	374	387	461	559	622	918
工程与技术 Engineering & Related Technologies	495	509	387	340	308	355
建筑 Architecture & Building	147	—	184	172	130	163
农业与环境研究 Agriculture Environmental & Related Studies	221	216	229	238	217	265
健康 Health	4323	4427	4992	5489	6784	7885
教育 Education	3003	2946	2971	3145	3214	3436

续表

学科领域	2014	2015	2016	2017	2018	2019
管理与贸易 Management & Commerce	5430	6273	8871	7580	6881	7066
社会与文化 Society & Culture	3238	3444	3728	3998	3405	3433
创新艺术 Creative Arts	496	473	508	499	443	396
餐饮、酒店及其他服务 Food, Hospitality & Personal Services	8	—	9	0	9	0

注：硕士研究生文凭英文为“Graduate Certificate”。
资料来源：澳大利亚教育部（Australian Government Department of Education）。

附表 4－15　2014～2019 年澳大利亚在学研究生数

单位：人

年份	在学研究生数
2014	376055
2015	386915
2016	401858
2017	427685
2018	456845
2019	413726

注：澳大利亚在学研究生数统计口径包括研究型博士（Doctorate by Research），授课型博士（Doctorate by Coursework），研究型硕士（Master's by Research），授课型硕士（Master's by Coursework），其他类型研究生（Other Postgraduate）。

4.4　德国

附表 4－16　2013～2018 各学年各学科硕士研究生注册情况

单位：人

<table>
<tr><th>学科</th><th>2013～2014</th><th>2014～2015</th><th>2015～2016</th><th>2016～2017</th><th>2017～2018</th></tr>
<tr><td>语言与文化研究</td><td>77965</td><td>89244</td><td>—</td><td>—</td><td>—</td></tr>
<tr><td>人文社会科学</td><td>—</td><td>—</td><td>60572</td><td>60151</td><td>62699</td></tr>
<tr><td>体育</td><td>4302</td><td>4638</td><td>5005</td><td>4981</td><td>5339</td></tr>
<tr><td>法律、经济与社会学</td><td>125337</td><td>138676</td><td>187608</td><td>143605</td><td>157935</td></tr>
<tr><td>数学、自然科学</td><td>78719</td><td>89888</td><td>61213</td><td>61774</td><td>63159</td></tr>
<tr><td>医学与健康科学</td><td>8490</td><td>10112</td><td>11542</td><td>6377</td><td>7566</td></tr>
<tr><td>兽医</td><td>16</td><td>1</td><td rowspan="2">14154</td><td rowspan="2">13538</td><td rowspan="2">13738</td></tr>
<tr><td>农业、林业与食品科学</td><td>11983</td><td>13200</td></tr>
<tr><td>工程科学</td><td>95944</td><td>111477</td><td>160977</td><td>151186</td><td>159287</td></tr>
</table>

续表

学科	2013~2014	2014~2015	2015~2016	2016~2017	2017~2018
艺术与艺术史	13762	15535	16648	13543	14397
其他	416	485	586	496	589

注：(1) 由于统计口径问题，硕士在校人数不包括教师职业培训（Lehamt）硕士人数以及应用大学（Fachhochschule）硕士人数。

(2) 2015~2016年将学科“语言与文化研究”变更为学科“人文社会科学”；将学科“兽医”以及学科“农业、林业与食品科学”合并为新学科“农业、林业与食品科学、兽医”。

资料来源：德国联邦统计局（Statistisches Bundesamt）。

附表4-17 2013~2018各学年各学科博士研究生注册情况

单位：人

学科	2013~2014	2014~2015	2015~2016	2016~2017	2017~2018
语言与文化研究	23119	22567	—	—	—
人文社会科学	—	—	16707	16434	15983
体育	836	851	835	838	809
法律、经济与社会学	18334	17683	22198	21549	21070
数学、自然科学	39489	39801	34614	34508	34430
医学与健康科学	7959	8666	9306	10397	11371
兽医	1770	1734	3864	3809	3719
农业、林业与食品科学	2256	2225			
工程科学	14519	15001	20087	20000	19770
艺术与艺术史	3098	2875	2741	2712	2675
其他	14	23	12	9	25

注：2015~2016年将学科“语言与文化研究”变更为学科“人文社会科学”；将学科“兽医”以及学科“农业、林业与食品科学”合并为新学科“农业，林业与食品科学、兽医”

资料来源：德国联邦统计局（Statistisches Bundesamt）。

附表4-18 2014~2018年博士、硕士学位授予情况

单位：人

年份	博士学位	硕士学位
2014	28147	107833
2015	29218	124943
2016	29303	124363
2017	28404	136457
2018	27838	140960

资料来源：德国联邦统计局（Statistisches Bundesamt）。

4.5 法国

附表 4－19　2013～2019 年各学科博士学位授予情况

单位：人

学科	2013	2014	2015	2016	2017	2018	2019
法律	885	952	858	782	813	827	824
经济、管理	722	702	720	694	668	614	624
社会行政	—	2	3	4	3	3	2
文学语言	3172	3178	3269	3049	3100	2931	2846
科学	8305	8199	8471	7951	7801	8359	8127
体育（运动物理学）	119	100	96	119	118	138	117
医学与药学	545	542	540	409	436	442	448

资料来源：法国教育部发布的 REPÈRES & RÉFÉRENCES STATISTIQUES（2021）。

附表 4－20　2013～2019 年各类别硕士学位授予情况

单位：人

硕士类别	年份	法律	经济、管理	社会行政	文学语言	科学	体育（运动物理学）	医学与药学
硕士－职业型 22203	2013	9646	17957	1087	17178	9898	1090	848
	2014	9787	18312	1159	16869	9636	1131	801
	2015	9446	17289	1175	10651	8773	717	805
	2016	6618	13797	462	8910	6768	648	367
	2017	3679	7971	393	5723	3784	397	256
	2018	2582	4541	35	3322	1398	273	276
	2019	868	989	—	1534	402	54	53
硕士－研究型 6316	2013	2749	678	—	7873	4731	141	343
	2014	2572	732	—	7590	5092	155	373
	2015	2387	602	—	5556	4698	104	354
	2016	1941	521	—	4567	3759	86	315
	2017	915	223	—	2812	2017	49	300
	2018	734	117	—	1990	988	41	303
	2019	425	36	—	1230	442	—	13
硕士－未分类 102197	2013	6621	9436	517	15882	13078	908	637
	2014	7067	9190	613	15814	13900	956	677
	2015	7911	10500	473	27655	14911	1374	881
	2016	10843	14799	447	32341	19593	1358	684
	2017	15058	21534	603	39150	23906	1467	479
	2018	16069	24742	580	45718	28277	1680	507
	2019	17947	28566	422	48136	30752	1817	127

资料来源：法国教育部发布的 REPÈRES & RÉFÉRENCES STATISTIQUES（2021）。

附表 4－21　2014～2021 各学年硕士、博士研究生注册情况

单位：人

类别	2014～2015	2015～2016	2016～2017	2017～2018	2018～2019	2019～2020	2020～2021
硕士	548851	566257	571009	574023	579793	582701	581954
博士	60661	59669	58299	57896	56836	55184	53930

资料来源：法国教育部发布的 REPÈRES & RÉFÉRENCES STATISTIQUES（2021）。

4.6　日本

附表 4－22　2014～2020 年各学科博士研究生入学情况

单位：人

年份	人文科学	社会科学	理学	工学	农学	保健	商船	家政	教育	艺术	其他
2014	1150	1164	1251	2738	765	6089	—	61	467	188	1545
2015	1091	1112	1211	2709	727	6239	—	58	469	187	1480
2016	1053	1018	1068	2523	694	6256	—	56	484	168	1652
2017	943	973	1129	2362	703	6260	—	52	487	165	1692
2018	952	1013	1082	2562	680	6271	—	46	502	163	1632
2019	1013	897	1176	2479	672	6336	—	48	494	176	1685
2020	892	862	1060	2634	600	5972	—	52	461	165	1961

资料来源：日本文部科学省（Ministry of Education，Culture，Sports & Technology in Japan）。

附表 4－23　2014～2020 年各学科硕士研究生入学情况

单位：人

年份	人文科学	社会科学	理学	工学	农学	保健	商船	家政	教育	艺术	其他
2014	4934	6772	6389	31683	4063	5016	16	423	4408	1922	7230
2015	4690	6624	6433	31424	3937	5028	22	385	4302	1921	7199
2016	4502	6376	6349	31002	4123	5314	16	377	3889	1957	8475
2017	4376	6585	6746	31446	4098	5303	18	391	3758	2022	8698
2018	4164	6702	6923	31852	4156	5568	15	409	3700	2073	8529
2019	4151	6423	6744	31061	3961	5462	19	364	3029	2125	9235
2020	4035	6305	6254	30617	3798	5424	20	375	2361	2083	10682

资料来源：日本文部科学省（Ministry of Education，Culture，Sports & Technology in Japan）。

附表 4－24　2014～2020 年专业学位课程研究生入学情况

单位：人

年份	人文科学	社会科学	理学	工学	农学	卫生与健康	商船	家政	教育	艺术	其他
2014	117	4979	—	135	—	126	—	—	803	—	478
2015	106	5053	—	133	—	118	—	—	891	—	458
2016	123	4782	—	128	—	115	—	—	1228	—	491

续表

年份	人文科学	社会科学	理学	工学	农学	卫生与健康	商船	家政	教育	艺术	其他
2017	115	4587	—	142	—	149	—	—	1352	—	532
2018	111	4594	—	135	—	148	—	—	1383	—	579
2019	123	4846	—	186	—	172	—	—	1668	—	727
2020	98	5132	—	52	—	164	—	—	1847	—	810

注：专业学位课程（专门职学位课程）英文为“Professional Degree Course”。

资料来源：日本文部科学省（Ministry of Education，Culture，Sports & Technology in Japan）。

附表 4－25　2014～2020 年各学科博士研究生在读情况

单位：人

年份	人文科学	社会科学	理学	工学	农学	卫生与健康	商船	家政	教育	艺术	其他
2014	6149	6438	5237	13297	3638	27247	—	218	2259	682	8539
2015	5974	6257	5194	13189	3613	28120	—	220	2258	703	8349
2016	5846	6120	5011	12966	3580	28637	—	220	2276	708	8487
2017	5672	5953	4849	12690	3542	29085	—	218	2318	675	8907
2018	5444	5861	4736	12729	3528	29556	—	219	2365	672	9257
2019	5372	5661	4728	12807	3438	29908	—	214	2406	682	9495
2020	5245	5589	4766	13255	3341	29890	—	209	2402	685	9963

资料来源：日本文部科学省（Ministry of Education，Culture，Sports & Technology in Japan）。

附表 4－26　2014～2019 各学科硕士研究生在读情况

单位：人

年份	人文科学	社会科学	理学	工学	农学	卫生与健康	商船	家政	教育	艺术	其他
2014	11498	16603	13655	66541	8707	11081	51	917	10049	4129	16698
2015	11302	16215	13548	66465	8600	11195	57	884	9796	4104	16808
2016	10867	15930	13539	65890	8715	11663	57	840	9253	4156	18204
2017	10641	15949	13795	65530	8826	11922	47	839	8655	4246	19937
2018	10279	16310	14456	66857	8856	12207	54	877	8424	4403	20377
2019	9951	16071	14443	66496	8740	12371	61	847	7718	4516	21047
2020	9757	15605	13813	65382	8384	12266	71	822	6343	4549	23305

资料来源：日本文部科学省（Ministry of Education，Culture，Sports & Technology in Japan）。

附表 4－27　2014～2020 年专业学位课程研究生在读情况

单位：人

年份	人文科学	社会科学	理学	工学	农学	卫生与健康	商船	家政	教育	艺术	其他
2014	247	13563	—	328	—	244	—	—	1641	—	1357
2015	225	12777	—	334	—	241	—	—	1709	—	1337
2016	230	12389	—	369	—	221	—	—	2111	—	1303
2017	241	11807	—	364	—	255	—	—	2545	—	1383
2018	228	11405	—	380	—	281	—	—	2697	—	1555

续表

年份	人文科学	社会科学	理学	工学	农学	卫生与健康	商船	家政	教育	艺术	其他
2019	232	11601	—	451	—	320	—	—	3045	—	2000
2020	222	12170	—	257	—	337	—	—	3472	—	2429

注：专业学位课程（专业职学位课程）英文为“Professional Degree Course”。

资料来源：日本文部科学省（Ministry of Education, Culture, Sports & Technology in Japan）。

附表 4－28　2014～2020 年各学科博士生毕业情况

单位：人

年份	人文科学	社会科学	理学	工学	农学	卫生与健康	家政	教育	艺术	其他
2014	1157	1100	1317	3530	958	5342	72	414	143	1970
2015	1182	1150	1308	3494	911	5167	50	423	131	1868
2016	1088	1047	1369	3440	881	5625	54	406	124	1739
2017	1050	1035	1373	3324	909	5677	48	421	157	1664
2018	1069	1009	1264	3321	756	948	46	377	133	1695
2019	990	981	1241	3145	770	997	47	418	125	1680
2020	946	897	1166	3101	750	—	54	395	129	1934

资料来源：日本文部科学省（Ministry of Education, Culture, Sports & Technology in Japan）。

附表 4－29　2014～2020 年各学科硕士生毕业情况

单位：人

年份	人文科学	社会科学	理学	工学	农学	卫生与健康	商船	家政	教育	艺术	其他
2014	4826	7546	6347	31690	4086	4625	41	409	4459	1887	7238
2015	4579	7171	6321	30898	3897	4738	27	395	4298	1864	7113
2016	4465	6993	6042	31086	3904	4851	19	399	4243	1809	7205
2017	4403	6961	6185	31130	3913	4863	32	379	4103	1833	7385
2018	4281	6818	6034	30575	4044	5098	21	395	3735	1834	8611
2019	4282	7105	6437	31334	4024	5112	22	383	3559	1954	8957
2020	4071	7172	6617	31667	4146	5306	26	386	3540	1953	8929

资料来源：日本文部科学省（Ministry of Education, Culture, Sports & Technology in Japan）。

附表 4－30　2014～2020 年专业学位研究生毕业情况

单位：人

年份	人文科学	社会科学	理学	工学	农学	卫生与健康	家政	教育	艺术	其他
2014	117	5932	—	119	—	103	—	788	—	552
2015	126	5455	—	134	—	115	—	772	—	550
2016	113	4966	—	115	—	128	—	787	—	568
2017	101	4962	—	169	—	109	—	878	—	539
2018	122	4856	—	145	—	121	—	1197	—	587
2019	115	4657	—	176	—	127	—	1284	—	615
2020	106	4557	—	129	—	145	—	1372	—	787

注：专业学位课程（专门职学位课程）英文为“Professional Degree Course”。

资料来源：日本文部科学省（Ministry of Education, Culture, Sports & Technology in Japan）。

4.7 韩国

附表 4－31 2015～2020 年硕士、博士学位授予情况

单位：人

年份	合计	硕士	博士
2015	94741	81664	13077
2016	95342	81460	13882
2017	97921	83605	14316
2018	97532	82858	14674
2019	97445	82137	15308
2020	99185	83046	16139

资料来源：韩国教育统计中心（Korean Education Statistics Service）。

4.8 俄罗斯

附表 4－32 2014～2019 年硕士在读情况

单位：人

年份	2014	2015	2016	2017	2018	2019
俄罗斯联邦	119868	109936	98352	93523	90823	84265

资料来源：俄罗斯联邦统计局。

附表 4－33 2014～2019 年博士在读情况

单位：人

年份	2014	2015	2016	2017	2018	2019
俄罗斯联邦	3204	2007	921	1059	1048	955

资料来源：俄罗斯联邦统计局。

附表 4－34 2014～2019 年硕士毕业情况

单位：人

年份	2014	2015	2016	2017	2018	2019
俄罗斯联邦	28723	25826	25992	18069	17729	15453

资料来源：俄罗斯联邦统计局。

附表 4-35　2014～2019 年博士毕业情况

单位：人

年份	2014	2015	2016	2017	2018	2019
俄罗斯联邦	—	1386	1346	253	330	356

资料来源：俄罗斯联邦统计局。

4.9 印度

附表 4-36　2015～2020 各学年研究生注册情况（估计值）

单位：人

学年	博士			学术硕士			硕士（一般型/职业型）		
	男	女	总计	男	女	总计	男	女	总计
2015～2016	74547	51904	126451	17473	25050	42523	1818443	2098713	3917156
2016～2017	81795	59242	141037	16464	26803	43267	1820564	2187006	4007570
2017～2018	92570	68842	161412	12287	21822	34109	1891071	2223239	4114310
2018～2019	95043	74127	169170	11623	19069	30692	1761330	2281192	4042522
2019～2020	111444	91106	202550	9043	14891	23934	1860163	2452372	4312535

注：学术硕士与专业硕士依据修业目的和阶段划分。一般型/职业型硕士（Postgraduat）为本科毕业后修读项目，学制一般为 2～3 年；学术硕士项目指一般型/职业型硕士研究生毕业后、进入博士研究前的项目，一般为 1～2 年。

资料来源：印度教育部。

附录五　港澳台研究生教育基本数据

5.1 中国香港

附表 5－1 2015～2020 各学年各学科研究类研究生注册人数情况

单位：人

学科	2015～2016	2016～2017	2017～2018	2018～2019	2019～2020
医学	767	812	779	832	913
牙医学	68	67	62	61	63
与医学及卫生有关的学科	183	195	196	225	243
生物	513	535	519	523	541
自然	897	930	945	1019	1098
数学科学	307	314	309	326	335
电脑科学及资讯科技	421	441	462	481	549
工程及科技	2098	2160	2172	2233	2328
建筑学及城市规划	138	140	137	136	155
工商管理	341	366	422	439	469
社会科学	665	639	625	617	605
法学	48	50	57	71	74
大众传播及文件管理	66	61	53	59	62
语言及相关科目	255	257	261	260	264
人文学科	561	263	249	247	270
艺术设计演艺	98	89	90	105	111
教育	244	248	264	275	298

注：表格数据为香港大学教育资助委员会资助的 8 所高校数据，8 所高校包括香港城市大学、香港浸会大学、岭南大学、香港中文大学、香港教育学院、香港理工大学、香港科技大学及香港大学，其入学人数约占香港入学总人数的 90%。为配合新学制的实施，大学在 2012/2013 学年同时取录旧学制及新学制的学生。

资料来源：香港大学教育资助委员会。

附表 5－2 2015～2020 各学年各学科修课类研究生注册人数情况

单位：人

学科	2015～2016	2016～2017	2017～2018	2018～2019	2019～2020
医学	3	5	1	4	1
牙医学	0	0	0	0	20
与医学及卫生有关的学科	8	8	8	8	148
生物	10	10	13	13	11
自然	30	30	40	38	34
数学科学	54	55	50	45	45
电脑科学及资讯科技	14	20	22	26	25
工程及科技	0	0	0	0	0

续表

学科	2015～2016	2016～2017	2017～2018	2018～2019	2019～2020
建筑学及城市规划	295	290	292	288	292
工商管理	4	4	6	5	2
社会科学	160	177	176	164	59
法学	245	333	315	250	252
大众传播及文件管理	0	0	0	0	0
语言及相关科目	123	113	125	128	98
人文学科	7	10	13	11	10
艺术设计及演艺	10	12	10	9	9
教育	2458	2145	1928	1943	1867

注：表格数据为香港大学教育资助委员会资助的 8 所高校数据，8 所高校包括香港城市大学、香港浸会大学、岭南大学、香港中文大学、香港教育学院、香港理工大学、香港科技大学及香港大学，其入学人数约占香港入学总人数的 90%。为配合新学制的实施，大学在 2012/2013 学年同时取录旧学制及新学制的学生。

资料来源：香港大学教育资助委员会。

附表 5－3　2014～2019 各学年各学科研究类研究生毕业情况

单位：人

学科	2014～2015	2015～2016	2016～2017	2017～2018	2018～2019
医学、牙科和护理科	327	368	357	381	341
理学科	662	593	654	763	740
工程材料和科技科	627	666	764	803	816
商科和管理科	143	122	120	144	160
社会科学科	244	283	287	235	299
文科和人文学科	224	227	257	250	231
教育科	81	56	66	86	80

注：表格数据为香港大学教育资助委员会资助的 8 所高校数据，8 所高校包括香港城市大学、香港浸会大学、岭南大学、香港中文大学、香港教育学院、香港理工大学、香港科技大学及香港大学，其入学人数约占香港入学总人数的 90%。

资料来源：香港大学教育资助委员会。

附表 5－4　2014～2019 各学年各学科修课类研究生毕业情况

单位：人

学科	2014～2015	2015～2016	2016～2017	2017～2018	2018～2019
医学、牙科和护理科	1	8	6	11	5
理学科	49	65	59	70	75
工程材料和科技科	144	150	137	146	144
商科和管理科	0	2	2	3	3
社会科学科	303	319	379	400	302
文科和人文学科	91	90	76	93	95
教育科	1371	1421	1322	1119	1138

注：表格数据为香港大学教育资助委员会资助的 8 所高校数据，8 所高校包括香港城市大学、香港浸会大学、岭南大学、香港中文大学、香港教育学院、香港理工大学、香港科技大学及香港大学，其入学人数约占香港入学总人数的 90%。

资料来源：香港大学教育资助委员会。

5.2 中国澳门

附表 5-5 2014~2019 各学年各专业博士研究生注册情况

单位：人

专业	2014~2015	2015~2016	2016~2017	2017~2018	2018~2019
师范教育	—	—	—	—	—
教育科学	76	105	121	122	149
体育	—	—	—	—	—
人文科学	22	22	33	48	33
语言及文学	72	85	103	92	105
翻译	—	—	—	—	—
设计及艺术	1	21	40	61	132
宗教神学	9	11	16	13	17
社会及行为科学	114	143	167	188	219
文化遗产	2	2	3	2	3
新闻及信息传播	57	69	68	65	60
商务与管理	292	329	371	396	440
博彩管理	1	1	1	1	1
公共行政	24	29	33	27	22
法律	122	155	194	203	215
生物科学	104	173	302	329	337
自然科学	—	—	—	6	14
数学科学	25	33	40	39	52
电脑及资讯	80	119	157	195	225
工程	68	88	128	153	184
建筑及城市规划	—	19	22	45	66
医学	15	26	39	47	38
护理及卫生	15	19	22	22	22
药学	39	49	59	71	82
社会服务	—	—	—	—	—
旅游及娱乐服务	80	101	122	114	139
物流及运输	8	9	9	6	7
环境保护	7	8	—	—	—
保安	—	—	—	—	—

资料来源：澳门高等教育辅助办公室网站。

附表 5－6　2014～2019 各学年各专业硕士研究生注册情况

单位：人

专业	2014～2015	2015～2016	2016～2017	2017～2018	2018～2019
师范教育	—	—	—	—	—
教育科学	267	313	331	353	419
体育	49	54	32	26	22
人文科学	150	146	152	174	156
语言及文学	283	298	260	267	247
翻译	147	156	146	135	109
设计及艺术	8	60	115	168	275
宗教神学	3	1	—	—	—
社会及行为科学	295	345	406	463	462
文化遗产	5	—	—	—	—
新闻及信息传播	213	215	240	242	235
商务与管理	1830	1740	1683	1685	1824
博彩管理	—	—	—	—	—
公共行政	308	346	311	292	254
法律	578	618	640	675	721
生物科学	—	—	—	—	—
自然科学	—	—	4	32	63
数学科学	45	47	36	32	63
电脑及资讯	234	237	232	222	216
工程	199	201	199	175	165
建筑及城市规划	66	76	84	101	130
医学	42	49	58	59	49
护理及卫生	118	111	115	109	115
药学	119	104	117	125	159
社会服务	—	—	6	7	57
旅游及娱乐服务	395	432	478	446	441
物流及运输	—	—	—	—	—
环境保护	—	11	10	—	—
保安	—	—	—	—	—

资料来源：澳门高等教育辅助办公室网站。

附表 5－7　2014～2019 各学年各专业博士学位授予情况

单位：人

专业	2014～2015	2015～2016	2016～2017	2017～2018	2018～2019
师范教育	—	—	—	—	—
教育科学	6	9	6	27	27
体育	—	—	—	—	—

续表

专业	2014～2015	2015～2016	2016～2017	2017～2018	2018～2019
人文科学	4	4	4	3	3
语言及文学	9	9	25	16	13
翻译	—	—	—	—	—
设计及艺术	—	—	—	—	11
宗教神学	1	1	3	1	1
社会及行为科学	10	23	25	28	—
文化遗产	—	—	—	—	—
新闻及信息传播	3	14	11	18	10
商务与管理	43	44	67	79	61
博彩管理	—	1	1	—	1
公共行政	3	1	5	5	4
法律	10	15	25	26	37
生物科学	8	9	25	41	23
自然科学	—	—	—	—	—
数学科学	4	6	8	14	9
电脑及资讯	11	10	24	28	38
工程	6	7	23	14	25
制造与加工	—	—	—	—	—
建筑及城市规划	2	3	2	4	5
医学	—	1	3	14	15
护理及卫生	1	—	4	2	1
药学	4	9	10	12	37
社会服务	—	—	—	—	—
旅游及娱乐服务	3	13	3	17	27
物流运输	—	—	—	2	2
环境保护	1	—	—	—	—
保安	—	—	—	—	—

资料来源：澳门高等教育辅助办公室网站。

附表 5－8　2014～2019 各学年各专业硕士学位授予情况

单位：人

专业	2014～2015	2015～2016	2016～2017	2017～2018	2018～2019
师范教育	—	—	—	—	—
教育科学	55	91	91	80	94
体育	7	21	16	10	7
人文科学	53	52	62	61	54
语言及文学	82	122	95	107	86
翻译	18	53	46	45	45

续表

专业	2014～2015	2015～2016	2016～2017	2017～2018	2018～2019
设计及艺术	6	1	45	58	104
宗教神学	—	1	—	—	—
社会及行为科学	86	90	136	169	—
文化遗产	3	—	—	—	—
新闻及信息传播	88	71	76	104	70
商务与管理	625	690	600	712	708
博彩管理	—	—	—	—	—
公共行政	73	126	104	127	86
法律	167	191	235	178	278
生物科学	—	—	—	—	—
自然科学	—	—	—	3	9
数学科学	21	12	15	11	14
电脑及资讯	61	55	73	73	20
工程	41	39	50	39	36
建筑及城市规划	12	7	20	17	40
医学	7	5	11	12	10
护理及卫生	20	16	31	26	28
药学	49	32	42	33	45
社会服务	—	—	—	1	2
旅游及娱乐服务	70	80	115	130	153
物流及运输	—	—	—	—	—
环境保护	—	—	9	—	—
保安	—	—	—	—	—

资料来源：澳门高等教育辅助办公室网站。

5.3 中国台湾

附表 5－9 2014～2020 各学年各学科领域博士研究生在读情况

单位：人

学科领域	2014～2015	2015～2016	2016～2017	2017～2018	2018～2019	2019～2020
教育学门	2615	2630	2850	2713	2714	2729
艺术学门	863	937	958	998	1173	1144
人文学门	825	802	799	799	850	840
语文学门	1599	1570	1530	1481	1489	1485
社会及行为科学学门	1556	1513	1524	1487	1509	1459
新闻学及图书资讯学门	108	115	122	126	136	151

续表

学科领域	2014～2015	2015～2016	2016～2017	2017～2018	2018～2019	2019～2020
商业及管理学门	2955	2927	2954	2992	2911	2992
法律学门	314	343	356	394	397	395
生命科学学门	2020	1839	1727	1671	1525	1531
环境学门	119	124	108	104	98	105
物理、化学及地球科学学门	1911	1822	1806	1724	1693	1723
数学及统计学门	230	215	220	210	197	209
资讯通讯科技学门	1534	1372	1264	1198	1304	1331
工程及工程业学门	8207	7657	7301	7010	6779	6814
制造及加工学门	231	216	192	192	187	171
建筑及营建工程学门	1039	925	890	896	886	864
农业学门	434	407	381	381	386	367
林业学门	52	49	51	49	47	50
渔业学门	78	81	73	74	77	85
兽医学门	127	113	114	107	95	97
医药卫生学门	3340	3267	3319	3272	3319	3428
社会福利学门	136	138	154	148	129	136
餐饮及民生服务学门	144	156	175	193	202	210
卫生及职业卫生服务学门	—	—	—	—	—	—
安全服务学门	—	—	—	—	—	—
运输服务学门	89	82	74	69	74	78
其他学门	23	33	41	58	90	116

资料来源：台湾教育主管部门。

附表 5－10　2014～2020 各学年各学科领域硕士研究生在读情况

单位：人

学科领域	2014～2015	2015～2016	2016～2017	2017～2018	2018～2019	2019～2020
教育学门	13519	13101	13166	13124	13174	13187
艺术学门	11161	11130	11116	11210	10905	10944
人文学门	3452	3408	3308	3265	3247	3217
语文学门	8449	7924	7533	7358	7041	6873
社会及行为科学学门	10416	10389	10402	10356	10181	10385
新闻学及图书资讯学门	2370	2220	2267	2209	2022	2023
商业及管理学门	31655	31438	31292	31599	31343	31333
法律学门	5849	5968	6284	6381	6360	6491
生命科学学门	4389	4119	4011	3987	3711	3589
环境学门	809	790	803	767	849	819
物理、化学及地球科学学门	4970	4813	4631	4523	4582	4617
数学及统计学门	1948	1891	1962	1936	1876	1799

续表

学科领域	2014～2015	2015～2016	2016～2017	2017～2018	2018～2019	2019～2020
资讯通讯科技学门	10812	10793	10507	10420	11408	11653
工程及工程业学门	38585	38056	37562	36840	35944	35974
制造及加工学门	1107	1088	1124	1210	1355	1331
建筑及营建工程学门	5949	5800	5657	5478	5482	5502
农业学门	1741	1633	1619	1637	1664	1616
林业学门	381	352	334	313	306	301
渔业学门	321	308	296	273	295	297
兽医学门	284	261	283	270	252	245
医药卫生学门	6184	6154	6460	6674	7031	7216
社会福利学门	2179	2169	2154	2195	2146	2150
餐饮及民生服务学门	5099	5212	5352	5257	5314	5081
卫生及职业卫生服务学门	148	148	149	163	198	203
安全服务学门	36	35	35	93	24	27
运输服务学门	1056	1110	1077	1048	1026	1064
其他学门	99	118	154	197	256	276

资料来源：台湾教育主管部门。

附表 5－11　2014～2020 各学年各学科领域博士毕业生情况

单位：人

学科领域	2014～2015	2015～2016	2016～2017	2017～2018	2018～2019
教育学门	297	271	278	318	288
艺术学门	59	92	91	81	102
人文学门	86	64	94	63	84
语文学门	198	171	199	174	152
社会及行为科学学门	184	171	132	112	167
新闻学及图书资讯学门	13	15	10	14	13
商业及管理学门	346	332	304	322	294
法律学门	19	19	13	21	23
生命科学学门	295	294	277	273	235
环境学门	5	21	13	10	2
物理、化学及地球科学学门	287	251	287	256	238
数学及统计学门	35	27	26	33	25
资讯通讯科技学门	197	177	151	141	157
工程及工程业学门	1224	1045	979	916	868
制造及加工学门	33	22	27	29	21
建筑及营建工程学门	129	97	103	102	105
农业学门	62	53	42	30	56
林业学门	6	4	10	6	5

续表

学科领域	2014～2015	2015～2016	2016～2017	2017～2018	2018～2019
渔业学门	8	13	3	8	6
兽医学门	15	12	13	19	9
医药卫生学门	454	445	413	461	418
社会福利学门	14	11	14	13	15
餐饮及民生服务学门	14	7	20	13	17
卫生及职业卫生服务学门	—	—	—	—	—
安全服务学门	—	—	—	—	—
运输服务学门	18	8	13	2	5
其他学门	2	1	—	6	1

资料来源：台湾教育主管部门。

附表 5－12　2014～2019 各学年各学科领域硕士毕业生情况

单位：人

学科领域	2014～2015	2015～2016	2016～2017	2017～2018	2018～2019
教育学门	3633	3376	3268	3054	3088
艺术学门	2701	2702	2608	2727	2675
人文学门	661	610	615	644	573
语文学门	1827	1632	1433	1352	1427
社会及行为科学学门	2813	2661	2566	2453	2442
新闻学及图书资讯学门	654	610	591	526	521
商业及管理学门	12524	12472	12261	12321	12470
法律学门	1060	990	1153	1154	1089
生命科学学门	1647	1513	1477	1381	1434
环境学门	227	214	242	249	256
物理、化学及地球科学学门	1891	1876	1743	1738	1651
数学及统计学门	741	673	724	743	732
资讯通讯科技学门	3939	4025	3879	4186	4351
工程及工程业学门	14785	14361	14220	13667	13419
制造及加工学门	434	394	405	388	492
建筑及营建工程学门	2018	2045	1961	1976	1852
农业学门	611	578	563	560	571
林业学门	123	102	104	104	90
渔业学门	125	126	124	98	118
兽医学门	111	80	102	106	91
医药卫生学门	2161	1972	2051	2152	2317
社会福利学门	490	498	478	473	436
餐饮及民生服务学门	1780	1707	1872	1744	1629
卫生及职业卫生服务学门	54	64	48	85	73

续表

学科领域	2014～2015	2015～2016	2016～2017	2017～2018	2018～2019
安全服务学门	17	18	17	27	15
运输服务学门	412	433	414	388	376
其他学门	22	20	22	59	59

资料来源：台湾教育主管部门。

附录六　中国研究生创新实践系列大赛各主题赛事简介

1. 中国研究生未来飞行器创新大赛

中国研究生未来飞行器创新大赛于 2015 年发起设立，赛事以“创新改变未来”为理念，围绕飞行器技术创新，着力增强广大研究生自主创新能力、综合实践能力，切实培养和发掘高素质拔尖创新人才。

2. 中国研究生数学建模竞赛

中国研究生数学建模竞赛于 2003 年发起设立，是一项面向在校研究生进行数学建模应用研究的学术竞赛活动，是广大在校研究生提高建立数学模型和运用互联网信息技术解决实际问题的能力，是培养科研创新精神和团队合作意识的大平台。

3. 中国研究生电子设计竞赛

中国研究生电子设计竞赛由清华大学、华为和中国电子学会于 1996 年共同发起。赛事聚焦国家实际需求，顺应电子信息产业发展趋势，是面向全国在校研究生的一项团体性电子设计创新创意实践活动，也是全国高校及科研院所积极参与的主流赛事。

4. 中国研究生创“芯”大赛

中国研究生创“芯”大赛源自中国研究生电子设计竞赛集成电路专业赛，于 2019 年发起设立。赛事服务于国家集成电路产业发展战略，旨在切实提高研究生的创新能力和实践能力，促进集成电路领域优秀人才的培养。

5. 中国研究生人工智能创新大赛

中国研究生人工智能创新大赛于 2019 年发起设立，旨在搭建选拔和展示人工智能领域优秀创新实践作品的舞台，提升研究生的创造能力、创新思维和创业精神，助力培养人工智能领域高层次创新人才。

6. 中国研究生机器人创新设计大赛

中国研究生机器人创新设计大赛于 2019 年发起设立，旨在提升机器人领域研究生创新实践水平，促进机器人科技成果转化，推动机器人科技与产业的创新发展。

7. 中国研究生能源装备创新设计大赛

中国研究生能源装备创新设计大赛于 2014 年发起设立，赛事以“竞赛培养人才、人才引领创新、创新驱动发展”为理念，围绕能源装备的技术创新，打造研究生创新交流实践平台，满足国家机械装备制造业高层次人才需求，促进国家能源装备业创新发展。

8. 中国研究生公共管理案例大赛

中国研究生公共管理案例大赛于 2016 年发起设立，赛事构建公共管理案例交流与使用平台，引导广大研究生尤其是公共管理硕士（MPA）专业学位研究生关注我国公共管理实际问题，促进案例教学在我国专业学位教育中的应用和推广，推动专业学位研究生培养模式改革和创新。

附录七　中国学位与研究生教育大事记（2020 年）

1月3日

国务院学位委员会办公室下发通知，部署2020年同等学力人员申请硕士学位外国语水平和学科综合水平全国统一考试的工作。通知中对考生资格，外国语水平考试语种和学科综合水平考试科目，考试时间，考试报名、命题、考务及阅卷工作，成绩下达和公布以及其他相关工作进行了规定和说明。

1月21日

教育部、国家发展改革委、财政部联合印发《关于“双一流”建设高校促进学科融合 加快人工智能领域研究生培养的若干意见》。

2月21日

住房和城乡建设部与国务院学位委员会组建了第七届全国高等学校建筑学专业教育评估委员会暨全国建筑学专业学位研究生教育指导委员会，任期5年。主任委员为庄惟敏，副主任委员为汪恒、张伶伶、韩冬青，委员共31人，秘书长为住房和城乡建设部人事司人员。

2月27日

教育部应对新型冠状病毒感染肺炎疫情工作领导小组办公室下发通知，要求各部门切实做好2020年上半年毕业研究生学位授予相关工作，并根据教育部疫情防控工作安排，进行了具体部署。

3月30日

国务院学位委员会向有关省级学位委员会、有关学位授予单位下达了2019年动态调整撤销和增列的学位授权点名单及2019年学位授权自主审核高校撤销和增列的学位授权点名单。

4月13日

教育部办公厅下发通知，要求各省、自治区、直辖市高等学校招生委员会、教育厅（教委）、教育招生考试机构，新疆生产建设兵团教育局，有关部门（单位）教育司（局），各研究生招生单位统筹考虑疫情防控要求和招生单位的实际情况，在确保安全性、公平性和科学性的基础上，统筹兼顾、精准施策、严格管理，稳妥做好2020年全国硕士研究生复试工作。

4月13日

国务院学位委员会、教育部下达了2014～2019年学位授权点合格评估结果及处理意见。2411个抽评学位授权点中，8个学位授权点被撤销学位授权，33个学位授权点限期整改，撤销中国地质科学院地球物理地球化学勘查研究所、鞍山热能研究院的硕士学位授权。

4月13日

国务院学位委员会、教育部下达了2019年学位授权点专项评估结果及处理意见，64个参评学位授权点为“合格”，继续行使学位授予权。

4月13日

国务院学位委员会、教育部下发通知，部署2020年学位授权点专项评估工作，评估2016年获得授权且未调整的学位授权点，以及按规定“限期整改”期满应进行复评的学位授权点，共342个，其中复评的学位授权点8个。专项评估由国务院学位委员会办公室负责，委托相关的国务院学位委员会学科评议组和全国专业学位研究生教育指导委员会组织实施。

5月6日

教育部办公厅就做好2020年招收攻读博士学位研究生工作下发通知，要求各招生单位按照健康第一、公平至上、质量为先的要求，在省级高校招生委员会的统一领导下，统筹考虑当地疫情防控要求和学校学科专业特点，因地因校制宜，自主确定本地本单位博士研究生考试招生工作办法，科学设计考核内容，严格考试招生组织管理，加强政策宣传解读和考生咨询服务，强化省级教育行政部门、招生考试机构属地责任和招生单位主体责任，严格落实疫情防控工作要求，切实稳妥做好2020年博士研究生考试招生工作。

5月7日

国务院学位委员会下发了《关于2020届临床医学、口腔医学、中医硕士专业学位研究生学位授予有关事项的通知》。由于受新冠肺炎疫情的影响，在2020届临床医学、口腔医学、中医硕士专业学位研究生学位授予工作中，相关学位授予单位可不将“完成住院医师规范化培训并取得《住院医师规范化培训合格证书》”作为学位授予的必要条件。

5月8日

国务院学位委员会办公室下发通知，决定调整2020年同等学力人员申请硕士学位外国语水平和学科综合水平全国统一考试时间。受新冠肺炎疫情的影响，原定于5月24日的考试无法进行，经研究，2020年同等学力全国统考时间调整为11月1日。

7月10日

国务院学位委员会办公室下发通知，就进一步严格学位授权点专项评估工作纪律提出了要求。2020年学位授权点专项评估工作已委托学科评议组、专业学位研究生教指委实施。

7月10日

教育部办公厅、国家卫生健康委办公厅联合发布《高层次应用型公共卫生人才培养创新项目指南》，并拟选取部分单位实施高层次应用型公共卫生人才培养创新项目，以完善具有中国特色的公共卫生人才培养体系和学位体系，培养一批具有较强学术背景、丰富专业知识和实践能力的高层次应用型公共卫生人才，充分发挥研究生教育在培养公共卫生高层次人才方面的支撑作用。该项目期限为10年（2020～2030年），围绕强化公共卫生硕士专业学位（MPH）人才培养、探索复合型公共卫生人才培养模式、加强应用型公共卫生博士人才培养、提升公共卫生从业人员岗位胜任力和医院管理人员公共卫生知识水平四项基本任务来开展。

7月29日

全国研究生教育会议在北京召开，本次会议以视频会议形式进行。中共中央总书记、国家主席、中央军委主席习近平就研究生教育工作做出重要指示，指出中国特色社会主义进入新时代，即将在决胜全面建成小康社会、决战脱贫攻坚的基础上迈向建设社会主义现代化国家新征程，党和国家事业发展迫切需要培养造就大批德才兼备的高层次人才。习近平强调，研究生教育在培养创新人才、提高创新能力、服务经济社会发展、推进国家治理体系和治理能力现代化方面具有重要作用。各级党委和政府要高度重视研究生教育，推动研究生教育适应党和国家事业发展需要，坚持“四为”方针，瞄准科技前沿和关键领域，深入推进学科专业调整，提升导师队伍水平，完善人才培养体系，加快培养国家急需的高层次人才，为坚持和发展中国特色社会主义、实现中华民族伟大复兴的中国梦做出贡献。

中共中央政治局常委、国务院总理李克强做出批示，指出研究生教育肩负着高层次人才培养和创新创造的重要使命，是国家发展、社会进步的重要基石。改革开放以来，我国研究生教育实现了历史性跨越，培养了一批又一批优秀人才，为党和国家事业发展做出了突出贡献。要坚持以习近平新时代中国特色社会主义思想为指导，认真贯彻党中央、国务院决策部署，面向世界科技竞争最前沿、国家经济社会发展主战场、人民群众新需求和国家治理大战略，培养适应多领域需要的人才。深化研究生培养模式改革，进一步优化考试招生制度、学科课程设置，促进科教融合和产教融合，加强国际合作，着力增强研究生实践能力、创新能力，为建设社会主义现代化强国提供更坚实的人才支撑。

中共中央政治局委员、国务院副总理孙春兰出席会议并讲话。她表示，要深入学习贯彻习近平总书记关于研究生教育的重要指示精神，全面贯彻党的教育方针，落实立德树人根本任务，以提升研究生教育质量为核心，深化改革创新，推动内涵发展。把研究作为衡量研究生素质的基本指标，优化学科专业布局，注重分类培养、开放合作，培养具有研究和创新能力的高层次人才。加强导师队伍建设，针对不同学位类型完善教育评价体系，严格质量管理、校风学风，引导研究生教育高质量发展。

7 月 29 ~ 30 日

国务院学位委员会第三十六次会议在北京召开，会议主题为：以习近平新时代中国特色社会主义思想为指导，深入学习贯彻全国教育大会和党的十九届四中全会精神，落实习近平总书记等中央领导同志重要指示批示精神，系统部署 2020 年学位与研究生教育工作，审议审批有关学位事项，加快研究生教育内涵发展。

8 月 4 日

教育部发文，部署开展 2016 ~ 2020 年“双一流”建设周期总结工作。

8 月 24 日

教育部印发了《2021 年全国硕士研究生招生工作管理规定》，对 2021 年全国硕士研究生招生工作进行了规定，提出了具体的要求。

8 月 25 日

教育部办公厅印发了教育部党组书记、部长陈宝生同志在全国研究生教育会议上的总结讲话。陈宝生同志在讲话中对学习贯彻习近平总书记重要指示、李克强总理重要批示、孙春兰同志的讲话和落实全国研究生教育会议精神提出了要求，同时指出研究生教育要过认识关、要过方向关、要过质量关、要过机制关、要过评价关。认为这“五关”是新时代研究生教育发展的五个关键环节，是建设研究生教育强国道路上必须克服的五大难题、必须跨过的五大关卡。

9 月 4 日

教育部、国家发展改革委、财政部联合印发《关于加快新时代研究生教育改革发展的意见》。文件包含 6 个部分共 28 条：总体要求；加强思想政治工作，健全“三全育人”机制；对接高层次人才需求，优化规模结构；深化体制机制改革，创新招生培养模式；全面从严加强管理，提升培养质量；切实加强组织领导，完善条件保障。

9 月 15 日

教育部学位管理与研究生教育司、教育部发展规划司联合开展普通高校研究生教学生活资源调查工作。调查内容为 2020 年招收研究生的普通高校新增宿舍、食堂、教室、图书馆、实验室、实习场所、专用科研用房、体育馆、师资、不提供住宿的全日制硕士研究生人数等教学生活资源情况。

9 月 20 ~ 23 日

教育部学位管理与研究生教育司在北京举办了“研究生导师培训工作研讨班”，有关高校研究生院（部、处）负责人（一般为研究生导师）及省级学位委员会办公室主任共 150 人参加了培训。此次培训以立德树人、服务需求、提高质量、追求卓越为主线，学习研讨加强研究生导师队伍建设的思路举措和长效机制，学习研讨加强研究生导师岗位管理和培训的理论和实践问题，提升研究生导师育人能力和业务水平。

9 月 21 日

2020 年度省级学位委员会工作会议在北京召开，各省、自治区、直辖市，新疆生产建设兵团以及军队学位委员会负责同志参会。会议的主要内容是贯彻落实中央领导同志对研究生教育的重要指示批示精神、全国研究生教育会议和国务院学位委员会第三十六次会议精神，解读相关政策文件，安排部署下一步重点工作。此次会议还与研究生导师培训研讨班合并进行。

9 月 22 日

教育部联合国家发展改革委、财政部召开新闻发布会，正式发布《教育部 国家发展改革委 财政部关于加快新时代研究生教育改革发展的意见》，介绍文件制定背景、主要内容以及“落实全国研究生教育会议精神加快高层次人才培养”十大专项行动情况。教育部、国家发展改革委、财政部有关负责人对政策进行解读，清华大学、江苏省教育厅分别介绍本校本地研究生教育改革发展的经验做法和下一步工作，有关专家对文件进行点评。新华社、《人民日报》和《光明日报》等 20 多家媒体参加新闻发布会，并就相关问题进行了提问。

9 月 24 日

教育部印发了《教育部关于加强博士生导师岗位管理的若干意见》，从严格岗位政治要求、明确导师岗位权责、健全岗位选聘制度、加强导师岗位培训、健全考核评价体系、建立激励示范机制、健全导师变更制度、完善岗位退出程序、规范岗位设置管理、完善监督管理机制等十个方面对博士生导师岗位管理加以规范。

9 月 25 日

国务院学位委员会、教育部印发了《关于进一步严格规范学位与研究生教育质量管理的若干意见》，要求强化落实学位授予单位质量保证主体责任，严格规范研究生考试招生工作，严抓培养全过程监控与质量保证，加强学位论文和学位授予管理，强化指导教师质量管控责任，健全处置学术不端有效机制，加强教育行政部门督导监管。

9 月 25 日

国务院学位委员会、教育部印发了《专业学位研究生教育发展方案（2020—2025）》。该方案从专业学位研究生教育的成就与挑战、专业学位研究生教育的发展与目标、着力优化硕士专业学位研究生教育结构、加快发展博士专业学位研究生教育、大力提升专业学位研究生教育质量、专业学位研究生教育发展方案的组织实施等六个方面规划了专业学位研究生教育的改革与发展。

9 月 27 日

国务院学位委员会办公室就做好 2020 年同等学力人员申请硕士学位全国统一考试防疫和安全工作发出通知。通知中要求各省、自治区、直辖市学位委员会、教育厅（教委），要高度重视防疫与安全，健全防疫工作制度，全面落实安全责任，切实保障试卷安全，认真做好考务培训，全面加强综合治理，周密制定应急预案，全力推进规范管理，严肃整顿考场纪律。随通知还下发了《同等学力人员申请硕士学位全国统一考试突发事件应急处置预案》。

9 月 28 日

国务院学位委员会下发文件，部署 2020 年开展博士硕士学位授权审核的工作。2020 年博士硕士学位授权审核分为新增博士硕士学位授予单位审核、学位授予单位新增博士硕士一级学科与专业学位类别审核、自主审核单位确定等三类审核工作。新增硕士学位授予单位原则上只开展专业学位研究生教育，新增博士学位授权点向专业学位倾斜；西部地区、民族高校在申请新增博士硕士学位授予单位和新增博士硕士学位授权点时，申请条件可降低20%；从严控制新增博士硕士学位授予单位和自主审核单位数量。

10 月 14 日

国务院学位委员会、教育部、人力资源和社会保障部联合发文调整了部分专业学位研究生教育指导委员会组成人员。财政部中国资产评估协会党委副书记、常务副会长、秘书长张更华担任资产评估教指委副主任委员；中国资产评估协会党委委员、副秘书长杨松堂担任资产评估教指委委员。国家药品监督管理局党组成员、副局长陈时飞担任药学教指委主任委员；药品注册管理司司长王平担任药学教指委副主任委员；执业药师资格认证中心主任杨威担任药学教指委委员。审计署党组成员、中央经济责任审计工作部际联席会议办公室主任郝书辰担任审计教指委副主任委员；党组成员、副审计长陈健担任审计教指委副主任委员；人事教育司司长茅东萍担任审计教指委委员兼秘书长。

10 月 29 日

国务院学位委员会办公室发出通知，要求做好 2020 年学位授权审核工作。通知中要求各省、自治区、直辖市学位委员会办公室，新疆生产建设兵团学位委员会办公室，军队学位委员会办公室在开展学位授权审核工作过程中，要平稳推进学位授权审核工作，确保审核工作公平公正，严守审核工作纪律。

10 月 30 日

教育部印发《研究生导师指导行为准则》，从坚持正确思想引领、科学公正参与招生、精心尽力投入指导、正确履行指导职责、严格遵守学术规范、把关学位论文质量、严格经费使用管理、构建和谐师生关系等八个方面对研究生导师的指导行为进行规范，以加强研究生导师队伍建设，全面落实研究生导师立德树人职责。

11 月 11 日

国务院学位委员会、教育部印发经国务院学位委员会第三十六次会议修订通过的《学位授权点合格评估办法》，对学位授权点合格评估制度做出进一步规范和完善。

11 月 11 日

国务院学位委员会、教育部发文启动 2020 ~ 2025 年学位授权点周期性合格评估工作，对 2013 年以前（含 2013 年）获得授权的学位授权点、2013 ~ 2015 年获得授权且专项合格评估结果达到合格的学位授权点进行合格评估。评估工作分为学位授予单位自我评估和教育行政部门抽评两个阶段。国务院学位委员会将根据学位授权点合格评估结果，分别做出继续授权、限期整改或撤销学位授权的处理决定。

11 月 18 日

教育部办公厅、国家卫生健康委办公厅发文批准北京大学、吉林大学、哈尔滨医科大学、复旦大学、南京医科大学、华中科技大学、中南大学、中山大学、四川大学、西安交通大学、中国疾病预防控制中心等 11 个单位为“高层次应用型公共卫生人才培养创新项目”立项单位。

11 月 23 日

国务院教育督导委员会办公室印发了《全国专业学位水平评估实施方案》，决定全面启动全国专业学位水平评估工作，重点对金融等 30 个专业学位类别开展评估。

12 月 1 日

国务院学位委员会向各省份学位委员会，新疆生产建设兵团学位委员会，军队学位委员会印发了修订后的《博士、硕士学位授权学科和专业学位授权类别动态调整办法》。《博士、硕士学位授权学科和专业学位授权类别动态调整办法》经国务院学位委员会第三十六次会议审批通过，内容包括总则、学位授予单位自主调整、省级学位委员会统筹调整、其他等 4 个部分共 20 条。

12 月 21 日

教育部办公厅发出通知，决定开展第二批全国高校“百个研究生样板党支部”和“百名研究生党员标兵”创建工作。第二批研究生党建“双创”工作面向全国高校开展，遴选创建 100 个研究生样板党支部，推荐选树 100 名研究生党员标兵。建设周期为两年。通知中对此项工作的开展进行了明确的规定并提出了具体的要求。

12 月 30 日

国务院学位委员会、教育部发出通知，决定设置“交叉学科”门类（门类代码为“14”）、“集成电路科学与工程”一级学科（学科代码为“1401”）和“国家安全学”一级学科（学科代码为“1402”）。

12 月 31 日

教育部、财政部、国家发展改革委印发《“双一流”建设成效评价办法（试行）》。

后记

自出版《中国学位与研究生教育发展年度报告（2012）》以来，组织专班编撰《中国学位与研究生教育发展年度报告》已成为清华大学一项常规性、持续性的研究工作。该年度报告旨在系统介绍我国学位与研究生教育发展背景，分析我国学位与研究生教育统计数据，呈现年度改革重点与院校实践的典型案例，介绍国外研究生教育发展趋势与改革动态。年度报告中相关研究成果或成为我国教育行政部门政策制定的参考，或成为院校改革规划的指南。

2021 年在教育部学位管理与研究生教育司、发展规划司的共同指导下，由清华大学牵头，中国人民大学、天津大学、兰州大学和上海交通大学（按承担章节序）五所高校共同参与完成了《中国学位与研究生教育发展年度报告（2020）》的编研工作。

清华大学刘惠琴研究员、王传毅副教授组织了《中国学位与研究生教育发展年度报告（2020）》的编撰与统稿工作，具体编写分工如下：刘惠琴、段戒备、王传毅负责第 1 章；李立国、杜帆负责第 2 章；闫广芬、高耀、王梅、李永刚、李莞荷负责第 3 章；包水梅、陈秋萍、李明芳负责第 4 章；李锋亮、孟雅琴、刘潇、刘娜负责第 5 章；杨颉、张艳丽、陈庆、刘军男负责第 6 章；王涛、姜顺腾、张艳丽负责第 7 章；杨颉、刘军男负责第 8 章；王传毅、杜帆、杨颉负责附录。最后由刘惠琴、王传毅统稿并提交社会科学文献出版社。

年度报告的编撰得到了教育部学位管理与研究生教育司、发展规划司、教育管理信息中心和中国学位与研究生教育学会相关领导和老师的大力支持，特致以衷心的感谢！

限于编者的能力与水平，加之时间仓促，报告定有不少纰漏或错误之处，恳请读者提出宝贵的建议。

“中国学位与研究生教育发展年度报告”课题组

2022 年 2 月 18 日